PUBLIC ECONOMICS AND POLICY STUDIES

公共经济与政策研究

2020

西南财经大学财政税务学院
西南财经大学地方人大预算审查监督研究中心　编
西南财经大学财政税务学院中欧公共经济与政策研究中心

西南财经大学出版社
中国・成都

图书在版编目(CIP)数据

公共经济与政策研究.2020/ 西南财经大学财政税务学院,西南财经大学地方人大预算审查监督研究中心,西南财经大学财政税务学院中欧公共经济与政策研究中心编.—成都:西南财经大学出版社,2021.1
ISBN 978-7-5504-4803-2

Ⅰ.①公… Ⅱ.①西…②西…③西… Ⅲ.①公共经济学—研究②政策科学—研究 Ⅳ.①F062.6②D0

中国版本图书馆 CIP 数据核字(2021)第 025502 号

公共经济与政策研究 2020

GONGGONG JINGJI YU ZHENGCE YANJIU 2020

西南财经大学财政税务学院
西南财经大学地方人大预算审查监督研究中心 编
西南财经大学财政税务学院中欧公共经济与政策研究中心

责任编辑:向小英
封面设计:墨创文化
责任印制:朱曼丽

出版发行	西南财经大学出版社(四川省成都市光华村街 55 号)
网　　址	http://www.bookcj.com
电子邮件	bookcj@foxmail.com
邮政编码	610074
电　　话	028-87353785
照　　排	四川胜翔数码印务设计有限公司
印　　刷	郫县犀浦印刷厂
成品尺寸	185mm×260mm
印　　张	14.5
字　　数	316 千字
版　　次	2021 年 1 月第 1 版
印　　次	2021 年 1 月第 1 次印刷
书　　号	ISBN 978-7-5504-4803-2
定　　价	88.00 元

目 录

财政研究

税收研究

财税教学研究

财税沙龙

财政研究

四川省“十四五”期间深化财政改革增强基层保运转能力研究

四川省委政研室、西南财经大学与四川省财政厅联合课题组

目前，在我国经济下行和新型冠状病毒肺炎疫情冲击的背景下，财政收入陡然下降，叠加为缓解疫情冲击而出台的减税降费政策，以及财政刚性支出加大，四川各县市出现了基层财政运转困难。2020 年 4 月 17 日召开的中共中央政治局会议，在强调加大“六稳”工作力度的同时，提出了“保居民就业、保基本民生、保市场主体、保粮食能源安全、保产业链供应链稳定、保基层运转”的“六保”要求。保基层运转，主要是保障市、县、乡镇（街道）、村（社区）等各级政府部门经费，使基层治理特别是教育、医疗、治安、水电、公交等公共服务正常运转，主要涉及县级“保工资、保运转、保基本民生”支出。本报告选取四川省都江堰市、南充市蓬安县和广安市华莹市作为样本，调研了三市保基层运转的情况，并结合全省各市县的数据，梳理了我省保基层运转现状，简要分析了当前全省县级“三保”面临的主要困难和原因，提出了保基层运转的政策建议，以期对四川省“十四五”期间增强基层保运转能力，兜牢保基层运转底线提供决策参考。

一、四川省经济社会发展态势和基层财政运转状况

（一）四川省经济社会发展态势概要

2020 年，突如其来的新型冠状病毒肺炎疫情使得全球经济发展受到前所未有的冲击。世界银行 6 月 8 日发布的《全球经济展望》显示，新型冠状病毒肺炎疫情将导致许多国家经济严重衰退。据预测，2020 年全球经济预计收缩 5.2%，为 80 年来最严重的全球衰退。新型冠状病毒肺炎疫情导致的全球衰退进一步加剧了国际上逆全球化思潮，这给正值深化转型关键时期的我国经济社会带来新的不确定

作者简介：四川省委政研室、西南财经大学与四川省财政厅联合课题组成员包括四川省委政研室谢圣赞、胥杰，西南财经大学财税学院刘蓉、刘楠楠、周川力、寇璇、李娜、林思巧，四川省财政厅预算处雷骧。

性，使得我国“十四五”期间经济社会发展形势更加复杂严峻。

从国内经济发展看，受疫情和国际形势的不利影响，我国2020年第一季度经济增长大幅下降。根据国家统计局公布的数据，我国2020年第一季度国内生产总值（GDP）同比下降6.8%，其中，第一产业增加值同比下降3.2%，第二产业增加值同比下降9.6%，第三产业增加值同比下降5.2%。生产和需求增幅也出现大幅回落，第一季度规模以上工业增加值同比下降8.4%，社会消费品零售总额同比下降19%。随着疫情防控形势向好，复工、复产、复商、复市加快推进，第二季度经济发展整体呈现上升趋势。第二季度国内生产总值同比增长3.2%，主要指标也恢复增长，市场预期总体向好。根据厦门大学中国季度宏观经济模型（CQMM）课题组对我国2020—2021年宏观经济的预测与分析，在外生变量假定的乐观情景下，2020年中国GDP增速预计将下滑至5.09%，2021年基数效应加上境外疫情冲击的有限影响，GDP增速可望反弹至6.61%；在保守情景下，2020年GDP增速预计下滑至4.59%；在悲观情景下，受境外疫情暴发的显著影响，2020年GDP增速预计将进一步回落至3.18%。世界银行《全球经济展望》对我国2020年的经济形势预测则更为悲观，预期实际GDP增长为1%，但它们对我国下一年度的经济增长预测较为乐观，预测实际GDP增长有望恢复到6.9%①。

四川省2020年上半年经济发展态势与国内整体趋势一致，第一季度全省GDP同比下降3%。其中，第一产业增加值同比下降1.3%，第二产业增加值同比下降3.4%，第三产业增加值同比下降2.9%。随着疫情防控常态化和复工复产有力推进，各主要经济指标从3月开始收窄降幅后逐步实现由降转增，2020年上半年全省地区生产总值为22 130.27亿元，同比增长0.6%。从生产看，四川省上半年农业生产形势较好，粮油蔬菜均有所增长，生猪产能正在恢复，牛羊等出栏基本稳定；工业生产正稳步增长，省内规模以上工业增加值同比增长2.5%，增速比全国平均水平高3.8个百分点；服务业降幅收窄，上半年第三产业增加值同比下降0.4%，降幅比第一季度收窄2.5个百分点。从需求看，四川省消费品市场降幅收窄，上半年全省实现社会消费品零售总额同比下降7.5%，降幅比全国平均水平低3.9个百分点，比第一季度收窄5.5个百分点；固定资产投资和外贸进出口恢复较快，全社会固定资产投资同比增长5%，外贸进出口总额同比增长21%。

虽然目前我国疫情防控取得重大战略成果，经济发展呈现稳定转好态势，但是仍应警惕疫情对我国各级财政运行带来的多维度影响。首先，第二季度的经济重启与政府宏观调控政策是分不开的。一是财政收入方面的宏观政策是要持续大规模减税降费。为支持疫情防控和经济社会发展，党中央、国务院在支持疫情防控工作、减轻企业社保费负担、支持小微企业和个体工商户发展以及稳外贸扩内

① 国际货币基金组织（International Monetary Fund，IMF）对我国2021年经济态势预测更为乐观，认为2021年我国经济增速会有较强劲的反弹。据其最新发布的《世界经济展望》预测，中国2021年有望实现8.2%的经济增长。

需四个方面陆续部署出台了一系列税费优惠政策①，仅1月至2月全国减税降费共计4 027亿元，其中，支持疫情防控和经济社会发展的新增减税降费达1 589亿元，上半年实际减税降费超过1.5万亿元。为贯彻落实党中央、国务院实施更大规模减税降费的决策部署，四川省相应出台了缓解中小企业生产经营困难的"13条措施"，全省第一季度累计实现减税降费147亿元。二是还需进一步加大财政支出方面的宏观政策对冲力度。据厦门大学中国季度宏观经济模型（CQMM）课题组估计，2020年我国财政支出增速要从2019年的8.2%提高至15.3%，才能确保两个"翻一番"目标和全面建成小康社会目标的实现。其次，在疫情冲击下经济增长降速，尤其是第一季度的负增长使得税基减少，直接导致税收收入下降。最后，疫情的有效防控需要各级政府安排财力予以支持。随着疫情防控的常态化，地方政府防疫支出责任也需要有相应的常态化安排。除疫情影响外，四川省地方财政运行还面临脱贫攻坚战下事权与支出责任增加、多年地方债务累积下债务还本付息和风险化解压力增大，以及经济由高速增长转向高质量发展下如何实现产业转型升级等挑战。这些影响和挑战的叠加使得地方财政收入下降、支出责任增加，财政收支矛盾加剧，财政运行压力和风险不断增大，对确保基层健康有序运转提出了更高的要求。

（二）四川省保基层运转的财政保障能力与现状

基层财政是国家财政的重要组成部分，是向基层群众提供基本公共服务的物质基础，关系到政权稳定与社会长治久安。虽然从2010年开始，中央、省、市级各级政府逐步加大对县乡一级基层政府的转移支付力度，但是基层财政良性运行机制尚不稳定，还存在县级财政可用财力相对紧张、重点支出保障有待加强、横向财力差异较大等问题（楼继伟，2013）。具体到各省（自治区、直辖市）的情况又有所不同，因此本部分首先通过比较研究和实地调研对四川省县级财政收支运行情况展开分析，以期找到保基层运转的实际困难，并据此提出有针对性的政策建议。

1. 四川省保基层运转现状的总体分析

2019年，全省183个县（市、区，以下简称县）地方一般公共预算收入2 550亿元，较上年增长3.9%，占全省地方一般公共预算收入的比重为62.6%。其中，税收收入1 804亿元，较上年增长3.4%，非税收入746亿元，较上年增长6.8%。全省县级一般公共预算支出6 840亿元，较上年增长5.6%，占全省一般公共预算支出的比重为66%。全省县级收支规模不断扩大，收支运行总体平稳。由于四川省县级行政区划数量多、县域经济基础较弱、地区间发展不均衡，县级财政总体呈以下特点：

① 2020年新出台的税费优惠政策涉及支持防护救治、支持物资供应、鼓励公益捐赠、支持复工复产、稳外贸扩内需等五个方面。详见国家税务总局《支持疫情防控和经济社会发展税费优惠政策指引》，http://www.chinatax.gov.cn/chinatax/n810341/n810755/c5145868/content.html。

第一，四川省县本级财政"造血"功能较弱。

首先，从四川省县级财政收入规模和财政自给率看，2019 年，全省有 121 个县地方一般公共预算收入不足 10 亿元，68 个县不足 5 亿元，18 个县不足 1 亿元，收入最低的壤塘县仅为 2 319 万元，在全国所有县中排倒数第 16 位；地方一般公共预算收入占一般公共预算支出之比为 37.3%，有 35 个县这一比值不到 10%，最低的壤塘县仅为 1.3%。

其次，从平均县级财政支出缺口和财政自给率的比较情况看（见表 1）①，2017 年，四川省平均县级财政支出缺口为 7 614.19 元，平均县级财政自给率为 29.94%，以财政支出缺口和财政自给率衡量的县级财力保障水平分别排在 18 名与 14 名，处于全国中等偏下水平。

表 1　2017 年全国及部分省（自治区）县级财政收支运行情况②

地区	平均县级财政支出缺口		平均县级财政自给率	
	绝对值/元	排名	比例/%	排名
安徽省	3 032.53	3	49.90	4
福建省	4 587.22	9	46.87	5
甘肃省	10 310.84	22	14.03	25
广东省	4 064.83	5	34.81	7
广西壮族自治区	5 384.04	14	21.46	20
贵州省	5 371.84	13	29.05	15
海南省	8 226.22	19	30.63	13
河北省	4 185.56	6	30.94	12
河南省	3 173.41	4	33.24	8
黑龙江省	9 802.80	21	14.06	24
湖北省	5 166.91	11	30.95	11
湖南省	5 175.90	12	21.57	19
吉林省	9 523.73	20	19.15	23
江苏省	2 544.01	2	65.33	1
江西省	4 235.24	7	45.70	6

① 本文的"财政支出缺口"是指县本级绝对财政支出缺口（本级财政支出-本级财政收入）；财政自给率为县级财政收入占财政支出的比例（财政收入/财政支出×100%）。

② 被纳入横向比较的地区包括河北省、山西省、辽宁省、吉林省、黑龙江省、江苏省、浙江省、安徽省、福建省、江西省、山东省、河南省、湖北省、湖南省、广东省、海南省、四川省、贵州省、云南省、陕西省、甘肃省、青海省、广西壮族自治区、西藏自治区、新疆维吾尔自治区、内蒙古自治区以及宁夏回族自治区等 27 个省（自治区）。

表1(续)

地区	平均县级财政支出缺口		平均县级财政自给率	
	绝对值/元	排名	比例/%	排名
辽宁省	4 427.43	8	32.14	10
内蒙古自治区	11 475.92	24	27.05	16
宁夏回族自治区	11 454.48	23	19.44	22
青海省	21 587.68	26	9.75	26
山东省	2 386.80	1	57.06	3
山西省	5 525.34	15	32.73	9
陕西省	7 200.02	16	21.01	21
四川省	7 614.19	18	29.94	14
西藏自治区	26 681.29	27	8.44	27
新疆维吾尔自治区	13 740.75	25	25.40	17
云南省	7 263.28	17	24.01	18
浙江省	5 035.88	10	59.23	2
全国	7 174.28		31.25	

注：平均县级财政支出缺口越大，排名越靠后；平均县级财政自给率越低，排名越靠后。

数据来源：《中国县域统计年鉴（2017）》。

最后，具体看四川省各市州县级财政收支运行情况的排名（见表2）。无论是从县本级财政自给率还是从人均财政支出缺口来看，2014—2018年，巴中市、广元市、凉山彝族自治州（简称凉山州）、阿坝藏族羌族自治州（简称阿坝州）以及甘孜藏族自治州（简称甘孜州）等地区的县本级财政保障压力都相对较大。具体分析可知，在样本期间，仅成都市下辖区县本级财政自给率超过50%，2014—2018年的财政自给率分别为92.32%、65.80%、65.25%、68.03%以及83.56%。其他地区基层财政自给率均低于50%，其中，德阳市、攀枝花市和眉山市的情况较好，三地区2018年县本级财政自给率分别为44.99%、43.96%以及42.22%，而阿坝州和甘孜州的情况较差，基层财政自给率不足10%，分别为7.02%和6.63%。

表2　四川省各市州县级财政收支运行情况排名（2014—2018年）

地区	县本级财政自给率排名					基于人均财政支出缺口度量的财政收支运行情况排名				
	2014年	2015年	2016年	2017年	2018年	2014年	2015年	2016年	2017年	2018年
成都市	1	1	1	1	1	1	1	1	1	1
德阳市	3	3	2	2	2	2	4	2	2	2

表2(续)

地区	县本级财政自给率排名					基于人均财政支出缺口度量的财政收支运行情况排名				
	2014年	2015年	2016年	2017年	2018年	2014年	2015年	2016年	2017年	2018年
攀枝花市	2	2	3	4	3	6	5	4	4	3
内江市	12	11	12	13	12	4	2	3	3	4
资阳市	8	9	9	8	8	11	13	6	10	5
眉山市	4	4	4	3	4	13	12	13	6	6
自贡市	18	18	19	14	13	7	7	7	7	7
泸州市	5	5	5	5	6	5	6	8	5	8
宜宾市	7	7	8	7	7	8	8	10	8	9
达州市	13	13	13	17	14	9	11	11	12	10
雅安市	20	19	16	15	10	21	19	18	16	11
南充市	15	14	15	16	16	10	9	12	11	12
遂宁市	11	10	10	11	15	3	3	5	9	13
绵阳市	9	8	7	9	9	14	10	9	13	14
广安市	14	12	11	10	11	12	15	14	14	15
乐山市	6	6	6	6	5	16	14	15	15	16
巴中市	16	17	17	18	18	15	16	16	17	17
广元市	17	16	18	19	19	18	17	17	19	18
凉山州	10	15	14	12	17	17	18	19	18	19
阿坝州	19	20	21	20	20	19	20	20	20	20
甘孜州	21	21	20	21	21	20	21	21	21	21

注：①本表所需的基础数据来源于 EPS 数据库。②其他说明同表 1。

第二，人均县级财政收入和支出水平较低。从人均县级财政收入看，2019 年，全省 183 个县按常住人口计算的人均地方一般公共预算收入为 3 045 元，比全国县级平均水平低 333 元，比东部地区县级平均水平低 1 922 元。有 143 个县低于全国县级平均水平，人均地方一般公共预算收入最低的美姑县仅为 426 元，比全国县级平均水平低 2 952 元。

从人均县级财政支出看，全省 183 个县按常住人口计算的人均一般公共预算支出为 8 167 元，与全国县级平均水平大致相当，但与西部地区比，四川省县级人均一般公共预算支出比西部地区县级平均水平低 841 元，有 111 个县低于西部地区县级平均水平。

第三，省内县级财政发展不均衡。从横向财力分布来看，四川省辖183个县，受地理区位、历史文化、自然资源等因素影响，县域之间经济发展不均衡，财政收支差异较大。全省地方一般公共预算收入排名前20%的县平均收入为45.9亿元，是排名后20%的县平均收入1.1亿元的41.7倍。

从五大经济区看，成都平原经济区县级地方一般公共预算收入占全省县级收入的比重为69%，其中仅成都市20个县地方一般公共预算收入占全省县级收入的比重达到50%。地域面积最大的川西北经济区地方一般公共预算收入占全省县级收入的比重仅为2%。在全省地方一般公共预算收入超过10亿元的62个县中，成都平原经济区有38个，川南经济区、川东北经济区、攀西经济区分别有11个、10个、3个。

表3基于县本级人均财政收入、人均财政支出、人均财政支出缺口以及财政自给率等四项指标的均等化水平计算了我国部分省（自治区）2017年县级财政均等化水平排名情况。由此可见，四川省县级财政均等化水平在全国的排名靠后，财力和保障水平差异较大，基层财政横向分布格局有待调整优化。

表3 2017年我国部分省（自治区）县级财政均等化水平排名

地区	人均财政收入均等化排名	人均财政支出均等化排名	人均财政支出缺口均等化排名	财政自给率均等化排名
安徽省	15	6	5	19
福建省	20	9	13	25
甘肃省	10	23	24	6
广东省	22	12	10	24
广西壮族自治区	1	5	9	5
贵州省	7	2	6	14
海南省	19	13	18	18
河北省	18	14	4	9
河南省	8	1	1	13
黑龙江省	2	21	21	2
湖北省	6	11	11	7
湖南省	4	4	2	4
吉林省	3	17	17	3
江苏省	27	20	12	23
江西省	12	3	3	15
辽宁省	5	7	7	12
内蒙古自治区	26	24	23	21

表3(续)

地区	人均财政收入均等化排名	人均财政支出均等化排名	人均财政支出缺口均等化排名	财政自给率均等化排名
宁夏回族自治区	17	15	15	11
青海省	25	26	26	8
山东省	13	8	8	20
山西省	9	10	14	22
陕西省	14	16	16	17
四川省	21	22	22	27
西藏自治区	16	27	27	1
新疆维吾尔自治区	24	25	25	16
云南省	11	18	19	10
浙江省	23	19	20	26

注：本表利用省（区）各县之间人均财政收入、人均财政支出、人均财政支出缺口以及财政自给率四项指标的标准差度量我国部分省（区）县级财力保障能力均等化水平，各项指标标准差越大，说明该省（区）均等化水平越弱，则排名越靠后。

数据来源：同表1。

第四，县级财政刚性支出规模大。由于我省人口多、底子薄、欠发达，保基本民生、脱贫攻坚、社会事业发展等任务重，县级财政刚性支出规模大。目前，按国家“三保”支出范围和标准保障，全省县级“三保”支出占全省县级一般公共预算支出的比重较高。除国家“三保”支出外，县级还需负担其他刚性支出，如债务还本付息支出；中央、省有明确政策规定的车改补贴、丧葬抚恤金、特岗教师补贴、退役安置费等支出；城管、辅警、环卫等编外聘用人员支出；机关事业单位履行机构职责以及专项工作，如党建、人大、政协等群团经费，以及食品安全监测、公安事务、应急安全支出等。

2. 四川省保基层运转现状的调研分析

为更加准确地把握省内保基层运转现状，课题组选择了都江堰市、华蓥市、蓬安县三个具有代表性的市县进行调研。都江堰市为四川省的生态旅游型城市，2019 年全市地区生产总值达到 424.51 亿元，比上年增长 8%，人均地区生产总值为 60 653 元（按常住人口计算，下同）。第一、第二、第三产业分别实现增加值 33.76 亿元、145.03 亿元和 245.73 亿元，三次产业结构比为 8 : 34.2 : 57.8。华蓥市为四川省资源型城市，2019 年实现地区生产总值 167.5 亿元，比上年增长 7.7%，人均地区生产总值为 59 568 元。第一、第二、第三产业分别实现增加值 14.3 亿元、82.5 亿元和 70.8 亿元，三次产业结构比为 8.5 : 49.2 : 42.3。蓬安县为四川省的农业大县，2019 年全县实现地区生产总值 201.25 亿元，比上年增长

7.9%，人均地区生产总值为 34 909 元。第一、第二、第三产业分别实现增加值 42.67 亿元、90.04 亿元和 68.54 亿元，三次产业结构比为 21.2∶44.7∶34.1。

所选调研市县的代表性具体表现在以下几个方面：从经济发展水平看，在三个接受调研的市县中，都江堰市、华蓥市两地 2010—2018 年的人均地区生产总值高于四川省各县的平均水平，蓬安县低于平均水平；从城市发展水平看，三个接受调研的市县中都江堰市城镇化率最高，2018 年达到 60.20%，华蓥市次之（为 49.90%），蓬安县最低（为 41.53%）；从人口结构看，都江堰市在近五年来为人口净流入地区，华蓥市、蓬安县两地为人口净流出地区；从财政收支看，都江堰市县本级财政收入和支出均高于四川省各县的平均水平，华蓥市县本级财政收入和支出均低于平均水平，蓬安县县本级财政收入低于均值而财政支出高于均值。在财政支出责任中，具体看中小学基础教育和卫生等公共服务的供给情况，都江堰市在校中学生人数高于四川省各县均值，在校小学生人数低于均值，医院、卫生院床位数高于均值，华蓥市在校生人数（小学和普通中学）以及医院、卫生院床位数均小于均值，蓬安县三项支出责任均高于四川省平均水平。此外，就财力保障水平而言，都江堰市、华蓥市、蓬安县三个接受调研市县的支出责任远远超出自身的财力水平，保基层运转压力与省内其他市县比起来是较大的。

基于调研数据，课题组比较分析了三个接受调研市县财政收支的具体情况，以期从微观层面上剖析四川省保基层运转工作的实际情况和存在的问题。根据我国《预算法》（2014 年修正）第五条的规定，我国预算包括“一般公共预算、政府性基金预算、国有资本经营预算、社会保险基金预算”四本预算，其中，一般公共预算是对以税收为主体的财政收入，安排用于保障和改善民生、推动经济社会发展、维护国家安全、维持国家机构正常运转等方面的收支预算，与保基层运转的关系最为密切。理论上，若一个地区不进行资金调整（主要包括由转移支付带来的资金纵向流动、由其他预算账户调入资金带来的资金横向流动以及由举借债务带来的资金在时间线上的前后流动等三项调整）就能实现一般公共预算账户收入与支出的平衡，则表明当地事权与财权是相适应的，那么保基层运转就不存在压力或风险。但是，由于我国基层财政收入来源相对单一，而支出刚性强，导致基层一般公共预算收入与预算支出往往存在缺口，需要调入资金保障账户平衡。

第一，从县级财政一般公共预算账户的资金收入来看。根据接受调研市县一般公共预算收支决算平衡表可知，基层财政收入的主要来源为地方一般公共预算收入（包括税收收入和非税收入）、上级补助收入（包括返还性收入、一般转移支付收入及专项转移支付收入）、债务转贷收入以及调入资金（包括政府性基金调入、国有资本经营调入及其他调入）四项。由图 1 和表 4 可见，为保运转，平衡一般公共预算账户，都江堰市、华蓥市和蓬安县三地均需要依赖上级补助收入、债务转贷收入以及调入资金进行补充。虽然都江堰市一般公共预算收入占比高于其他两地，但也仅达到 39.58%，超过一半的资金需要从其他三个项目中调入。华蓥市、蓬安县两地保运转资金主要来源于上级补助收入，表现出对转移支付的过度依赖。此外，都江堰市、华蓥市两地对债务的依赖较强，债务转贷收入占比分别为 22.20%和 21.53%。虽然蓬安县债务转贷收入占比较低（为 12.49%），但也高于其地方一般公共预算收入占比，且蓬安县还需要从其他预算账户调入资金，足可见其保基层运转之困难。

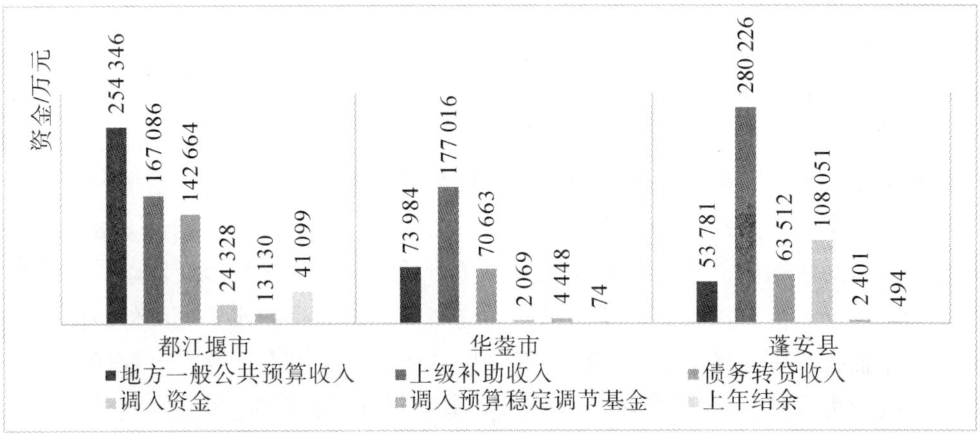

图 1　接受调研市县一般公共预算账户的资金来源（2015—2018 年均值①）

表 4　2015—2018 年接受调研市县一般公共预算账户资金来源平均占比

单位:%

来源	地区		
	都江堰市	华蓥市	蓬安县
地方一般公共预算收入	39.58	22.54	10.58
上级补助收入	26.00	53.93	55.11
债务转贷收入	22.20	21.53	12.49
调入资金	3.79	0.63	21.25
调入预算稳定调节基金	2.04	1.35	0.47
上年结余	6.40	0.02	0.10
收入总计	100.00	100.00	100.00

注：本表各占比情况根据调研数据计算。

具体看调研市县上级补助收入和调入资金细项（见表 5）。2015—2018 年，都江堰市、华蓥市和蓬安县三个地区上级补助收入主要是一般性转移支付收入和专项转移支付收入两项，两项占比之和在三地均达到 90%以上，表现出基层财政在

① 受数据可获得性所限，华蓥市各项均值依据 2016—2018 年数据计算。下同。

上级补助收入中对转移支付的高依赖。对于调入资金的来源都江堰市、华蓥市和蓬安县三地有所差异。都江堰市4年均有调入资金补充一般公共预算的情况，其主要依靠政府性基金调入。值得注意的是，都江堰市2015—2018年政府性基金收入中土地出让金收入占比分别为88.18%、94.74%、88.31%及92.83%，说明都江堰市一般公共预算账户的平衡需要土地出让金收入的支持，这从侧面反映出其保基层运转对“土地财政”存在一定的依赖。类似的情况发生在2018年蓬安县。从图1可知，蓬安县调入资金的平均额度在都江堰市、华蓥市和蓬安县三地中是最大的，其2018年99.66%的调入资金来源于政府性基金，而当年其96.55%的政府性基金收入为土地出让金，说明蓬安县在2018年表现出对“土地财政”的过度依赖[①]。华蓥市调入资金主要来自国有资本经营预算。其他调入资金未做具体说明。

表5 接受调研市县上级补助收入与调入资金来源占比（2015—2018年）

单位：%

地区	都江堰市				华蓥市			蓬安县			
年份	2015	2016	2017	2018	2016	2017	2018	2015	2016	2017	2018
上级补助收入											
1. 返还性收入	5.85	7.47	10.49	8.71	5.88	7.37	6.19	2.03	2.32	3.35	2.83
2. 一般性转移支付收入	50.87	49.50	48.83	47.19	60.79	60.46	58.66	58.21	55.93	59.59	54.46
3. 专项转移支付收入	43.28	43.03	40.68	44.10	33.33	32.17	35.15	39.76	41.75	37.06	42.71
调入资金											
1. 政府性基金调入	58.81	52.72	83.85	97.68	0.00	—	0.00	—	—	0.00	99.66
2. 国有资本经营调入	39.97	13.25	13.09	2.32	100	—	0.00	—	—	3.85	0.34
3. 其他调入	1.22	34.03	3.07	0.00	0.00	—	100	—	—	96.15	0.00

注：本表各占比情况根据调研数据计算。

第二，从县级财政一般公共预算账户的资金使用来看。接受调研市县一般公共预算账户的资金主要用于一般公共预算支出和债务还本支出（见图2），表明接受调研市县政府在保运转的过程中均面临较大的债务还款付息压力。从绝对数额看，都江堰市的债务还本付息压力最大，2015—2018年，平均每年需偿还超14亿元的债务本金。由表6可见都江堰市、华蓥市和蓬安县三地各年具体的债务情况，都江堰市债务体量最大，各年债务余额均在150亿元以上，2016年达168.85亿元；华蓥市和蓬安县债务余额绝对数额基本相当，2018年分别为32.99亿元和39.13亿元。从债务类别看，都江堰市以专项债务为主，而华蓥市和蓬安县以一般性债务为主，蓬安县具有一定比例的或有债务。

① 事实上，通过调研座谈会，课题组发现都江堰市、蓬安县在2019年对“土地财政”仍然存在一定的依赖性。

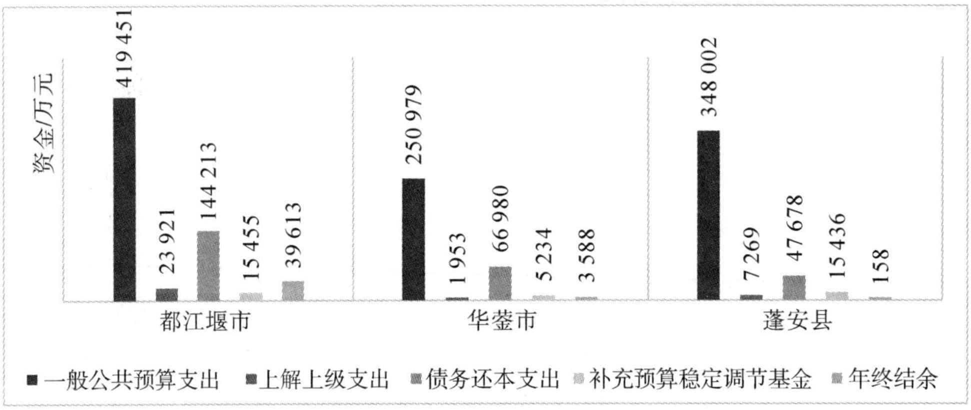

图 2 接受调研市县一般公共预算账户的资金使用状况（2015—2018 年均值）

表 6 接受调研市县债务情况（2015—2018 年） 单位：亿元

地区	都江堰市				华蓥市				蓬安县			
年份	2015	2016	2017	2018	2015	2016	2017	2018	2015	2016	2017	2018
政府性债务	159.95	168.85	158.95	156.67	25.98	27.93	31.21	32.99	39.40	37.36	37.73	39.13
一般债务	51.29	55.06	59.05	57.58	24.08	24.27	24.86	24.78	18.57	20.36	25.47	24.48
专项债务	108.66	113.79	99.9	99.09	1.11	2.87	5.53	7.39	5.82	6.02	5.88	8.27
或有债务	—	—	—	—	0.79	0.79	0.82	0.82	15.01	10.98	6.38	6.38

注：本表数据由调研获取，不包含隐性债务余额。

表 7 展示了接受调研市县 2018 年一般公共预算各项目支出占比。都江堰市、华蓥市和蓬安县三地一般公共预算的支出责任主要体现在一般公共服务支出、公共安全支出、教育支出、社会保障和就业支出、医疗卫生与计划生育支出、城乡社区支出、农林水支出、住房保障支出以及债务付息支出等科目。其中，都江堰市一般公共服务支出的占比最高，达到 21.58%，其次是教育支出和社会保障和就业支出，分别达到 18.69%、13.32%；而华蓥市和蓬安县在教育支出、社会保障和就业支出以及农林水支出三个科目的支出占比较高，一般公共服务支出较少，仅占 8%左右。这说明各地的支出结构有较大的不同，从支出方面分析保基层运转时需要因地制宜，依据各地人口特征和经济发展水平具体分析其支出责任，以评估各科目资金额度和使用效率。

表 7 接受调研市县 2018 年一般公共预算各科目支出占比 单位:%

科目	地区		
	都江堰市	华蓥市	蓬安县
一、一般公共服务支出	21.58	7.20	8.57
二、外交支出	0.00	0.00	0.00

表7(续)

科目	地区		
	都江堰市	华蓥市	蓬安县
三、国防支出	0. 11	0. 01	0. 09
四、公共安全支出	6. 56	6. 17	4. 27
五、教育支出	18. 69	24. 28	17. 53
六、科学技术支出	0. 64	0. 60	0. 16
七、文化体育与传媒支出	1. 90	0. 92	0. 78
八、社会保障和就业支出	13. 32	10. 26	17. 31
九、医疗卫生与计划生育支出	8. 30	4. 79	6. 94
十、节能环保支出	1. 06	3. 20	2. 45
十一、城乡社区支出	7. 24	2. 75	2. 13
十二、农林水支出	9. 48	15. 96	16. 67
十三、交通运输支出	1. 59	3. 94	5. 54
十四、资源勘探信息等支出	0. 31	1. 86	0. 32
十五、商业服务业等支出	0. 74	0. 57	0. 37
十六、金融支出	0. 23	0. 04	0. 03
十七、援助其他地区支出	0. 39	0. 00	0. 00
十八、国土海洋气象等支出	0. 83	9. 39	1. 67
十九、住房保障支出	2. 88	2. 00	10. 35
二十、粮油物资储备支出	0. 00	0. 14	0. 18
二十一、灾害防治及应急管理支出	0. 00	0. 00	0. 00
二十二、其他支出	-0. 10	2. 76	2. 34
二十三、债务付息支出	4. 23	3. 13	2. 30
二十四、债务发行费用支出	0. 01	0. 01	0. 01

注：本表各占比情况根据调研数据计算。

二、四川省保基层运转的主要特征与困难研判

（一）基层财政的主要特征——“三大依赖”问题

近年来，我国经济下行压力加大，地方一般公共预算收入减少而支出刚性增加，加大了县级财政运行压力，为了保障正常运转，基层财政逐渐形成了过度依靠转移支付、债务收入及“土地财政”的“三大依赖”问题。由上文分析可知，课题组调研的都江堰市、华蓥市、蓬安县三地中一般公共预算收入占其财政收入的比重分别为39. 58%、22. 54%和10. 58%，其他收入需要依赖上级补助收入、债

务转贷收入以及调入资金。具体表现为：

（1）转移支付依赖。上级补助收入在都江堰市、华蓥市、蓬安县三地的财政收入占比分别为26%、53.93%和55.11%。可见，基层财政存在对上级转移支付的依赖。

（2）债务依赖。债务转贷收入在都江堰市、华蓥市、蓬安县三地的财政收入占比分别为22.20%、21.53%和12.49%。由此可知，都江堰市、华蓥市两地对债务的依赖性较强，蓬安县虽然债务转贷收入占财政收入的比重较低，但仍高于其一般公共预算收入占比，可以看出基层财政存在对债务的依赖。并且，从支出方向看，债务还本付息支出已构成保基层运转的又一压力。

（3）“土地财政”依赖。都江堰市、华蓥市、蓬安县三地调入的资金占其财政收入比重分别为3.79%、0.63%和21.25%。都江堰市对调入资金的依赖占比虽小但总量较大且属于持续性依赖；华蓥市对调入资金的依赖相对较弱；蓬安县对调入资金的依赖较强，而调入资金主要为政府性基金收入中的土地转让金。可见，基层财政存在不同程度的对土地出让金的依赖。

综上所述，对三个具有代表性的市县进行深入剖析可知，基层财政普遍存在“三大依赖”的问题，即转移支付依赖、债务依赖和土地财政依赖。

（二）四川省保基层运转的困难研判

（1）基层财政收支缺口持续加大。2020年以来，经济社会发展又受到新型冠状病毒肺炎疫情和国外逆全球化思维的不利影响，基层财政收入存在经济和政策性减收，财政支出责任增加，因而在不进行干预的情况下，“十四五”期间基层财政运行压力预期将进一步增大。

一方面，县级财政收入增长乏力。近年来，受宏观经济下行压力加大和更大规模减税降费政策等因素叠加影响，地方财政收入增长面临较大压力，财政收入增长呈逐步放缓趋势，2015—2019年，县级地方一般公共预算收入的增幅分别为10%、10.9%、10.9%、8.2%、3.9%，从两位数增长逐步进入个位数增长。2020年突如其来的疫情对经济发展造成较大冲击，投资、消费、进出口受到巨大影响，当前经济仍在消化疫情带来的不利影响，经济持续回升的基础尚不稳固，地方财政收入特别是县级财政收入增长十分困难。以调研的情况为例，都江堰市全年一般公共预算收入预计“硬短收”4亿元，因2019年年中和2020年出台新的政策减免，预计减税降费共计8.8亿元，其中税收减免约为2亿元、行政事业性收费和政府性基金减免约为0.03亿元、社保费减免约为6.8亿元。

另一方面，基层财政刚性支出有增无减。在收入增速放缓背景下，县级“三保”支出、债务还本付息、落实中央、省重大决策部署等领域财政刚性支出有增无减。国家每年对城乡居民基础养老金和城乡居民医疗保险财政补助标准、基本公共卫生服务支出标准、城乡低保财政补助标准、教育生均公用经费标准等基本民生政策进行提标。我省作为人口大省，基本民生政策逐年提标带来“保基本民生”刚性支出持续增长，以2020年为例，仅国家对上述几项基本民生政策提标，导致全省县级“保基本民生”较2019年增支100亿元。我省政府债务还本付息已进入高峰期，未来债务偿还支出逐步增多。同时，我省在基础设施、基本公共服务等方面还有很多短板要补，对财政支出保障提出了更高的要求。从调研的情况看，都江堰市同时财政保基层支出存在刚性，民生支出需求旺盛，基层财政收支平衡存在较大压力。该县反映除兜牢“三保”底线、偿债、违建别墅拆除等支出外，因民生提标扩面、疫情防控等刚性新增支出有增无减，收支矛盾异常突出，库款保障压力巨大。

（2）争取持续性转移支付收入和保持转移支付较高增长存在困难。从中央财政收入看，近年来，中央财政收入增幅放缓。受疫情影响，2020年上半年中央一般公共预算收入同比下降14%，为应对疫情、促进经济社会发展，各项积极财政政策陆续出台带来的减税降费叠加效应将在“十四五”期间逐步显现，预计未来几年全国财政收入仍将处于低速增长。

从中央财政对地方的转移支付看，虽然转移支付保持稳定增长，但从中央财政对下转移支付的财力来源看，一次性来源占比较大，一定程度上具有不可持续性。2019年，中央对下转移支付的增长主要依靠一次性增加的特定金融机构和央企上缴利润。2020年，中央财政通过发行抗疫特别国债1万亿元和新增财政赤字1万亿元，作为加大对地方转移支付力度、保持转移支付稳定增长的主要财力来源，这是特殊时期的特殊政策。从目前的经济形势看，若中央财政对下转移支付没有其他可持续的新增财力来源，预计中央财政对下转移支付的力度将有所减弱。

因此，按当前的经济形势预测，“十四五”期间中央和省一级财政收支矛盾也将加剧，上级转移支付资金的安排将更加谨慎以保证资金使用效率，县级政府争取持续性转移支付收入或希望上级转移支付资金安排向本地倾斜、进一步扩大本地转移支付占比是存在困难的，“十四五”期间地方能争取到的上级转移支付收入可能不如预期。

（3）债务收入不可持续性和地方债务风险。根据课程组调研的情况，我省县级政府已积累了大量债务亟待化解，而其一般公共预算支出高于收入，依靠土地财政偿还债务具有不确定性，且土地财政本身也是不可持续的。其使得在现有条件下，地方政府无法利用财政收入偿还已经积累的大量债务，存在巨大的化债压力，只能通过债务置换对债务进行展期或发新债还旧债。通过债务置换虽然能解决短期债务风险，但会导致地方政府缩减政府支出，以应对未来的还债压力，势必会影响地方经济增速。通过发新债还旧债又会存在地方政府债务的权责分离问题，即从时间上看，由于我国地方政府官员的任期与债务期限结构不一致，本届政府拥有举债的权力，而实际的偿还责任是下届政府；在空间上，地方政府具有举债的权力，而兜底的却是上级政府。正因如此，地方债务存量不断累积，造成地方债务风险。若防范不利，地方债务风险甚至可能引发全国性财政风险，同时向金融机构蔓延，引发金融危机，因此继续依靠地方债务收入维持运转和发展经济是困难的。此外，从调研的情况可以看出，三个样本市县近几年均存在一定的债务还本付息压力，对其保运转工作具有不利影响。

（4）土地财政不可持续和政府性基金收入稳定增长较难。近年来，受益于房地产市场的快速增长，政府性基金收入特别是国有土地使用权出让收入增长较好，成为县级财力的有力补充，有效缓解了收支矛盾。2019 年，全省县级国有土地使用权出让收入达到 2 423 亿元。为确保财政平稳运行，基层财政通过从政府性基金收入调入一般公共预算来缓解财政收支压力。但 2020 年受新型冠状病毒肺炎疫情和房地产市场的调控等因素影响，全省县级政府性基金收入下滑，近半数县的政府性基金收入负增长，特别是政府性基金中规模较大的国有土地使用权出让收入负增长趋势明显。政府性基金收入下滑导致资金来源减少，对财力的支撑作用减弱。

此外，一方面由于土地总量本身固定，且在严保耕地红线和控制土地拍卖指标的情况下，可出让的建设用地将越来越少，从客观上限定了土地财政是不可持续的；另一方面，由于西部地区的三、四线城市普遍存在人口净流出的现象，而地方政府需要维持房价上涨才能获取高额的土地出让金，人口净流出使得高额房价无法维持，所以这些地区的土地难以拍出高价。因此，土地财政是不可持续的，这同时也意味着依靠土地出让金调入一般公共预算以缓解基层财政运转压力是不可持续的。

三、四川省保基层运转的影响因素与困难成因

（一）影响基层财政运转的“四大因素”

当前，基层财政高度依赖转移支付、债务和土地收入，在“十四五”期间随着政策推进和经济结构调整深化，这“三大依赖”面临的挑战将日益凸显，保基层运转的形势将变得十分严峻。基层财政存在“三大依赖”的原因可归结为“体制因素”“历史因素”“周期因素”以及“趋势因素”四大类。

1. 体制因素

基层财政的“三大依赖”是在现有财政分权体制下逐步形成的结果，其不可持续性折射出当前财政制度本身存在的问题，因此基层收支矛盾的根本性解决需从体制层面思考出路。现行分权体制在中央宏观管控力得到保障的基础上充分调动地方发展积极性，有力推动了经济高速增长，物质财富得到迅速积累。但分权不彻底引发的事权与支出责任不匹配问题成为当前基层政府财政困境的制度根源。转移支付制度是弥补基层政府收支缺口的重要制度安排，土地财政和举债依赖是地方政府在“事权层层下压，财权层层上移”背景下寻求的重要融资途径。可见，要改变地方政府对三大收入的过度依赖，首先必须从完善分权体制、合理划分事权与支出责任的制度改革开始。2018 年以来，国务院相继出台基本公共服务、医疗卫生、科技、教育、交通运输、生态环境、公共文化、自然资源、应急急救领域财政事权与支出责任划分改革方案，应据此积极推进省以下各级政府间的权责划分，逐步建立起权责清晰、财力协调、标准合理、保障有力的财政制度体系和

保障机制。

2. 历史因素

从历史维度看，我国地方政府债务的迅速膨胀开始于2008年金融危机之后，是在以投资拉动经济的积极财政政策引导下产生的。举债投资有效避免了我国经济受到全球金融危机的波及，并对世界经济做出了贡献，使我国成为带动全球经济复苏的重要引擎。然而地方政府也因此累积了大量债务存量，并且在晋升激励、事权与支出责任不匹配和预算软约束的机制作用下债务余额不断攀升。近年来，地方政府举债有力推动了地方经济发展，但债台高筑带来的还本付息压力成为基层财政的沉重包袱。在当前经济降速、政策和疫情冲击交织的情况下，财政减收效应明显，债务存量的化解显得尤为困难。一方面，应肯定地方政府举债的正向作用，举借新债不能因噎废食，而应从规范举债方式，强化举债约束，提高举债资金使用效益方面着手建立公开透明高效的债务管理制度；另一方面，规模庞大的债务存量很难在当前特殊形势下彻底化解，可通过借长债还短债，以时间换空间的方法争取将其在发展中逐步消化。

3. 周期因素

因百年不遇的新型冠状病毒肺炎疫情，使全球经济陷于停滞，中国虽实现了对疫情的有效控制，但经济仍受到重创，彻底恢复还需时日。在疫情冲击下，经济活动受到限制，财政收入大幅下降，而为了保增长稳就业，财政支出扩大，更加深了收支矛盾。当前国际形势变幻莫测，“十四五”期间各种不确定性冲击随时可能发生，因此财政需随时准备好应对周期性原因带来的经济波动影响。土地收入具有顺周期性，高度依赖土地收入的基层财政很难抵御周期性冲击，平抑经济波动的职能需由上级或中央财政来承担。基层财政的保运转需通过上级或中央更大力度的转移支付来予以维持。基层政府积极争取转移支付资金的同时应提高转移支付资金的使用效率，最大程度地发挥资金效益。

4. 趋势因素

人口向核心城市流动将是“十四五”期间的大趋势，这会使位于不同区位和经济圈层的地区出现分化。人口净流入地区房地产市场需求旺盛，土地收入前景乐观；人口净流出地区房地产市场需求低迷，土地收入则不容乐观。在晋升激励和地方竞争背景下，各地区不顾自身区位和实力，相互效仿，盲目扩张，这种短期化粗放式增长模式已不适应“十四五”期间的新形势和新情况。因此，应认清人口流动的客观趋势，找准自身的区位优势和发展定位，从粗放式向高质量发展转变。同时上级政府应对处于竞争劣势地区的基层政府给予更多财力支持。

（二）四川省保基层运转存在问题和困难的原因

（1）县级财源税源培植低效。培植高质量的财源税源是扩大财政收入规模和增强保运转能力的重要基础。当前，我省县级财政收入增长多依靠传统产业，新的财源税源培植偏慢，在使用上级相关产业发展资金时绩效较低，没有集中财力办大事要事，财政收入增长缺乏新的动力，进一步导致了财政收入可持续增长基础被削弱。一些县为完成招商引资等目标任务，超越财政承受能力或大幅牺牲财税利益制定招商引资优惠政策，但吸引落地的部分企业质量不高、竞争力不强，在享受了大量优惠政策后却难以贡献符合预期的财税利益。

（2）超越财政承受能力出台支出政策。各地区出台的财政支出政策必须与财政承受能力相适应，否则将给财政保障带来较大压力，甚至导致财政风险。从调研情况看，一些县没有充分考虑财政承受能力，没有对自身财力进行合理预算和安排，自行出台支出政策、提高保障标准等，个别县在一定程度上存在“大干快上”的盲目发展冲动，在当前财政收支矛盾突出的情况下，不仅加大了财政支出压力，还导致了大量的无预算来源支出，形成了新的财政负担，对财政可持续发展造成冲击，也会影响基层运转的保障。

（3）调整优化支出结构较为困难。当前，县级政府面临较大保运转压力，很大程度上是由于财政支出存在结构性矛盾。一方面，在上级下达转移支付中，专项转移支付为“戴帽”下达，明确了具体项目，县级必须严格使用到项目；另一方面，县级各部门支出格局固化，还没有充分落实零基预算，县级部门的项目预算安排仍然存在“小、散、乱”问题，在压减非刚性、非急需的一般性支出方面存在较大阻力，在削减低效无效支出，统筹财力保刚性支出、保急需支出、保重大项目建设方面推进困难。因此，一些对经济发展支撑作用较大、社会效益明显、能够迅速产生拉动效应的领域急需财政资金支持，但受财力制约和预算安排所限，无法得到充分保障；而一些非刚性、非急需支出压减不彻底，部分领域项目进展滞后，资金无法及时实现支出，躺在账上难以产生效益。

（4）历史欠账较多，包袱沉重。从更长远的角度来分析，县级发展过程中形成的历史欠账和包袱，也在一定程度上加剧了财政保运转压力。从全省来看，各县养老、医疗、教育等基本公共服务水平参差不齐，部分地区欠账较多，在国家大力推进基本公共服务均等化背景下，这些地区为弥补欠账提高基本公共服务水平造成财政保障压力加大。一些县交通、水利、城建等基础设施建设较为滞后，这些地区具有弥补欠账的较大建设需求。此外，多年来一些县持续高强度的建设，在土地、资金、生态等要素方面存在不同程度的透支，也形成了较大规模的政府债务和隐性债务，需要挤占当前的财政资源逐步化解，为基层保运转带来了更多的考验和挑战。

四、政策建议

面对“十四五”期间的新形势、新情况和新挑战，为了增强基层保运转能力，现结合本报告的研究结论提出以下具体的政策建议：

（一）强化预算约束，严肃财经纪律

围绕贯彻落实新修订的《预算法实施条例》，通过持续深化预算管理制度改革，为财政运行筑牢“制度笼子”，进一步严肃财经纪律。

首先，严格县级预算编制，按照财政支出保障序列优先满足县级保基层运转

的预算安排。硬化预算约束，严格执行人大批准的预算，预算一经批准非经法定程序不得调整。强化预算对执行的控制，坚持先有预算后有支出，严禁超预算、无预算支付资金或开展政府采购，严控预算调剂追加事项，严禁对未列入预算的项目借款或垫付财政资金。

其次，进一步增强县级党委、政府财经纪律意识，将预算法及实施条例纳入县级党委常委会会议、政府常务会会前学法范围，切实提升县级党委、政府依法决策、科学决策的水平。

最后，预算部门在发现绩效运行与原定绩效目标发生偏离时，应及时向财政部门报告，并督促项目实施主体和责任单位积极采取应对措施加以整改、予以纠正，对财政资金投入绩效未能达到预期目标的部门及责任人实行绩效问责。

（二）完善招商引资工作考核体系，努力培育高质量财源税源

按照省委、省政府划分的县域经济发展类区，充分发挥比较优势，坚持协同发展和错位发展，根据自身资源禀赋和区位条件，着力培养具有发展潜力的骨干财源税源。

在招商引资过程中，加强对企业和项目的筛选论证，提升招商引资的质量和效益，努力实现引得进、能落地、发展好、有贡献。完善优化对县级招商引资工作的考核，科学设定考核指标体系，加大对引进企业和项目的发展潜力、与当地发展定位契合度等因素的考核评估，并适当对以往年度落地企业和项目的经济社会效益以及财税贡献程度进行考核，促进县级政府提升财源培植质量。

对引进的企业和项目，县级政府可在更大范围参考借鉴“财政后补助”模式，将符合规定的优惠政策根据其落地后对经济社会发展和财政收入的贡献情况，分批逐步兑现，形成激励效应。同时，应尤其注意“招商引资”过程中形成的税收返还对地方财力的侵蚀，确保地方税收收入的真正取得并能成为基层政府的可支配财力。

（三）优化财政支出结构，提升财政资源配置效能

坚持“有保有压、有进有退、进退有度”的财政保障思路，完善能增能减、有保有压的分配机制，优化财政支出结构，提升财政资源配置效能。

一方面，应严控过高的人员津补贴福利和民生支出，严厉杜绝卖地、贷款发放津补贴的现象，严防在扶贫和乡村振兴项目推进中拔高标准、层层加码的情况，严格审核土地出让收入中成本性支出的真实性，坚决压减不必要的开支，持续压缩非急需、非刚性的一般性支出，大幅削减低效无效支出，腾挪资金在重点领域保持合理支出强度，切实保障“三保”及其他重点支出资金需求。

另一方面，应转变思路“巧投资”，在资金投向上向能够形成支撑效应和拉动效应、经济社会效益比较明显、符合群众期盼和经济发展急需的项目倾斜；在项目选择上优先安排具备实施条件、手续完备、前期工作准备充分的项目，力求在最短时间内产生经济社会效益和财税贡献；在支持方式上，统筹运用产业发展投资引导基金、政府与社会资本合作、专项债券用作项目资本金、财政金融互动等

方式，发挥财政资金“四两拨千斤”的引导带动作用；在项目实施上，加快资金使用进度，避免资金支出缓慢低效，并加强对资金使用的动态跟踪问效，保证资金始终用在该用的地方。

（四）完善转移支付制度，加大对西部经济发展薄弱县市的转移支付补助力度

首先，进一步理顺一般性转移支付和专项转移支付的关系，扩大一般性转移支付规模和占比，让基层拥有更多可供统筹使用的转移支付资金。规范转移支付分类，将省对下转移支付分为一般性转移支付、共同财政事权转移支付、专项转移支付三大类，推动加强转移支付管理，提升转移支付政策效果。具体来看，应调整一般性转移支付的结构，压缩定向转移支付占比，提高可供区县统筹安排的财力比例，同时提高专项转移支付和定向转移支付切块下达的比例，逐步将非竞争性领域的专项转移支付全部切块下达给基层，由基层根据切块资金使用方向，结合自身经济社会发展需求，统筹使用财政资金，提高资金使用的精准度和效益。

其次，建立健全转移支付定期评估和退出机制，对投入方向类同、补助对象交叉、区域范围重叠、项目分配零散、使用绩效不高的转移支付项目予以整合归并，打破资金分配固化格局，为县级集中财力支持大事要事创造有利条件。完善转移支付分配办法，科学设置转移支付分配因素和权重，加大对西部经济发展薄弱县市的倾斜和支持力度，增强县级保运转的能力。

最后，建立健全特殊转移支付机制，即新增财政资金直达市县基层的管理机制，以加快拨付进度并减少层级损耗。为此，应建立直达资金专项国库对账机制，做到账目清晰、流向明确、账实相符，盯紧直达资金的分配、拨付和使用情况，进一步完善直达资金监控系统功能，加强政策评估，确保直达资金有力有效、安全到位。

（五）加强地方政府债务管理，切实防范化解财政风险

首先，进一步强化地方政府债务预算管理，将政府债务举借偿还全部纳入预算安排，逐步实现“借用还”主体相统一，提高地方政府债务管理的规范性。严格债务限额管理，将地方政府债务严格控制在限额以内，确保债务举借同财政承受能力相匹配。通过编制还款时间表，明确每年应偿还的债务总量，同时应编制3年期的滚动资本提升计划，用以衡量地方政府未来3年内基础设施建设的资金需求。

其次，通过压缩一般性支出、优化支出结构、加大土地出让、处置存量资产、发行再融资债券等方式加大地方政府债务化解力度。坚决遏制隐性债务增量，有序化解存量，用好融资平台公司到期隐性债务借新还旧政策，积极向中央争取开展建制县区化债试点，推动高风险地区稳妥降低债务风险水平。

最后，依法构建管理规范、责任清晰、公开透明、风险可控的政府举债融资机制，强化监督问责。设立地方政府专项债偿债基金制度，设置对应的基金管理机构。从规范项目资金管理的角度出发，建议设立专项债券基金制度，统一基金管理法律规范。同时建议在财政部下设立专门的政府偿债基金管理机构，主要负

责对偿债基金的管理、组织偿债基金的会计核算以及基金资金使用的内审监督。

（六）合理划分省以下政府间的事权与支出责任，并依据支出责任推进收入划分改革

首先，各级政府间财政事权应按照受益范围、信息复杂程度和调动积极性三个原则进行划分①。省以下政府间事权和支出责任划分的决策权在省级政府，应避免事权下移和资金缺口给基层政府带来过重的财政负担。具体来看，凡属于省级承担的支出责任，省财政要全额保障经费；省级委托市县级政府承办的事务，要足额安排专项经费，不留资金缺口；属于省与市县级政府的共同事务，要尽可能降低财政困难县级的资金负担比例；属于跨区域的公共事务，要根据各方面受益情况，并考虑县级财政的实际承受能力，合理确定分担比例。

其次，应当适时地进行改革方案的动态调整。如可以根据当前中央政府部门改革的情况，以及现有省以下政府间的实际财力情况，重点明确和强化省级政府的支出责任，保障和维护县区政府的财政事权积极性；通过有效授权，合理确定市县财政事权，使基本公共服务受益范围与政府管辖区域保持一致，激励县区政府尽力做好辖区范围内的基本公共服务。

最后，在省以下政府间事权与支出责任相匹配的基础上，有序稳妥推进省与市县收入划分改革，扩大省与市县共享税种范围，按省与市县的支出责任划分来确定分享比例，完善税收收入征管体制，形成以共享税为主、专享税为辅，共享税分享合理、专享税划分科学的省与市县收入划分体系和均衡协调的省与市县财力格局。中央下划地方的消费税先列省级，完善包括省属国有企业在内的重点企业的税收分享机制，建立省级转移支付再分配与现行财政体制、事权划分相协调的机制，进一步增强省级财政宏观调控能力。在此基础上，省级财政加大对保基层运转困难县的倾斜支持力度，通过转移支付均衡各县财力差异，促进基本公共服务均等化，增强县级保基层运转的能力。

---

① 刘昆. 我国的中央和地方财政关系［OL］. 中国人大网，2020-08-12. http://www.npc.gov.cn/npc/c30834/202008/08bd6bb3168e4916a2da92ac68771386.shtml.

财政专项资金绩效评价研究报告
——基于人大预算审查监督的视角

文杰 蒲泓锦 胡天祥

内容提要：全面实施预算绩效管理是党的十九大确立的建立现代财政制度的客观要求。作为财政资金的一个重要部分，完善财政专项资金的绩效评价对推动绩效管理改革具有重要意义。本文采用超效率 DEA 模型测算四川省 2011—2017 年各地级市环保财政支出的效率值，从而对环保专项资金的绩效进行测度。结果显示，四川省环保财政支出效率总体不高，全省均值基本在 0.5 上下，存在较大改善空间。而不同城市的效率差异也十分明显，出现两极分化，有较多城市存在环保财政支出效率低下情形。进一步将省会城市成都与同属国家九大中心城市的北京、上海、广州、西安和武汉的环保财政投入绩效实证结果进行对比分析，显示除西安以外各城市的财政环保投入与产出均达到有效配置，成都的环保投入产出超效率值总体上呈现上升的趋势，环保财政资金的使用效率在稳步提高。本文在完善现有财政资金绩效评价指标的基础上，进一步在环境保护宣传、环境监督与监察、污染防治、自然生态保护、污染减排和环境卫生等方面提出个性化指标，构建环保专项资金绩效评价指标体系。

关键词：财政资金；环保专项；绩效评价；DEA

一、引言

财政是国家治理的基础与重要支柱，作为政府绩效评价的重要组成部分，财政绩效评价旨在追求公共财政的公信力，体现评价的价值理性与工具理性。1999 年，中国启动了一场意义深远的部门预算改革，与国库集中收付、政府采购、收支两条线、财政收支科目等配套改革齐头并进，旨在建立财政部门的核心预算机构地位和强化预算的行政控制。部门预算改革逐步把所有财政收支纳入预算管理范围，规范了预算编制程序。但是，部门预算改革只是解决了规范预算编制的程

作者简介：文杰，男，西南财经大学财税学院副教授。蒲泓锦，男，西南财经大学财税学院博士研究生。胡天祥，男，西南财经大学财税学院硕士研究生。

序和基本方法，并没有解决部门预算的核心问题——如何让部门对自己的预算负责。2003 年，中共十六届三中全会明确提出要对预算绩效进行评价，这为我国新一轮预算改革指明了方向。党的十九大报告提出“建立全面规范透明、标准科学、约束有力的预算制度，全面实施绩效管理”，并提出全方位、全过程和全覆盖的预算绩效管理体系。2018 年 3 月，中共中央办公厅印发《关于人大预算审查监督重点向支出预算和政策拓展的指导意见》，强化了人民代表大会（以下简称“人大”）预算审查监督的重点，从人大角度提出加强对政府预算的审查和监督。因此，在现实条件下，构建由人大主导、政府部门协同、第三方实施的财政绩效评价新模式具有理论的必然性与现实的可行性，指标维度指向资金投入、过程监管、目标实现与社会满意度等。

财政专项资金，主要指用于社会管理、公共事业发展、社会保障、经济建设等领域的由各级政府和财政部门安排的单独核算、用途固定、专款专用的一类财政资金。按照财政部的定义，“财政支出绩效评价是指财政部门和预算部门（单位）根据设定的绩效目标，运用科学、合理的绩效评价指标、评价标准和评价方法，对财政支出的经济性、效率性和效益性进行客观、公正的评价。”通过财政专项资金绩效评价，不但可以使专项资金的流动科学化，对出现的问题进行及时反馈和梳理，更可以促进政府扶持的事业项目顺利成长，为社会带来更多的公益福利。

（一）文献回顾

发达国家与财政绩效评价最接近的行为当属绩效审计（performance audit）。绩效审计于 20 世纪 60 年代末起源于美国。国际最高审计机构组织（International Organization of Supreme Audit Institutions）对绩效审计给出的定义是：绩效审计是一项独立的审查，该审查出于经济性的考虑，对政府的举措/项目或组织围绕着效率与效果展开，目的在于改进与提高（INTOSAI, 2003）。根据《中华人民共和国审计法》（2006 年修订）第一章第二条“审计机关对前款所列财政收支或者财务收支的真实、合法和效益，依法进行审计监督”的规定，让我国绩效审计和财务审计并无清晰的界限。我国绩效审计落后于发达国家绩效审计的发展，绩效审计多应用于部门内部审计，与国际上通行的绩效审计概念相差较远（梁斌和罗文洁，2012）。在我国的实践中，通过财政部《财政支出绩效评价管理暂行办法》（2009 年版）第一章第二条关于“对财政支出产出和效果进行客观、公正的评价”的表述可以看出，我国财政支出绩效评价与 INTOSAI 的绩效审计内涵更为相似。2011 年，财政部出台的《财政支出绩效评价管理暂行办法》，将预算支出绩效评价分为基本支出绩效评价、项目支出绩效评价和部门整体支出绩效评价 3 个类别。2013 年，财政部出台的《预算绩效评价共性指标体系框架》，包括了项目支出、部门整体支出和财政预算绩效评价 3 个层面的共性指标设置。2015 年，国家新预算法实施，要求编制预算参考上一年度绩效评价结果。在公共支出政策绩效评价方面，2016 年公布的“十三五”规划纲要中也明确指出，要完善政策制定和决策机制，完善政策分析评估及调整机制。根据文献内容，当前学界主要对财政绩效的以下几个方面展开研究。

1. 绩效评价原则探索

美国审计总署在《政府的机构、计划项目、活动和职责的审计准则》中提出针对财政审计绩效评价的“3E”原则，即经济（economy）、效率（efficiency）、效果（effectiveness）（GAO，1988）。OECD（1994）在此基础上又增加了合规性（compliance）与服务质量（service quality），后又有学者（Kenneth J. Meier & Robert D. Wrinkle，1999）加入公平（equity），成为“4E”原则。朱尔尼斯和霍尔茨（Julnes & Holzer，2001）在讨论项目支出绩效时进行了三种类型的评价：一是成本、收益和结果的评价；二是项目的影响，产生的效果的评价；三是支出行为和支出政策的评价。焦可文（2002）从澳大利亚的项目支出绩效评价制度中总结出指标制定原则包括科学性原则、全面系统原则、通用可比原则和简洁适用原则。李永友（2005）认为，指标除了一些通用性原则以外，还应在评价内容的度量上有精确性，指标的选择要尽量充分，选出的指标应具有可监控性。陈工和袁星侯（2007）总结出四项原则：坚持科学、发展、系统的原则，经济效益与社会效益的有机结合原则，公开透明的原则与依法评估的原则。张凤彪（2015）在前人研究的基础上总结出科学性原则、系统性原则、可操作性原则、可比性原则和适用性原则五项原则。

2. 绩效评价构建逻辑

1993 年，美国国会通过了《政府绩效与成果法案》，要求所有联邦机构开展绩效评估，同时构建了以投入、能量、产出、结果、效率和生产力为基本框架的指标体系。美国各州也陆续开展绩效管理实践，并且结合各地实际情况，以联邦政府的指标体系为蓝本，发展起各具特色的绩效评价指标体系，从成本、效率延伸到产出、工作量、中间成果和最终成果（何达基，2007）。李（Lee）选定了 50 个州，对其政府预算办公室 1975 年到 1995 年每五年一次的报告进行了分析，研究发现启用绩效评价绩效管理的州的数量始终保持一定比例的稳定增长（Lee，1991）。李等人还发现州政府的评价指标可以分为工作量和效率两大类（Lee et al.，2000）。罗宾逊（Robinson，2007）在观察政府部门实际运作的基础上，总结出“公共部门生产链”，认为政府部门的生产流程大体可以理解成投入、活动、产出和结果，首先是有投入，然后通过活动，形成产出，最后产生预想的结果。结合“公共部门生产链”，罗宾逊进一步发展出评价政府部门活动的指标体系，认为任何部门的评价都可以遵循生产流程的思路，针对投入、活动、产出、结果四个环节来构建指标体系并且设计具体的评价指标。

我国学者围绕绩效评价指标体系的构建和分类提出了自己的想法，借鉴罗宾逊的“公共部门生产链”逻辑来构建的指标体系居多，主要围绕投入、过程、产出和结果这条线索来构建评价指标（王玉明，2007）。贾康（2007）立足中国的现实情况，提出了另外一套指标构建和分类的思路。他认为，由于政府项目分为若干类，有必要根据项目类型来确定评价指标。中国的评价指标可以尝试分为合规性和效益性两个层次。第一个层次是合规性指标，它是评价指标体系的根本，项目首先需要合法、合乎工作流程、合乎政策要求，否则项目的合法性将大打折扣，绩效无从谈起。第二个层次是效益性指标，它是评价指标体系的重点，项目需要在合乎政府目标的情况下产生社会效益和工作绩效。有学者在此基础上进行了拓展，加入绩效目标、方案决策这两个重要维度，从投入、过程等六个维度出发，进一步重点衡量项目的经济性、效率性和有效性三类终极指标（丛树海等，2005；肖田野等，2008）。也有学者在投入、过程、产出、结果的基础上加入民意调查的满意度维度，北京市绩效评价指标体系就是参考了这种做法（范柏乃、朱华，2005）。

3. 绩效评价目的研究

安秀梅（1999）将项目支出绩效评价目标分为直接目标和根本目标：直接目标为强化预算约束，提高财政资金使用效益；根本目标为提高政府执政能力，推动有效政府建设。卢千里（2010）认为，项目支出绩效评价的目的在于提高政府责任心，强化财政支出和预算管理，规范预算分配，优化财政支出结构，降低财政运行成本，确保财政支出的合法性、合规性、透明性、公平性、经济性、有效性、法制性、导向性。时菊（2013）认为，项目支出绩效评价增加了支出的透明度，促进了项目管理，提高了资金的使用效益，并且优化了资源配置。刘小梅（2013）在结合中外实践经验后将财政支出绩效评价的目标总结为为决策服务、改进支出管理和增强责任心三个方面。徐一心等（2005）把公共财政资金绩效评价的对象分为财政总体支出、项目分类支出和项目具体支出三个层次。目前，对环境保护财政支出的绩效评价较多集中在整体支出的效率比较和项目层面的绩效审计。郑方辉（2017）从理论上论证了财政绩效评价作为民主范畴的技术工具，旨在监督政府的财政活动，与由政府作为评价主体、财政部门作为评价组织者存在逻辑悖论与角色冲突，并重新审视了我国在此方面的研究与实践，尤其是有关财政绩效评价的理念、目标、定位与体系，提出了财政绩效评价的价值理性和工具属性的二重属性。

4. 绩效评价流程设计

伊恩·戴维斯（Ian C. Davies，1999）认为，支出的绩效审计应从定义绩效入手，进而设置具体评价目标，根据评价目标设定监控目标的指标，通过测量得到的指标表现情况对绩效各方面进行综合报告，该报告可成为政府进一步资源配置的依据。范·道伦（Van Dooren，2015）等对绩效评价流程加以总结，将评价流程概括为目标设定、指标选择、数据采集、计算分析、报告撰写五个部分，在各环节的执行中应同时注重评估质量控制。袁星侯等（2015）深入研究了广州市财政支出绩效评价，着重提出优化目标申报、绩效评价、结果应用等环节，强调项目绩效目标事前申报，编制部门预算的同时必须向财政绩效评价部门报送项目预算绩效目标申报文件，经审核后才能编入部门预算；评价结束后除了向市政府提交报告外，还需按要求将市级财政支出绩效评价报告上报市人大常委会审议，向市人大常委会做年度绩效专题报告，接受人大的监督。

5. 绩效评价指标探讨

翁俊钦（2007）认为，应将项目支出指标分为通用指标、专用指标、补充指标和评议指标四类。刘国永（2007）设计的支出绩效评价体系主要由投入资金分析、财政资金产出效益、财政利用效率和发展潜力四个方面组成。但出于数据可获得性的考虑，采用的绝大部分指标依然为财务性和业务性指标。安秀梅（2009）的项目支出绩效指标系统包括绩效目标指标、投入与产出指标、产出与影响指标、效率指标和实施管理指标，但具体设计中，结果与影响部分仍偏重业务性指标，没能体现社会效益的设计初衷，且缺乏实证检验。厦门市思明区政府和厦门大学共同开发出一套绩效评价指标体系，该指标体系依托工作逻辑模型，按照政府活动成果产生的远近顺序，构建起公共服务领域、制度实施、公共服务产品、公民体验、服务优化、社会效益为框架的指标体系，然后进一步设计出具体的评价指标（陈振明等，2009）。胡雅妮（2015）采用了类似的分类，将指标分为投入、过程、产出、效果四类绩效指标，并采用北京市公共教育支出项目进行了实证检验。实际上，该研究更多地依赖于项目的产出来判断绩效，并未将社会性和政策性纳入主要研究范畴。贾康（2010）采用了平衡计分卡的思想，从社会公众维度、业务流程及其优化维度、学习与成长维度和财务维度对支出绩效进行考察，但作者只给出了设计框架，未运用实际支出项目进行检验。

6. 绩效评价方法讨论

绩效评价的代表方法有平衡计分卡、数据包络法、标杆管理法等。虽然平衡计分卡“并不是普遍适用于所有企业或组织的标准模式”（Butler A et al.，1997），但公共部门将其进行改造之后也运用到了公共支出的评估当中。美国的俄勒冈州政府使用标杆管理法，在广泛征求各行业各阶层公民意见的基础上，建立了包括经济、教育、环境、市民参与、社会支持、公共安全和社区发展 7 个领域共 158 个具体指标的俄勒冈州政府绩效评估体系，而项目支出绩效的评价是其中重要的一部分（帕特里夏·基利，2002）。

数据包络分析（DEA）是在测算环保财政支出的整体效率方面常用的一种定量分析方法，它可以计算具有相同类型投入和产出的多个单元（DUM）的相对效率，并对效率值进行分解。DEA 测算出来的是相对效率值，计算结果显示相对有效率或相对无效率在一定程度上受到所选择的单元组合的影响。现有使用 DEA 模型研究政府环保支出效率的文献分别从省级（朱浩等，2014；高涓、乔桂明，2019）和省内（阎东彬、付正，2016；孙开、孙琳，2016；王谦、于楠楠，2019）选择单元。在模型的选择上除了传统的 CCR 模型和 BCC 模型，一些改进后的拓展模型诸如 DEA-Tobit 模型、超效率 SBM 模型等也被应用到环保财政支出效率测度上。

传统 DEA 模型以及在其基础上的一些拓展模型内部数学逻辑都基于数学规划，

即是约束条件下求解目标函数的最值。这种对具有相同目标的多个单位测算相对效率的方法在资金整体效率测度上有广泛的运用，但是在具体的项目绩效评价中却缺乏应用的基础。定量分析客观、精准的优势使得一些学者尝试将线性规划的思想引入实现资金在多个项目间最优化分配的决策中。王宜成和房巧玲（2017）使用线性规划的方法，构建了一个基于最优化理论的环保资金配置模型，实现环保专项资金在污染防治和监管能力建设两类子项目中的最优分配，并通过实际数据验证了模型的可行性。

项目层面的绩效评价所采用的方法一般是从资金使用、项目管理和产出效益等方面设计共性和个性相结合的指标评价体系。程亮等（2010）运用逻辑框架法分析了中央环保专项资金从项目投入产生影响各个环节之间的因果逻辑关系，并从资金的投入与保障、项目建设与管理、项目产出、效益和可持续影响四个方面提出了16个评价指标。万寅婧等（2012）在对环保专项资金项目绩效评价中，基于SMART原则并结合项目自身的特点，对不同类别的项目从资金效益、项目产出和环境效益三个方面设置绩效评价个性指标。孙宁等（2015）分析了中央和各省在污染防治项目绩效评价方面的制度建设情况，发现在各地实践中绩效评价指标体系可以分为两种类型，一类是业务指标和财务指标的组合，另外一类是根据绩效管理时序逻辑，从目标设定到过程管理再到实现程度建立的指标体系。但是，绩效指标本身只能表现其所衡量对象的程度或大小，并不能给出结果的优劣，只有同作为锚定的绩效标准进行比较才能对被评价对象的绩效水平做出判断。绩效标准在绩效评价中基础性和关键性的地位催生了一系列研究。目标设置理论和标杆管理理论是绩效标准设定的主要理论依据，在国际实践中前者通过设置静态目标值与基准值起到绩效标准的作用（Yockey and Kruml，2009），后者则通过一组单位之间的动态持续对比来衡量具体活动的绩效（Rondo-Brovetto and Saliterer，2007）。马蔡琛和赵青（2020）结合国际经验和国内现实，探讨了预算绩效标准设置的两个基本因素，即设置标准的时间节点和依据，并介绍了划定支出定额、标杆激励和确定基准值及目标值三种绩效标准应用形式。张硕（2016）选择环境污染防治的成效和对市场环保投资资金的拉动效果两项可以量化的标准，对我国环境保护财政支出的绩效做出评价。

基于文献回顾，当前针对我国财政绩效评价的研究存在如下问题：

一是项目支出绩效评价对公共财政本质的忽略。公共财政的特征包括满足社会公共需要，调节收入分配，促进经济发展等（高培勇，2005）。其首要职能便是体现公共性，面向全体公民，解决公共问题，通过提供基本公共服务或公共产品来满足社会公共需要。对于公共支出绩效的考察，应围绕其对公共问题的解决程度展开。专项资金支出作为公共支出的一类，真正效果如何相当于财政政策的绩效如何。按照我国现行的公共支出绩效评价方案，其侧重业务性与财务性的考察，较难反映公共政策的实际效果与社会影响即政策绩效。如果按照现行项目支出绩效评价体系进行分析，则其只注意到了投入的直接产出目标而忽略了解决公共问题的根本目标。一部分研究对经济学上的“绩效”概念过分依赖，其以“3E”或“4E”作为绩效评价全部准则，忽略了公共财政所承担的解决社会问题的使命，每一笔项目支出均要发挥其相应的公共职能，而这一职能背后蕴含的社会价值并不是经济学价值导向的“3E”能够全面概括的；一部分研究受到当前我国财政绩效评价框架的严重影响，依靠现行评价体系，仅从指标上做出改进，没有从价值取向、逻辑选择等原则性环节上思考。国外的绩效审计评价体系虽然成熟，但应用前提为精细化的政府管理，不适合我国当前的行政管理状况。因此，回归财政支出公共性本质的绩效研究是不够的。

二是评价立场的偏颇。项目支出反映了公共政策的设计执行，无论其目的在于优化资源配置、改善收入分配还是保证社会经济的稳定运行，其根本用意都在于提高公民的社会心理感受，保障公民的公共物品获得。政府的治理理应秉持“将公民置于核心”，而并不是将政府自身置于核心，政府的责任之一就是为公民提供公共服务（Denhardt，2000）。我国在党的十八大报告中也多次强调以人为本。综合国内外项目支出绩效评价的理论与实践，我们发现当前讨论的关注点大多集中在项目支出的供给方（政府及相关职能部门）而缺少对项目支出的需求方（政策目标群体）的必要关注。最常见的做法是设置少量满意度相关指标，但绩效评价的主要视角还是以管理部门为主。政策目标群体的感受不但是公共财政支出的根本目的，而且是最为直接本质的评判标准。

二、环保专项资金的现状与统计分析

（一）财政专项资金绩效评估必要性

财政专项资金绩效管理能在近年来迅猛发展的主要原因在于，它符合了我国财政管理预算发展的实际需求。财政支出绩效管理这一管理方式贯穿于财政支出申请、安排、执行和监督的全过程，是按照财政支出经济性、效率性和有效性的总体要求，运用科学和规范的绩效管理方法，制定统一的评价标准，对财政支出的使用过程、支出成本、管理水平及其产生的效果进行全面、科学、客观、公正的衡量和综合评估，对财政资金进行事前、事中和事后的全方位控制。每个年度终了或项目完成后，用款单位必须提交自评报告，对资金使用过程和结果进行绩效评价，财政部门组织审核和重点评价，并将绩效结果作为下一年度预算安排的重要依据。

随着我省财政收入、支出的急剧膨胀，社会公众日益关注政府公共服务的质量、财政资金的使用效率和效果。近年来，人民代表大会越来越多地提出了这方面的监督要求。2018 年，中共中央办公厅印发《关于人大预算审查监督重点向支出预算和政策拓展的指导意见》，更加强化了人民代表大会对预算审查监督的重点，各方力量呼唤着政府绩效预算管理改革措施的出台，促使政府向公民负责，确保纳税人的钱不被浪费并高效地提供优质的公共服务，以促进公共利益的最大化。同时，我省的财政面临着双重困境：一方面，巨额支出申请与可支配财力的缺口不断加大；另一方面，每年产生大量财政资金闲置，导致“钱花不出去”。产生这一困境的原因就在于，在传统的“重分钱，轻管理”的财政预算管理方式下，财政对预算执行的结果没有全面的评估，因此各个职能部门领导总是想方设法地向财政部门要钱，但是对如何花钱并不十分重视。这导致部门要到钱以后往往没有制订详细的使用计划，也没有充分考虑项目实施过程中可能遇到的困难。如此一来，每年便形成了大量的闲置资金。由于部门预算改革对人员经费和公用经费的预算和使用做出了明确的规定，这部分经费的使用已经比较规范了。因此，专项经费包括环保专项资金成为改革的重点。不仅因为这部分资金规模庞大，是“钱花不出去”的重灾区，而且专项支出直接反映了政府开展了哪些具体的工作活动，尤其是公共服务的提供，因而公众关注度较高，也最能体现部门的财政责任。财政专项资金的绩效管理改革使得政府财政管理摆脱重分配、轻执行和暗箱操作的状态，使主要领导和财政部门能够从无谓甚至是复杂的人际关系中解脱出来，大大简化和澄清政府分配预算时的复杂和混乱，直接减少财政部门的压力和困难，使得各个预算参与者把更多的时间和精力用到项目实施和服务提供上来，使得政府行为趋于正常。可以说，财政专项资金的绩效评估管理具有现实的必要性。

（二）四川省社会经济发展状况与环保专项资金规模

1. 四川省社会经济发展

近年来，四川省经济运行总体平稳、稳中有进。地区生产总值继续突破 4 万亿元大关，2019 年地区生产总值 46 615. 8 亿元，全年实现地区生产总值增长 7. 5%，增速高于全国平均值 1. 4 个百分点。地区生产总值连续 6 年保持在 7. 5%～8. 5%的平稳增长区间，经济总量继续位居全国第六、西部第一。规模以上工业增加值自 2019 年 3 月起连续 10 个月保持 8%及以上的稳定增长，全年增长 8. 0%；全社会固定资产投资自 2019 年 6 月起连续 7 个月保持两位数增长，全年增长 10. 2%；社会消费品零售总额自 2019 年 5 月起连续 8 个月保持两位数增长，全年增长 10. 4%。2019 年年末全省户籍人口 9 099. 5 万人，比上年末减少 22. 3 万人，户籍人口城镇化率为 36. 78%，比上年末提高 0. 91 个百分点，2019 年年末全省城乡就业总量为 4 889 万人，比上年末增加 8 万人。全年城镇新增就业 107. 8 万人、失业人员再就业 30. 7 万人、就业困难人员就业 9. 9 万人，城镇登记失业率低于 4. 5%的控制目标。四川省已由高速增长向高质量发展阶段转变，形成了“一干多支、五区协同”区域发展新格局。同时，生态环境持续改善。全省 PM10 下降 7. 5%、PM2. 5 下降 10. 6%，优良天数率为 84. 8%，同比提高 2. 6 个百分点。成都空气质量优良天数增加 16 天。87 个国考断面地表水水质优良比例提升至 88. 5%，10 个出川断面水质全部达到国家考核标准。

图 1 展示了四川省 2010—2018 年的地区生产总值、全社会固定资产投资总额、地方公共财政收入、地方公共财政支出、人均可支配收入、年末常住人口和人口密度。可以看出，地区生产总值、全社会固定资产投资总额、地方公共财政收入、

地方公共财政支出、人均可支配收入等都呈逐年递增趋势，而年末常住人口、人口密度趋于稳定。

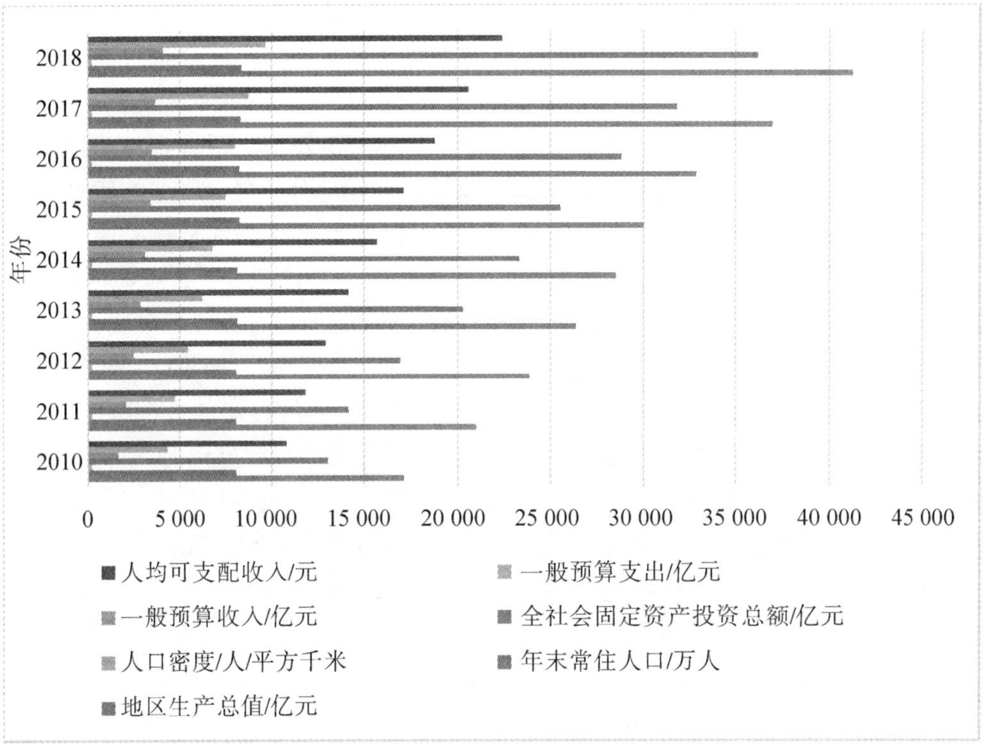

图 1　四川省 2010—2018 年地区生产总值、财政收支及人口变化

说明：由于数据众多，黑白印刷色块不易区分，如阅读需要可以向出版社索要作者原图。下同。

图 2 为四川省 2010—2018 年各地市的地区生产总值。从图 2 中可以看出，在 2010—2018 年，四川省各地市的地区生产总值也是逐年递增的。

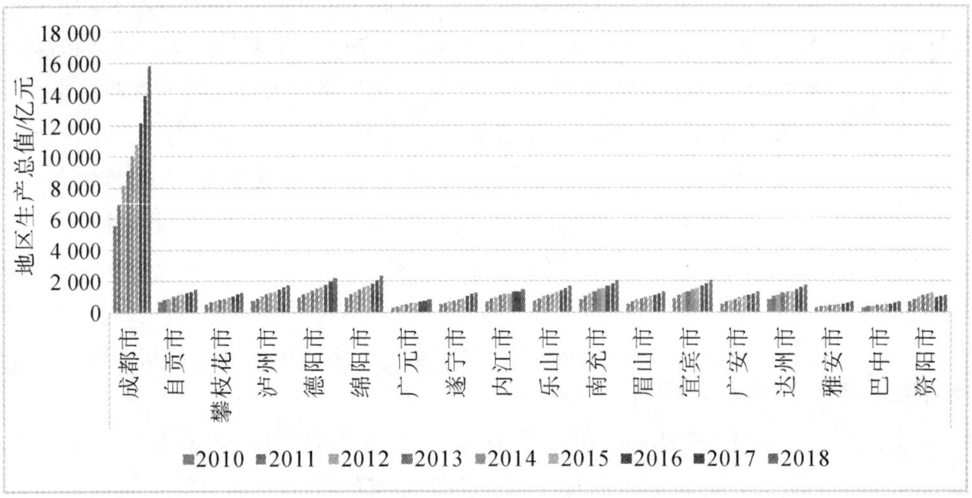

图 2　四川省 2010—2018 年各地市地区生产总值

图 3、图 4 为 2010—2018 年四川省各地市年末常住人口量及人口密度变化。从图 3、图 4 可以看出，在 2010—2018 年，四川省各地市年末常住人口、人口密度趋于稳定。

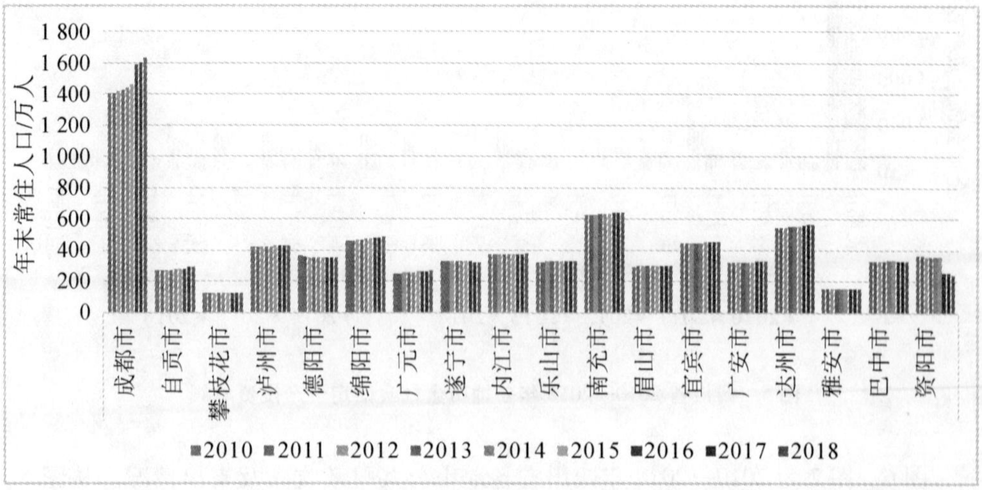

图 3 四川省 2010—2018 年各地市年末常住人口量

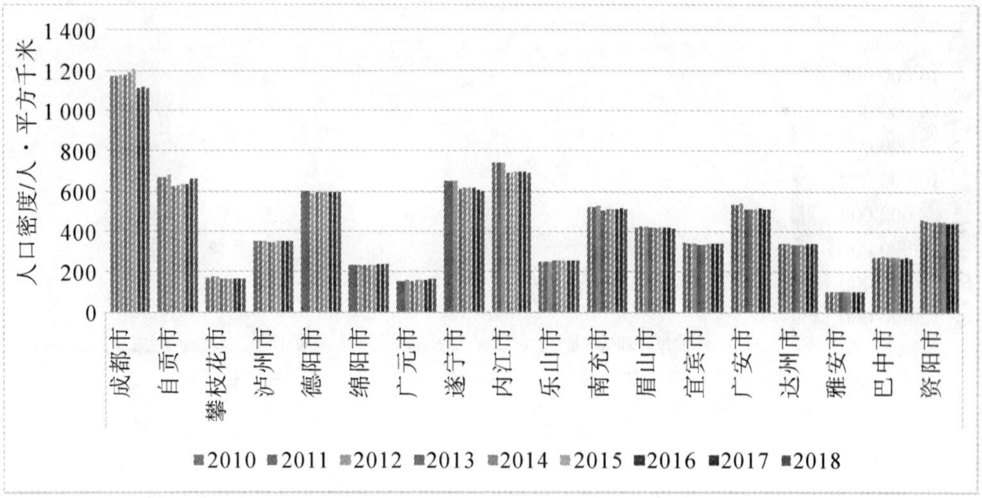

图 4 四川省 2010—2018 年各地市人口密度变化

图 5 为 2010—2018 年四川省各地市全社会固定资产投资总额。从图 5 可以看出，2010—2018 年，四川省各地市除资阳外的全社会固定资产资产总额都是呈逐年递增趋势。

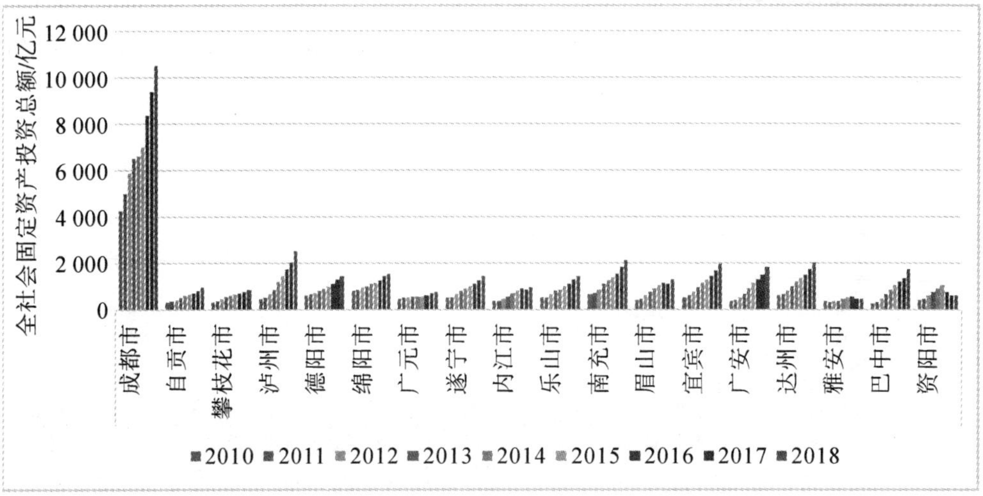

图 5　四川省 2010—2018 年各地市全社会固定资产投资总额

图 6、图 7 为 2010—2018 年四川省各地市公共财政收入及支出情况。从图 6、图 7 可以看出，在 2010—2018 年，四川省大多数地市公共财政收入、支出呈逐年增长趋势。

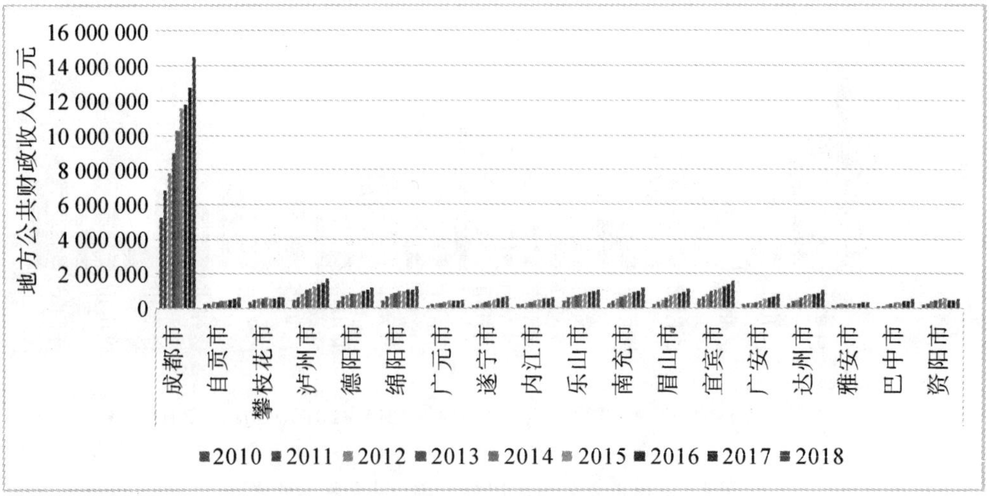

图 6　四川省 2010—2018 年各地市公共财政收入情况

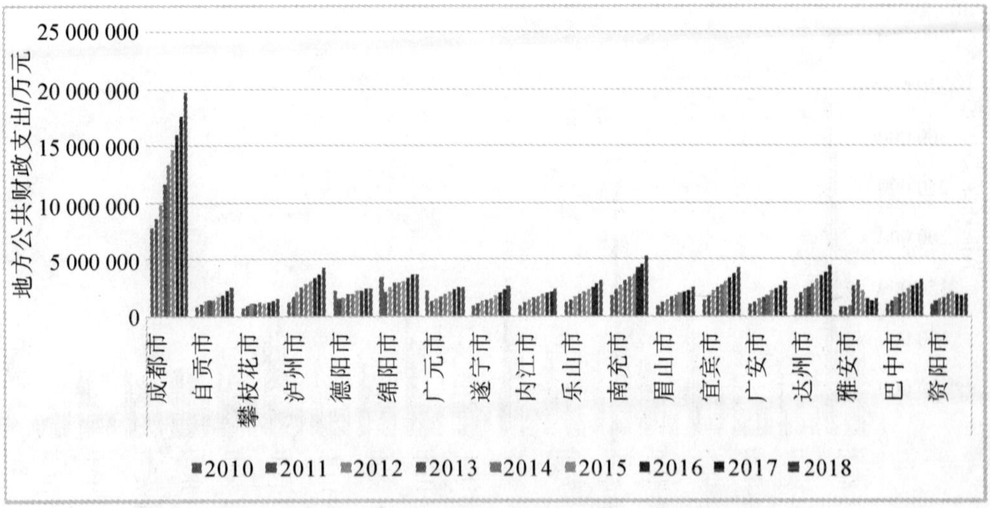

图 7　四川省 2010—2018 年各地市公共财政支出情况

图 8 为 2010—2018 年四川省各地市人均可支配收入情况图。从图 8 可以看出，2010—2018 年，四川省各地市人均可支配收入也是呈逐年增长趋势。

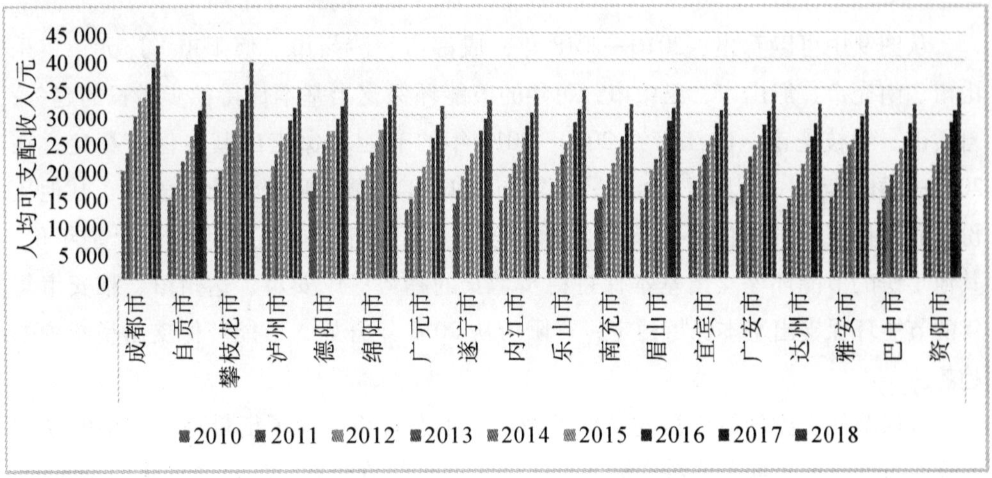

图 8　四川省 2010—2018 年各地市人均可支配收入

2. 四川省环保专项资金规模

近年来，四川省不断加大对环保项目的投入力度，环保资金的投入从总体上看呈逐年增长趋势。本文选取了四川省内具有代表性的城市，分析具体到每个城市环保专项资金的投入情况（见图 9）。

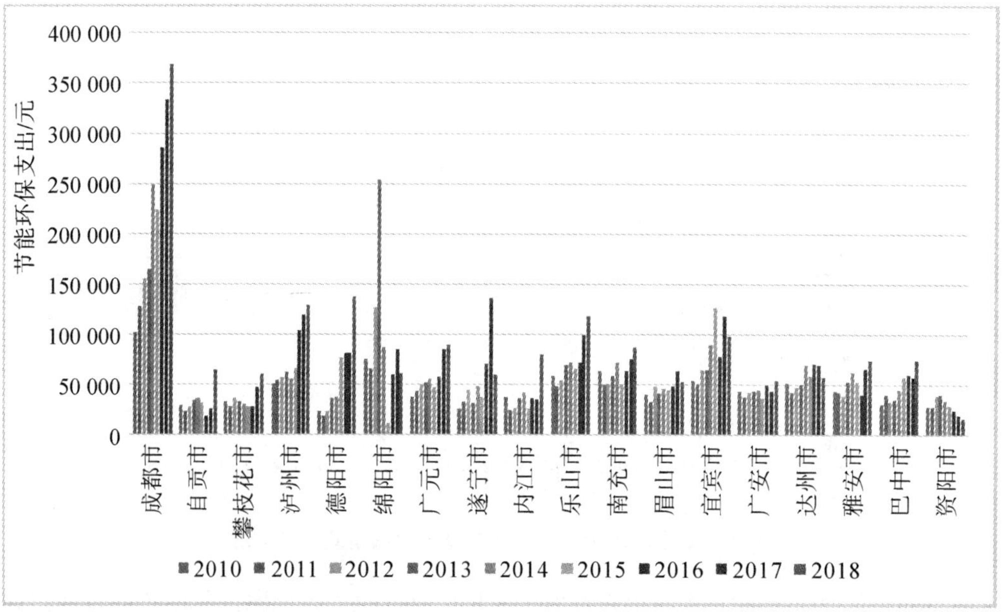

图 9 四川省 2010—2018 年各地市节能环保支出情况

从图 9 中可以看出，2010—2018 年，成都市、泸州市、德阳市、广元市、乐山市、南充市、眉山市、巴中市，每年的节能环保支出基本保持稳步增长的趋势；自贡市、攀枝花市、内江市在 2010—2016 年的节能环保支出基本保持稳定，在 2017—2018 年有一个显著的增长；绵阳市 2013 年的节能环保支出显著高于其他年份，而其他年份的节能环保支出波动比较明显；遂宁市、宜宾市除开个别年份，其他年份的节能环保支出基本保持稳步增长的趋势；广安市、达州市、雅安市每年的节能环保支出基本保持稳定；资阳市从 2013 年开始，节能环保支出呈减少的趋势。

环保节能支出的最终目的是保护当地的生态环境。为了衡量环保资金的使用情况，本文选取了如下一些指标：单位地区生产总值能耗、工业二氧化硫排放量、工业废水排放量、工业烟（粉）尘排放量等，作为衡量环保资金的投入使用效果（见图 10、图 11、图 12、图 13）。

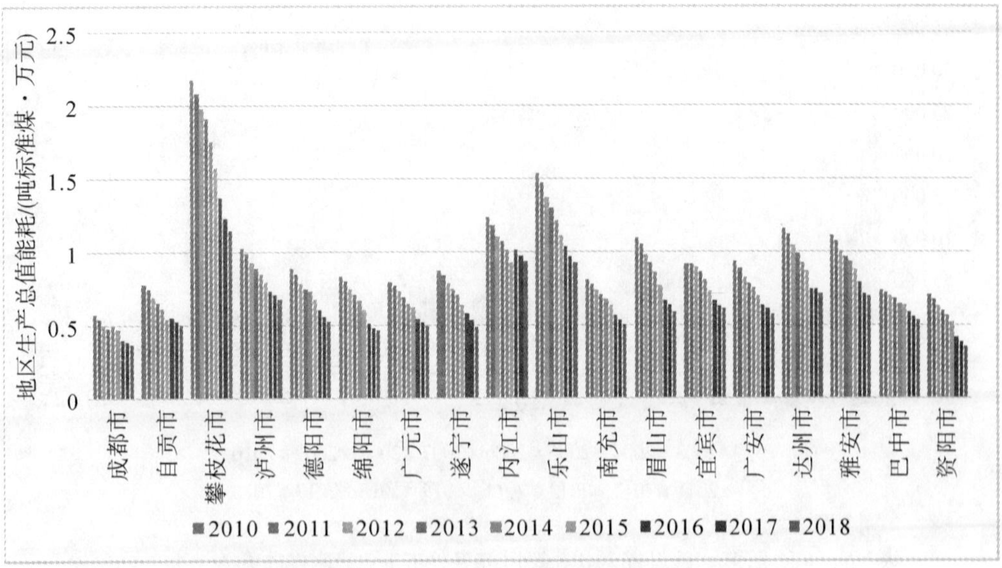

图 10 四川省 2010—2018 年各地市单位地区生产总值能耗

从图 10 中可以看出，各地市 2010—2018 年的单位地区生产总值能耗是呈逐年稳步递减趋势。

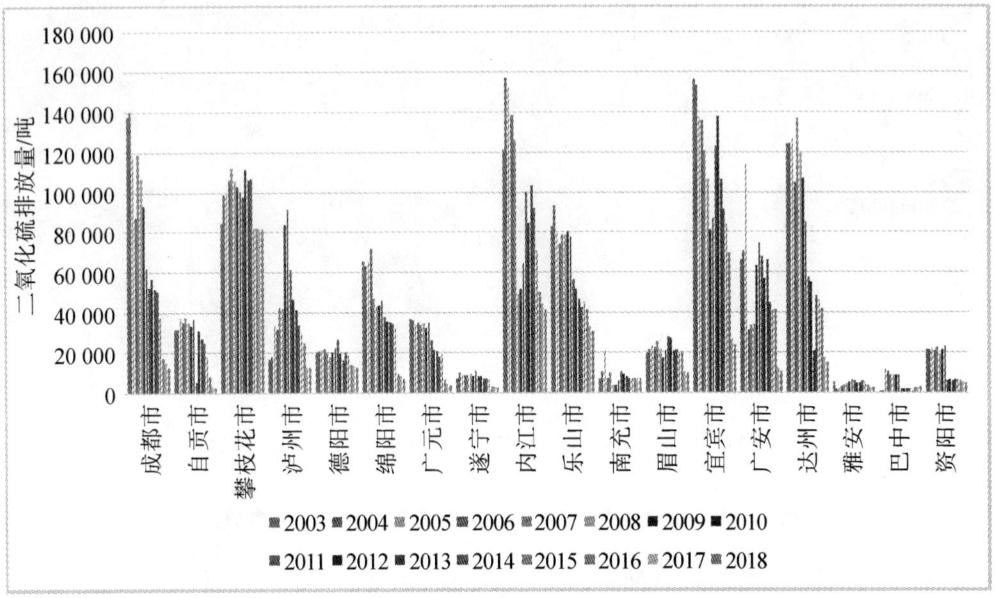

图 11 四川省 2010—2018 年各地市工业二氧化硫排放量

从图 11 中可以看出，大多数地市在 2003—2018 年的工业二氧化硫排放量是呈递减趋势，部分地市没有明显变化。

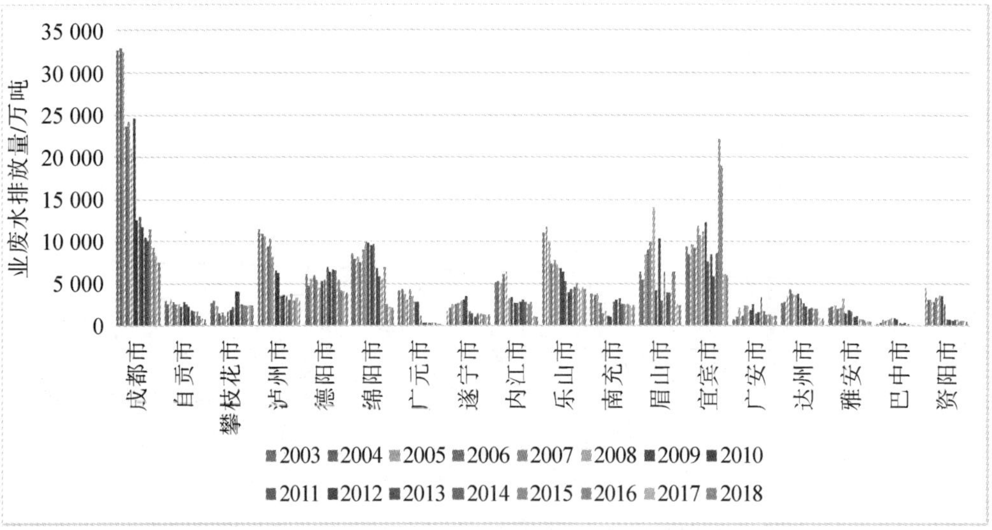

图 12　四川省 2010—2018 年各地市工业废水排放量

从图 12 中可以看出，大多数地市 2003—2018 年的工业废水排放量呈递减趋势，部分地市没有明显变化。

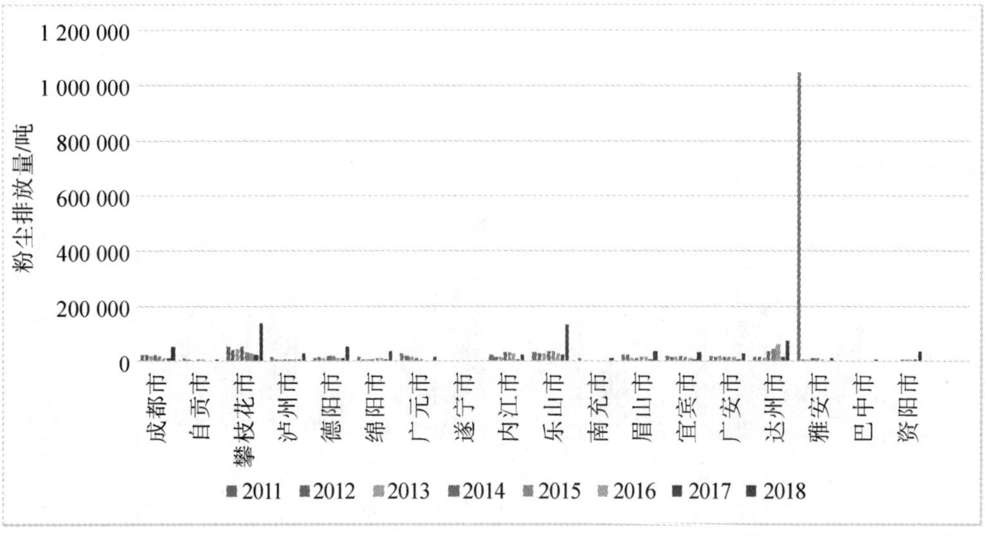

图 13　四川省 2010—2018 年各地市工业烟（粉）尘排放量

从图 13 中可以看出，各地市 2011—2018 年的工业烟（粉）尘排放量无明显变化。

三、环保专项资金的绩效评价——基于 DEA 模型

在这一部分，我们将用数据包络法对四川省的环保专项资金进行绩效评价。数据包络法作为一种典型的非参数估计方法，应用该方法评价时无须设定评价函

数的具体形式，投入产出采用隐函数的形式表示，不同决策单元的评价函数其参数可以变动，并针对各个决策单元都将通过数学规划模型的手段给出最优的投入产出函数，从而利用计算简化。数据包络法评价的是决策单元的相对有效性，其生产前沿面可以看成最优决策单元的投入与产出所组成的一个包络面，如果对应被评价的决策单元在该生产前面上，则称为 DEA 有效；否则，称为非 DEA 有效。

（一）绩效评价的指标设定

通过查阅四川省历年统计年鉴，以及在省人大的帮助下，我们搜集到 2011—2017 年四川省 18 个地级市各项投入产出数据，以节能环保支出作为投入指标，在产出指标上，采用能耗强度与污染物排放强度两类主要指标。

在具体测度指标选择上，考虑到节能环保财政支出的主要方向是环保行政管理与监测监察、污染防治与减排、能源节约利用与可再生能源开发、退耕还林、生态保护等主要领域，生态环境部针对污染的治理主要涵盖大气污染、水污染、土壤污染、噪声污染、固体废物与化学品污染、核辐射与电磁辐射污染等领域，每个领域又有多项细分考评指标，例如空气污染物的检测就包括二氧化硫、二氧化氮、一氧化碳、臭氧、PM10、PM2.5 等 6 类基本项目以及总悬浮颗粒物、氮氧化物、铅、苯并芘等 4 类其他项目。综合考虑以上情形并结合统计数据的连续可得性与可靠性，本文选取各地市单位 GDP 能耗、单位 GDP 废水排放量、单位 GDP 工业烟（粉）尘排放量、单位 GDP 工业二氧化硫排放量这 4 项作为产出指标。这些指标总体上可以反映环保财政在节能降耗、污染防治与减排、污染监测监察等环保技术与环境管理领域投入所带来的成效，“三废”排放指标也可反映囊括各类具体污染物项目的环境污染与环境质量细分指标，以单位 GDP 的能耗或污染物排放得出的强度数值则便于各地级市之间的横向效率比较。表 1 为四川省环境保护财政支出效率的评估指标体系汇总表。

表 1　四川省环境保护财政支出效率的评估指标体系汇总

指标类型	指标名称	解释说明
投入指标	节能环保支出	反映政府环境财政支出能力
产出指标	单位地区生产总值能耗	反映政府环境财政支出后环境改善效果
	工业废水排放量	
	工业烟（粉）尘排放量	
	工业二氧化硫排放量	

（二）DEA 模型构建

数据包络分析（DEA）以相对效率概念为基础，以决策单元（Decision Making Unit，DMU）的投入、产出指标的权重系数为变量，借助于数学规划模型将决策单元投影到 DEA 生产前沿面上，通过比较决策单元偏离 DEA 生产前沿面的程度来对被评价决策单元的相对有效性进行综合绩效评价。其基本思路是：通过对投入产出数据的综合分析，得出每个 DMU 综合相对效率的数量指标，确定各 DMU 是否为 DEA 有效。

（三）实证分析及结果

1. 省内各地级市环保财政资金投入产出效率分析

运用 MaxDEA 软件将上述搜集的投入和产出数据，通过运行超效率模型对一种投入指标与四种产出指标的效率进行非参数估计，得出四川省各地级市 2011—2017 年各决策单元的超效率评价值，结果如表 2 所示。

表 2 2011—2017 年四川省各地级市环保财政支出效率

年份		2011	2012	2013	2014	2015	2016	2017	年均值
地区	成都市	1. 228	1. 220	1. 222	1. 221	1. 223	1. 236	1. 236	1. 227
	自贡市	1. 037	1. 026	1. 032	1. 021	1. 025	1. 082	1. 032	1. 036
	攀枝花市	1. 026	1. 022	1. 007	0. 489	1. 032	1. 032	1. 031	0. 948
	泸州市	0. 465	0. 425	0. 318	0. 319	0. 272	0. 254	0. 237	0. 327
	德阳市	1. 037	1. 031	1. 023	1. 015	0. 554	0. 494	0. 450	0. 801
	绵阳市	0. 337	0. 362	0. 333	0. 352	1. 154	0. 408	0. 383	0. 476
	广元市	0. 191	0. 210	0. 217	0. 226	0. 231	0. 243	0. 224	0. 220
	遂宁市	0. 298	0. 275	0. 283	0. 267	0. 290	0. 265	0. 239	0. 274
	内江市	1. 016	1. 019	1. 009	0. 575	0. 467	0. 444	0. 570	0. 729
	乐山市	0. 481	0. 459	0. 374	0. 351	0. 338	0. 351	0. 316	0. 381
	南充市	0. 384	0. 356	0. 326	0. 322	0. 335	0. 333	0. 315	0. 339
	眉山市	0. 370	0. 306	0. 300	0. 300	0. 289	0. 304	0. 294	0. 309
	宜宾市	0. 507	0. 460	0. 355	0. 305	0. 260	0. 311	0. 281	0. 354
	广安市	0. 374	0. 337	0. 295	0. 285	0. 285	0. 270	0. 285	0. 304
	达州市	0. 398	0. 340	0. 318	0. 297	0. 273	0. 275	0. 280	0. 311
	雅安市	0. 243	0. 255	0. 253	0. 224	0. 221	0. 258	0. 276	0. 247
	巴中市	0. 219	0. 196	0. 168	0. 157	0. 137	0. 143	0. 146	0. 167
	资阳市	1. 029	1. 019	0. 448	0. 429	0. 416	0. 404	1. 017	0. 680
省均值		0. 591	0. 573	0. 516	0. 453	0. 489	0. 450	0. 478	

从表 2 中的估计结果可以看出，四川省环保财政支出效率总体上不高，全省均值基本在 0. 5 上下，存在较大改善空间，而不同城市的效率差异也十分明显，出现两极化差距，有较多的城市存在环保财政支出效率低下的情形。只有成都和自贡历年的超效率 DEA 评价值均大于 1，说明这两个地区的环保投资利用效率总体上比较高，各年的效率情况平稳。攀枝花、德阳、内江、资阳 4 个地区超效率 DEA

评价值的年均值为0.5~1，可以认为，就目前的社会经济发展状况而言，环保方面节能减排工作仍有较大潜力可挖。泸州、绵阳、广元、遂宁、乐山、南充、眉山等12个地区超效率DEA评价值的年均值不到0.5，说明这些地区环境保护投入产出效率较低，存在一定的问题。

这一结果与四川省一直以来的区域发展不平衡、不充分的状况是基本吻合的。近年来，四川省地区生产总值连续6年保持在7.5%~8.5%的平稳增长区间，经济总量位居全国第六位、西部第一名。但是，成都平原经济区在经济总量上占据绝对优势地位，且总量上的优势还处在加速扩大阶段。2010—2017年，成都平原经济区GDP与其他四大区域的GDP差距均扩大了1万亿元以上，成都平原经济区GDP占全省的比重保持平缓上升态势，7年间提升了2.3个百分点，2017年占比首次突破60%；而川南经济区占比下降了0.9个百分点，为15.8%；川东北经济区占比下降了0.6个百分点，为15.4%；攀西经济区下降了0.7个百分点，为6.8%；川西北生态示范区占比稳定在1.5%左右。由此可见，川内其他区域与成都平原经济区的差距存在逐步扩大的态势。全省发展呈现出区域差距逐步扩大、产业结构不断优化的趋势，城镇化发展梯度落差过大的问题虽有所缓解，然而全省经济副中心建设形势并不明朗，区域协同发展也面临诸多困难和挑战。因此，四川省的环保财政支出效率总体上也呈现出这种趋势。未来应以高速增长向高质量发展阶段转变，以“一干多支、五区协同”区域发展格局来破解区域发展不平衡、不充分这一突出问题。

同时，三州（甘孜、阿坝、凉山）地区的经济发展、资源开发与生态环境保护矛盾突出。川西北生态示范区和大小凉山地区是国家级重点生态功能区，是长江水系水源涵养地，对保障长江流域乃至全国生态安全具有重要作用。但是，三州地区地质结构不稳定，是我国主要石漠化地区之一，生态脆弱，极易遭到破坏，恢复能力较差。由于数据的不可得，我们在此未能对三州地区的环保财政支出效率做出分析。

2. 六大国家中心城市的对比分析

作为四川省省会城市的成都市，其人口占四川总人口的19%，是中国的第四大人口大市，地区生产总值占四川经济的37%。高度集中的人口、庞大的经济总量以及每年高额的环保资金投入，使成都市的环保财政资金使用效率备受关注，也使其在对全省环保财政资金绩效评价中占有很大的权重。为了让环保财政投入绩效评估的实证分析更具客观性，本文选取了与成都同属国家九大中心城市的北京、上海、广州、西安和武汉作为对比城市，对六个城市环保财政投入绩效实证结果进行对比分析（见表3），同时考虑到近年来各城市在空气质量治理上的高度重视和巨大投入，这里将空气污染物浓度作为产出指标引入模型中，从而更加客观公正地评价各市环保财政投入绩效整体水平。

表 3 六大中心城市环保财政支出效率值

年份		2013	2014	2015	2016	2017	均值
地区	北京	1.176	1.167	1.169	1.172	1.187	1.174
	广州	1.148	1.192	1.187	1.165	1.140	1.166
	上海	1.062	1.065	1.036	1.050	1.062	1.055
	武汉	1.043	1.052	1.047	1.040	1.038	1.044
	西安	0.366	0.371	0.405	0.575	0.494	0.442
	成都	1.039	1.034	1.043	1.061	1.067	1.049
均值		0.972	0.980	0.981	1.011	0.998	

从超效率值的年均值大小来看，环保投入与产出效率值从高到低依次为：北京、广州、上海、成都、武汉、西安。北京、上海、广州、武汉、成都各年的超效率 DEA 评价值均大于 1，说明这 5 个城市的财政环保投入与产出均达到有效配置。只有西安各年超效率 DEA 评价值远小于 1，说明西安 2013—2017 年的财政环保投入与产出效率是 DEA 无效的。

成都的环保投入产出超效率值 5 年内总体上呈现增加的趋势，环保财政资金的使用效率在稳步提高。相较于武汉，2013 年、2014 年和 2015 年成都的超效率值略低于武汉，但是 2016 年和 2017 年，成都的超效率值超过武汉，并拉开差距。而与同为西部地区省会城市的西安相比，成都的财政环保投入产出超效率值在各年均远大于西安。

从上面的分析可以看出，成都的环保财政资金使用效率与北京、上海和广州还存在一定的差距，这跟国家的战略规划与地区的产业结构、经济发展水平、技术水平密切相关，但是成都环保专项财政资金使用效率在逐年提高，以及使用效率优于具有相似条件的西部和中部省会城市西安、武汉，表明成都的环保财政资金的使用是值得肯定的。

四、环保专项资金绩效评价机制创新及建议

财政绩效评价改革的基本理念是根据预期的结果来分配财政资金，使得资金使用者对结果负责。虽然整个改革的内容极其复杂，但机制的创新应是其首要和核心的内容。创新和优化财政绩效评价政策机制，可以更好地促使政府向公民负责，确保纳税人的钱不被浪费并高效地提供优质的公共服务，以促进公共利益的最大化。

（一）财政绩效评价政策的优化机制

1. 人大作为评价主体的组织模式

目前，我国财政支出绩效评价主要由财政部门组织。在这种评价模式中，财政部门、主管部门、用款单位和社会评议者的角色比较清晰，组织协调也相对简

单。但与此同时，评价存在客观性不足、专业性欠缺等问题。因为财政部门主导资金管理办法制定，并对资金负有监管责任，即使作为评价的组织者也存在“运动员”和“裁判员”的角色冲突；加之，依靠体制内部报送绩效信息容易失真，财政部门与平行的主管部门存在相互牵制关系等。但目前评价市场发育有限，专业机构水平参差不齐，财政信息大都由政府部门垄断，第三方机构独立评价条件并不成熟。人大作为评价主体、财政部门与主管部门协同、第三方独立实施的组织模式应是未来发展方向。在这一组织模式中，关联主体的角色清晰，优势互补，能有效提高评价的专业性、可行性与公信力。

2. 实施财政绩效管理的顶层设计

实施财政绩效管理的顶层设计，国际经验均为自上而下的推进。事实证明，绩效管理的成效取决于顶层设计的合理性与基层治理的有效性。我国的财政绩效管理有自身的优势：比较高效的统一管理体系，以及追求经济发展的共同目标。需要注意的问题是，区域间和部门间的差异性比很多成熟经济体大，政府的管辖范围及作用发挥也比其他国家更广。这便要求绩效管理筹集的信息更多，单靠财政部门甚至行政部门往往很难完成上述工作，有待多方协调推进。

因此，实施财政绩效管理的顶层设计，要在中央层面鼎力支持下，财政部门牵头推进，各部门协调配合，以绩效管理改革成效促进经济社会的全面转型。以“大财政”的思路谋划财政绩效管理，汲取各国绩效管理的有益经验，研究政府收支体系切入的政府绩效改革实施方案，将与政府财务活动和资产运行相关的所有行动纳入“大财政”推动下的财政绩效管理。充分利用新预算法贯彻实施的有利时机，在向下推进的过程中获得各方面更多的支持。建议推动顶层决策机构，促进部门横向关系与行政纵向管理的协调，引起各部门对财政预算管理部门的重视，降低行政隶属关系或项目委托关系对预算绩效管理的干扰，深化各部门对预算绩效管理的理解，不仅是对预算资金的追踪检查，而且是推动行政效能提升的抓手。

3. 优化财政绩效评价流程

为适应财政科学化、管理精细化的要求，推进财政绩效“以结果为导向”的绩效管理改革，在实践中应不断优化财政绩效评价流程的设计。

（1）重视绩效目标申报

财政资金支出项目绩效目标申报是整个绩效管理的重要前期工作，也是开展预算绩效管理的关键步骤。除了要求部门在编制预算“一上”“二上”时必须填报目标申报表以外，还应将其规范化。即符合条件必须申报，否则不予立项；绩效目标尽可能设置量化和细化的绩效目标，避免空洞模糊，注重绩效内容的申报。

（2）夯实评价内容

首先，筛选评价项目。将超过一定金额（如 500 万元）的项目或财政专项项目（绩效滞后类项目、跨年度类项目可缓评）纳入下年度的绩效评价，有效提高评价的客观性、公正性和针对性。其次，分类设置权重。按照项目性质和内容细分项目类别，分类设置计分权重，对应设计不同的绩效评分表，并不断丰富指标库，定期总结部门使用的评价指标，增加共性评价指标，丰富和细化个性评价指标，逐步建立和完善一套部门与类别相结合、定性和定量相结合、共性与个性相结合的指标体系，实行动态管理，不断扩充指标库。最后，推行预评机制。在部门自评过程中，增强与部门绩效评价经办人的沟通，帮助部门挖掘项目的效益性指标，优化评价方法，丰富评价内容，促使自评材料更加全面地反映项目绩效。

（3）引导评价结果的应用

评价结果要发挥实质性作用，首先要保证评价结果的合理性和科学性。在这个方面，可考虑引入第三方力量来实施绩效评价。除此以外，注重与业务处室、主管部门的沟通协调；严格控制评价结果的等级，保持橄榄形的等级体系，慎重评定差和优的项目。

评价结果的应用，一是可作为部门每年预算编制和财政部门预算审核的重要参考依据；二是将支出项目绩效意见反馈给各部门，提出绩效存在的问题和改进意见，促使绩效信息有效地贯穿整个部门公共管理的活动当中，促进部门提高项目管理水平；三是结合相关规定，对在绩效评价中发现的重大问题，要求部门及时予以纠正和整改，加强对财政资金的后续跟踪和绩效问责；四是向各级人大提交年度绩效专题报告，延伸绩效管理环节，借助人大的力量，让评价结果对部门形成有效的约束力和推动力，引起部门对该项工作的重视。

（二）环保专项资金绩效评价指标创新

推进财政专项资金绩效管理改革，是一项复杂的系统工程，涉及多方面因素。其中，核心问题之一就是设计合适的绩效评价指标。财政支出内容的丰富性和支出效益的多元性，决定了绩效评价指标的复杂性。对于每类行业，甚至每个项目，都可能设置不同的评价指标，这就注定了评价指标体系的构建工作是漫长而又系统的。

四川省的环保专项资金的绩效评价指标，按照现有的《四川省财政支出绩效评价管理暂行办法》《四川省省级财政项目支出绩效评价指标体系及评分标准》《中共四川省委 四川省人民政府关于全面实施预算绩效管理的实施意见》《四川省省级环保资金支出绩效评价管理暂行办法》等规章制度，四川省财政投资评审中心、四川省环保投资评估与绩效评价中心已经做了大量工作，每年都开展了环保项目的专项资金的绩效评价工作，并形成报告，使评价指标也日趋丰富和合理，并取得了积极的成效。对于环保专项资金的绩效评价指标完善，我们认为可以进一步细分为共性指标、个性指标和修正指标三类。其中，共性指标可以用作不同类别财政支出的绩效评价；个性指标反映不同类别财政支出、不同类项目特有的绩效指标；修正指标的定义为根据财政支出评价对象和评价当时所处的社会、经济环境而设置的评价指标。

从现有的和其他各省（自治区、直辖市）的财政支出绩效管理实践来看，有按共性与个性分类，按财务与业务分类或是按定量与定性分类，按经济、效益与效率分类，按财务、业务与效益分类等方法。这些分类方法存在一定的交叉，如共性指标与个性指标不是完全隔离的，财务和业务指标也不是完全分开的。在共性指标中既有业务指标，也有财务指标，还有定量指标和定性指标，个性指标也是如此。指标分类方法的更新换代，是改革思路的体现和实践的推动，有利于指标的分类设置科学化、细化和尽可能量化，有利于指标数量的丰富化，也有利于指标库的建立和完善。为此，我们尝试提出环保专项资金绩效评价的指标体系。

从实践来看，虽然财政部门和预算单位对第三方组织参与绩效评价指标的设计并不排斥，但专家、中介等第三方组织对绩效评价指标的制定参与度较小。大部分项目的个性指标都还是以预算单位提出为主，财政部门给出意见。如果预算单位既是项目主管部门又是项目用款单位，则绩效管理个性指标一般由本部门的自评工作小组或相关处室负责制定和选取；如果预算单位只是项目主管部门，则绩效管理个性指标既可能是由其统一选用，也可能由项目用款单位自行选用。因此，除了自评材料组织者的个人能力与主观努力之外，绩效评价指标的构建还受预算单位对于绩效管理工作的重视与配合度等诸多因素的影响。

综上所述，财政绩效评价指标体系的构建要服务于预设目标，既要兼顾指标结构层级、信度效度等科学要求，又要满足环境条件和操作上的可行性。换言之，指标应有效度和信度、有意义及容易理解、有时限及可操作。建立绩效评价的指标体系涉及两个重要问题：第一，指标体系是一个开放体系，与外部环境息息相关，因为指标数据源自政府系统众多部门、外部部门、社会组织及公众等，因此，指标体系构建也是一个政治博弈的过程，关联主体的利益取向往往反映到指标体系中。第二，评价体系的统一性和差异性之间的矛盾。不论是服务于组织管理还是满足社会需求，对一组对象的评价客观上都要求指标体系具有统一性，但同时，被评对象一定有自身的特点，也正因为如此，财政资金的绩效评价指标体系被视为世界难题。

五、结语

财政绩效评价的改革与管理是一个政治博弈的过程，各相关关联主体的利益取向纠缠其中。同时，推动财政专项资金的绩效管理及其评价指标体系建设，还必须应对来自自身的一系列挑战。传统意识根深蒂固，加上预算改革对“控制取向”的强调，导致各支出部门缺乏绩效意识，绩效管理有沦为行政控制工具的危险；由于缺少提出实质性的奖惩措施的能力，绩效管理部门难以有效化解遇到的阻力，支出部门的配合程度和工作热情也难以为继；许多支出部门负责绩效管理工作的人员，既没有能力也缺乏精力去选用更好的绩效指标，财政部门自身在分析、管理大量的绩效信息时也显得捉襟见肘；财政支出项目绩效指标的设计和测量难度本来就很大，不仅需要良好的部门沟通与配合，也需要细致区分项目的绩效体现周期和综合性绩效目标，还需要谨慎地平衡评价成本和评价效益。

展望下一步改革，财政专项资金绩效评价的质量若要得到大幅提高，绩效评价指标的设计应突破传统的分类思维，加强与其他机构的交流合作，丰富绩效指标来源；绩效评价指标的应用应和预算、项目管理更加紧密地结合起来，应更加切实地反映民生和支出部门的专业需求……毫无疑问，这一切改革措施都需要一个过程，无法一蹴而就，既需要在经济投入上持续保障，更需要在政治支持、绩效文化、会计信息、技术创新等方面取得突破，才可能获得更大的发展。

参考文献：

安秀梅，邵世才，2007. 政府公共支出绩效评价方法的国际比较与我国评价方法的选择［J］. 财政监督（55）：22-24.

安秀梅，王凯，2009. 积极财政政策下的财政绩效监督［J］. 财政监督（55）：24-27.

安秀梅，于吉海，1999. 中国信用评级业任重道远［J］. 外向经济（Z1）：42-44.

程亮，吴舜泽，孙宁，等. 2010. 论中央环境保护专项资金项目绩效评价指标体系构建［J］. 环境科学与管理，35（11）：189-194.

陈振明，刘祺，蔡辉明，等. 2009. 公共服务绩效评价的指标体系建构与应用分析：基于厦门市的实证研究［J］. 理论探讨（55）：130-134.

陈工，袁星侯，2007. 财政支出管理与绩校评价［M］. 北京：中国财政经济出版社.

丛树海，周炜，于宁，2005. 公共支出绩效评价指标体系的构建［J］. 财贸经济（53）：37-41.

高涓，乔桂明，2019. 省级地方政府环境保护财政支出绩效评价：基于非期望产出的 Window-SBM 三阶段模型［J］. 苏州大学学报（哲学社会科学版），40（56）：103-111，200.

郭平，洪源，潘郭钦，2011. 多层次、立体的财政支出绩效评价指标体系构建研究：以中部地区某市新农合医疗基金项目绩效评价为例［J］. 湖湘论坛，24（51）：91-96.

霍素军，2007. 财政支出绩效评价初探［J］. 财政监督（19）：25-27.

胡雅妮，2015. 公共教育支出绩效评价指标体系研究：以北京市为例［J］. 财会通讯（51）：59-61.

何达基，2007. 美国绩效预算的发展及公民参与的职责与局限［J］. 中国发展观察（2）：18-20.

袁星侯，牛美丽，邝艳华，等，2015. 广州市财政支出绩效评价指标体系研究［M］. 上海：上海人民出版社，格致出版社.

贾晓云，2007. 建立财政支出绩效评价体系［J］. 合作经济与科技（16）：57-58.

贾康，孙洁，2010. 平衡计分卡（表）方法在财政支出绩效评价中的应用设计初探［J］. 山东经济，26（51）：5-10.

焦可文，2002. 澳大利亚公共支出绩效考评制度及其借鉴［J］. 中国财政，34（10）：62-64.

窦玉明，2004. 财政支出效益评价综论［J］. 财政研究（10）：2-4.

厉伟，姜玲，华坚，2014. 基于三阶段 DEA 模型的我国省际财政支农绩效分析［J］. 华中农业大学学报（社会科学版）（51）：69-77.

罗良清，刘逸萱，2006. 标杆管理在地方政府绩效评估中的应用［J］. 统计教育（51）：8-12.

刘国永，2007. 高等教育财政支出绩效评价指标设计原理、方法及运用［J］. 教育与经济（53）：30-35.

梁斌，罗文洁，2012. 论政府绩效管理与绩效审计［J］. 审计与经济研究，27（2）：20-25.

李永友，2005. 解析与构建公共支出绩效评价指标体系［J］. 当代财经（51）：25-29.

卢千里，2010. 财政支出绩效评价的原理和方法［M］. 北京：经济科学出版社.

马蔡琛，赵青，2020. 预算绩效标准设置及应用：国际经验与中国现实［J］. 甘肃行政学院学报（51）：4-12，125.

帕特里夏·基利，2002. 公共部门标杆管理［M］. 北京：中国人民大学出版社.

孙开，孙琳，2016. 基于投入产出率的财政环境保护支出效率研究：以吉林省地级市面板数据为依据的 DEA-Tobit 分析［J］. 税务与经济（55）：101-106.

孙宁，程亮，宋玲玲，等. 2015. 污染防治项目绩效评价管理现状分析与思考［J］. 中国人口·资源与环境，25（S1）：155-158.

时菊，2013. 论公共财政支出绩效评价［J］. 经济研究导刊，000（514）：146-147.

王谦，于楠楠，2020. 基于超效率 SBM-DEA 模型的山东省财政环境保护支出效率评价［J］. 经济与管理评论，36（52）：113-122.

王宜成，房巧玲，2017. 环保资金配置绩效评价模型研究：基于最优化理论的视角［J］. 审计研究（51）：45-51，77.

万寅婧，潘铁山，戴明忠，等. 2012. 环保专项资金项目绩效评价个性指标设计研究：以江苏省省级节能减排（重点污染排放治理）专项引导资金为例［J］. 环境科学与管理，37（10）：178-180，186.

王莹，沈建新，2014. 农业科技财政专项资金绩效评价的指标体系研究［J］. 江苏农业科学，42（52）：420-422.

吴少龙，2009. 地方政府绩效预算改革：进展与挑战：东部地区 A 市案例研究［J］. 华中科技大学学报（社会科学版）（53）：22-28.

阎东彬，付正，2016. 基于 DEA 的河北省城市公共支出效率评价研究［J］. 经济研究参考（33）：51-56.

朱浩，傅强，魏琪，2014. 地方政府环境保护支出效率核算及影响因素实证研究［J］. 中国人口·资源与环境，24（56）：91-96.

张硕，2016. 我国环境保护财政支出的现状及建议［J］. 河北经贸大学学报，37（56）：80-85.

张凤彪，2015. 基于结构方程模型的竞技体育公共支出绩效评价研究：25 个省、自治区、直辖市的实证分析［J］. 体育科学，35（52）：31-40，53.

周亦群，王艳，2013. 财政支出绩效评价探析：以房地产数据库监测项目为例［J］. 会计之友（11）：51-53.

郑方辉，廖逸儿，卢扬帆，2017. 财政绩效评价：理念，体系与实践［J］. 中国社会科学，000（004）：84-108.

BUTLER A，LETZA S R，Neale B，1997. Linking the Balanced Scorecard to Strategy［J］. Long Range Planning，30（2）：242-153.

DENHARDT R B, DENHARDT J V, 2000. The New Public Service: Serving Rather Than Steering [J]. Public Administration Review, 60 (6): 549-559.

FARRELL M J, 1957. The Measurement of Productive Efficiency [J]. Journal of the Royal Statal Society, 120 (3): 253-290.

JULNES P D L, HOLZER M, 2001. Promoting the Utilization of Performance Measures in Public Organizations: An Empirical Study of Factors Affecting Adoption and Implementation [J]. 61 (6): 693-708.

NIELSEN P A, BAEKGAARD M, 2015. Performance Information, Blame Avoidance, and Politicians' Attitudes to Spending and Reform: Evidence from an Experiment [J]. Journal of Public Administration Research and Theory, 25 (2): 545-569.

REICHBORN-KJENNERUD K, 2014. Auditee Strategies: An Investigation of Auditees' Reactions to the Norwegian State Audit Institution's Performance Audits [J]. International Journal of Public Administration, 37 (10): 685-694.

REICHBORN-KJENNERUD K, 2013. Political Accountability and Performance Audit: the Case of the Auditor General in Norway [J]. Public Administration, 91 (3): 680-695.

ROSA C P, MOROTE, ROSARIO PÉREZ, PROWLE M J, 2014. Developing Performance Audit in Spanish Local Government: an Empirical Study of a Way Forward [J]. Public Money & Management, 34 (3): 189-196.

YOCKEY M D, KRUML S M, 2009. Everything is Relative, but Relative to What? Defining and Identifying Reference Points [J]. Journal of Business and Management, 15 (1): 95.

政治晋升锦标赛、地方官员行为与政府规模的非线性收敛
——基于 256 个城市面板数据的门槛效应检验

郑尚植　徐珺

内容提要：本文从官员政治晋升锦标赛这一逻辑出发理解中国政府规模收敛，利用 2002—2015 年 256 个城市的面板数据，通过对官员自利行为的考察，从政府规模收敛性角度验证了官员自利行为的趋同性。运用双向固定效应模型和面板门槛模型，考察了政府规模的收敛性以及政府规模非线性收敛的特征。实证结果显示：在城市层面上，中国政府规模存在着收敛，此外，政府规模的收敛速度会因政府规模的大小而呈现出非线性，政府规模越大的城市，其收敛速度越慢。这一结论并不会因为地区差异而发生变化，但东部地区因为其收入端政府规模相对较大所以呈现出较低慢收敛速度。经验证据显示官员自利行为确实存在，因此在设计行政机制时需要注意对官员的激励问题。

关键词：政治晋升锦标赛；地方官员行为；政府规模的非线性收敛

一、引言

研究政府规模变化的一个主流结论是“瓦格纳法则”（Wagnar's law），瓦格纳法则认为经济活动与政府公共支出之间存在着正相关关系。孙群力（2007）运用 1995—2004 年中国 28 个省、自治区、直辖市的面板数据来验证瓦格纳法则，研究发现无论是全国样本，还是东、中、西部地区的分样本，实际人均 GDP（国内生产总值）与地方政府规模之间均呈现出显著的正相关关系，这有效地支持了瓦格纳法则。潘卫杰（2007）在前人定性分析的基础上，将民族因素纳入对政府规模问题的分析中，认为之前的研究大多数只是定性分析很难让人信服，需要定量分析来增加对这个问题的说明。分析了人口、地区、经济、民族等诸多因素对政府规模的影响，特别是将民族因素分为了民族比重和民族个数两个角度来考察其对政府规模的影响。实证结果显示，与大多数学者的主观感受不同，瓦格纳法则并

作者简介：郑尚植，徐珺，东北财经大学马克思主义学院。

不适用于现阶段的中国。杨子晖（2011）利用面板平滑转换回归模型（PSTR），研究了政府规模与经济增长之间的非线性关系，研究结果显示政府规模与经济增长之间存在倒U形关系。在分析背后机制时，认为政府规模扩大时受到税负等因素的影响，政府支出的负效应逐渐增强，当政府规模超过“警戒水平”时，“过度拥挤”的政府支出将会抑制经济增长。

政府规模研究的另一个主要结论就是布伦南和布坎南在1980年提出的“利维坦假说”，认为财政分权将会导致地方政府竞争并尽可能少的干预经济从而使得政府规模缩减。基于此，学界对这个假说在中国是否适用进行了大量研究，但研究结果莫衷一是。孙琳、潘春阳（2009）通过实证研究发现，财政分权推动了政府规模的扩张，“利维坦假说”在中国是不存在的。王文剑（2010）运用1996—2005年中国省级面板数据研究了财政分权与地方政府规模及结构之间的关系，认为在财政竞争和官员晋升压力的作用下，中国地方政府规模与财政分权之间存在正相关，“怪兽”理论在中国不存在。与这些研究不同的是，庄玉乙、张光（2012）认为财政分权能够有效地缩减政府的财政规模，但上级政府的转移支付却助长了地方政府规模的扩张，他们使用1997—2009的省级面板数据验证了“利维坦假说”在中国是存在的。潘孝珍、洪燕国（2012）的实证研究也支持了庄玉乙和张光的结论。因此，财政分权对中国地方政府规模到底起到是扩张还是缩减作用并无定论。还有一些学者从其他角度对政府规模进行了考察，比如“粘蝇纸”效应（范子英、张军，2010），考虑城市化与政府规模的关系（余华义，2015），考虑对外开放与政府规模的关系（梅冬州、龚六堂，2013）等。

如何更为准确地理解中国政府规模的变化？一个比较好的线索是钱颖一教授等提出的“财政联邦主义”，从财政分权角度考察政府行为相对来说也是比较直接有效的。传统的财政理论，例如选举理论、Tiebout“用脚投票”理论都表明政府支出是以经济委托人的偏好为基础的，在这些模型中，公众的偏好发生变化政府支出也就随之发生变化。中国独特的政治体制决定了政府行为与西方政府的不同。对中国政治经济关系理解最为深刻的是周黎安（2007）提出的“晋升锦标赛”理论。在“晋升锦标赛”这一行为逻辑背景下，政府支出其主要目的往往不是为了满足公众对公共物品及服务的需求而是官员基于政治激励发展经济的偏好，政府支出大量面向那些短期能够提升当地经济的基础设施建设。中国政府官员的行为函数与西方官员行为存在着明显的不同，我们有必要对中国官员行为进行考察。根据公共选择学派的观点——“政治行为人也是经济人”①，政府官员也是以自身利益最大化为其目标函数的经济人。此外可以像“经济学帝国主义”一般将政治交易纳入经济学范畴这个框架中来考察政府官员行为。那么，对于政府的行为模式我们也就可以从以经济人为基础假设的理论出发来理解和解释。从整体上看，政府规模是官员行为最为直接的体现。据此，我们可以根据政府规模的变动情况

① 张永璟. 公共选择理论与中国经济改革比较［J］. 比较，2017（6）。

来对官员行为进行说明。既然政治人也是经济人，那么其必然会选择最优的行为函数以确保自己的利益最大化。在给定的目标函数下，官员的行为也必然唯一确定——以最优为目标。在以经济人假设为前提的新古典主义分析框架中，最优往往代表着均衡，也就是说，政府官员的行为最终会与经济社会整体处于一般均衡中，那在宏观上就表现为政府规模的趋同，最终趋于一个稳定的水平。因此，我们从考察政府规模变动存在收敛性入手对自利官员行为的一致性进行考察。

本文的主要工作就在于解决大多数理论只是对官员行为一致性进行描述性的定性说明，缺乏相应的实证基础的问题。我们选择了从政府规模收敛这个角度考察官员行为，为"政治人也是经济人"提供了一定的经验证据，并认为政治人与经济人一样也有着确定的目标函数，从而在统计上就表现为政府规模的收敛。

二、理论机制与特征事实

（一）收敛机制的理论分析

导致政府规模收敛的因素有很多，从经济方面来看则主要有边际报酬递减效应和最优政府规模效应。根据 Mark Skidmore 和 Hideki Toya 等（2004）的观点，大多数政府支出都不是为了即时消费，而是类似于一种生产活动的投入。那么，政府支出也可像私人投资一样视作投资的一部分，也就必然服从边际收益率递减规律。当政府部门想要扩大支出规模时，拥有较大支出规模的国家其政府扩张能力有限，而政府规模相对较小的国家却有很大的操作空间，因此不同国家之间必然表现出收敛趋势。同样，当考察我国不同省份时，边际收益率递减规律依然能够发生作用，各个城市其政府规模呈现出收敛态势。从最优政府规模这个角度来看，已有文献关于最优政府规模的研究大多是基于"Barro 法则"来展开研究的（孙群力，2006；张光南、周华仙、陈广汉，2011），也有相当部分文献是从 Armey（1995）提出的"Armey 曲线"出发来证明最优政府规模的。杨友才、赖敏晖（2009）利用面板门槛模型检验了我国的政府财政支出规模与经济增长之间的关系，发现政府财政支出规模存在门槛效应，我国的最优政府财政支出规模为 11.6%。不论是用何种方式证实都存在着最优政府规模，最优政府规模的存在基本上已成为一种共识。基于此，既然政府规模存在最优值，实际政府规模肯定都会趋于最优政府规模，各个城市其政府规模内生地趋于这个最优值，也就存在着收敛的趋势。

本文主要可以从政府行为的微观主体——地方官员出发来阐述政府规模变动背后的原因。官员基于"政治激励"而具有发展经济的动力从制度层面上确实能为中国经济的高速增长提供一定的解释。但刘云龙（2001）、刘剑雄（2008）从地方官员行为函数变化的视角来看中国经济增长对我们理解中国政府的行为更具有启发意义，他们认为中国官员的行为函数从传统经济时代到改革开放以来先后经历了"政治忠诚""经济发展"和"辖区民意"的嵌入。从委托—代理关系来看待中央政府与地方政府，会更好地解释中国地方官员的行为是怎样与中央政府的意志相耦合的。中央政府是委托人，地方政府是代理人，他们之间的利益存在着内在冲突，地方官员的行为原则以个人利益最大化为主，而中央政府一个最基本的利益诉求就是维持现有的统治权，所以现代政府治理的一个关键问题就是如何设计适合的“激励”使地方官员按照委托人中央政府的利益行事，以保证自己的政权稳定。在这种委托—代理关系中，政治集权为政治激励——官员晋升提供了保证，因此对官员的激励在大多数情况下是有作用的。而官员作为个人其行为原则——以个人利益最大化的原则也是确定的。

官员行为函数与委托人的目标函数之间是直接耦合的，但官员行为原则不发生改变，这种基于政治激励的耦合也意味着官员的行为函数在委托人相对确定的目标函数下是具有一致性的。“晋升锦标赛”其实质讲的就是政治激励，同时其也内含官员的行为是具有趋同一致性的。现有文献一般都是从定性出发对决定中国官员行为的政治体制进行解释说明（周黎安，2007；余绪鹏，2016），比较少有经验证据能够直接显示官员行为之间具有趋同性。本文通过政府规模的收敛性来说明官员自利行为的一致性。同时，也提出了导致政府规模收敛的第三种机制——“晋升锦标赛”效应。根据周黎安（2007）的定义，晋升锦标赛作为一种行政治理模式，是指上级政府对多个下级政府部门的行政长官设计的一种晋升竞赛，竞赛优胜者将获得晋升，而竞赛标准由上级政府决定。在这样一种治理方式下，官员的行为必然会受设计者的考核指标影响，从而各级政府官员的行为会根据中央的偏好来调整。经济指标一直是我国官员政绩考核的核心，地方政府官员为了自己的“经济业绩”，会将大量政府支出投向那些可以明显提升自己任期内经济发展水平的基础设施建设。因此，中央考核标准一旦确定，各级官员行为必然表现出趋同性，政府规模也就呈现出收敛趋势。此外，从政府这个角度考察收敛性的文章也比较少见，国内主要是从政府财力（王艺明、蔡昌达，2014）、政府消费（吴庆华、孙群力，2007）等角度做了收敛性分析，但均没有深入探究收敛性背后的经济意义。

（二）地方政府规模收敛的现实考察

根据 P. Samuelson 提出来的显示性偏好理论，消费者在一定价格条件下的购买行为暴露或显示了他内在的偏好倾向，即消费者的购买行为反映了消费者的偏好。同样，我们运用这个逻辑来考察政府行为，政府的收支状况反映的也就是政府主体——官员的内在偏好，我们就能够通过政府的收支状况来判断官员行为。

政府的财政收入主要来源于当地的税收，拥有良好税基的城市其财政状况一般比较优良。因此，从收入端考察政府规模是否存在收敛其实质是考察不同地区城市公共设施以及基础设施建设的差异。一地公共服务和公共产品品质更高，意味着更多的纳税人愿意来这些地区居住从而增加了该地的税基，也就能为当地政府提供充裕的税收资金，政府对经济干预的能力也能提升。此外，政府的财政收入能力越强，那么政府就越有扩大支出规模的基础，从而促使政府支出规模膨胀，表明财政状况良好的地区其在政绩考核中具有比较优势，但该地也容易陷入路径依赖使得经济效率降低。这与蒋德权、姜国华和陈冬华（2015）的研究是一致的，他们在实证中验证了官员晋升与经济效率之间存在着负相关关系，经济状况良好的地区其官员晋升概率也相对较高。图1反映了中国政府财政收入的变动情况，据此，我们可以从政府财政收入的角度来考察政府规模的相关问题。可以看出政府规模总体上处于上升趋势，但东部地区财政收入占GDP比重高于全国水平，这与Tiebout理论中居民“用脚投票”理论是一致的。正是由于东部经济形势较好，教育、社会服务以及各种基础设施更为充裕，更多居民愿意在东部地区生活，从而扩大了该地区的税基。相较之下，中、西部地区财政收入的GDP占比则低于全国水平。西部地区由于国家政策的偏向，其收入规模表现出更大的波动性。但不管各个地区的情况如何，其收入端政府规模都与全国呈现出相同的趋势，因此我们有理由相信政府规模整体上是趋于一个稳定状态的，也就是存在收敛情况。

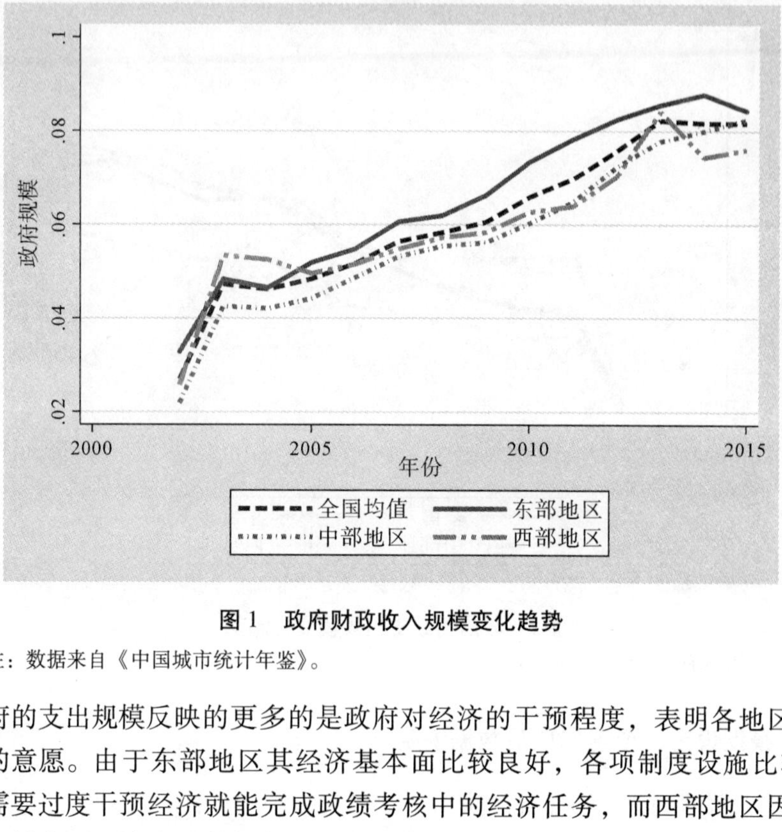

图1　政府财政收入规模变化趋势

注：数据来自《中国城市统计年鉴》。

政府的支出规模反映的更多的是政府对经济的干预程度，表明各地区政府干预经济的意愿。由于东部地区其经济基本面比较良好，各项制度设施比较完善，政府不需要过度干预经济就能完成政绩考核中的经济任务，而西部地区因为历史原因一直是中国经济发展的短板，所以这些地区的政府为了在晋升锦标赛中脱颖而出必须加大对经济的干预，提升当地经济发展水平，增加政府支出。同时，从Tiebout理论出发，我们也可以看到东部地区本来公共服务与公共产品的提供就比西部地区更为丰富，所以在东部居住明显具有吸引力，相较之下政府不需要在这些地方投入更多的资金。西部地区因为基础设施落后必须大力进行基础设施建设才能有效提升本地区的竞争力，提高当地税基水平，政府支出规模显然会比东部地区高。图2反映了中国政府财政支出的变动情况。从图中我们可以看出，不论是全国还是局部地区各级政府的财政支出规模都呈现出递增的趋势。东部地区的政府支出低于全国水平，西部地区政府支出水平远高于全国水平，中部地区与全国水平最为接近。这反映了中国政府行为的地区差异，东部地区因为经济比较发达，各项制度比较完善，因此政府在经济中主要起“规制性”作用，对经济的干预较之西部地区明显减少。相反，西部地区经济一直欠发达，国家大量专项转移支付向西部地区偏移，这些财政拨款使得西部地区政府在财政上存在着一个“软约束”（王永钦、陈映辉、杜巨澜，2016）从而使得政府加大了经济建设的投入，因此西部地区政府支出规模一直高于全国平均水平。但从各个地区的变化趋势来看，其变化趋势基本一致，因此我们认为从支出端来看政府规模变动，其同样是存在着收敛的。

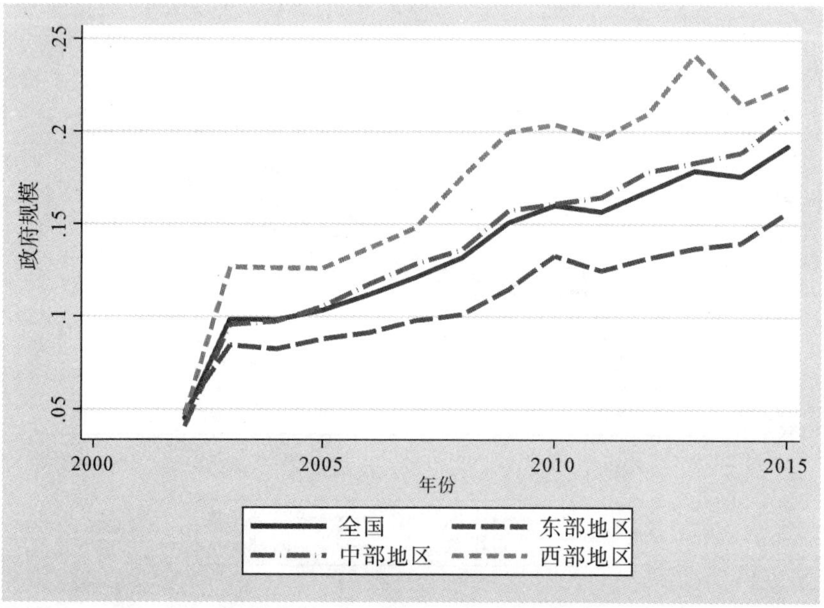

图2　政府财政支出规模变化趋势

注：数据来自《中国城市统计年鉴》。

三、模型设定、变量选取与数据说明

（一）门槛模型设定与估计方法

本文采用的是双向固定效应模型，参考 Mark Skidmore 和 Hideki Toya 等（2004）和江一涛（2010）的模型构建如下模型：

$$dsizer_{it} = \alpha + \beta_1 \, sizer_{it-1} + \beta_2 \, contral_{it} + \alpha_i + \tau_t + \varepsilon_{it} \quad (1)$$

上式中，dsizer 是本期政府规模与上期政府规模的差值，也就是政府规模的变动，$sizer_{it-1}$ 是滞后一期的政府规模，是本文的核心解释变量通过其系数符号来判断政府规模是否存在收敛。当 $\beta_1 < 0$ 时，在控制其他变量不变的情况下，政府规模

大的地区其政府规模变动越小，也就是说随着时间的变化政府规模呈现出收敛的趋势；$contral_{it}$ 是其他控制变量，包括对外开放度（open）、财政分权（czfq）、实际人均 GDP 的对数（lnrpcgdp）、人口的对数（lnpop）；α_i 是城市固定效应，控制的是那些不随时间变化但影响政府规模的城市个体效应，比如地理位置等；τ_t 是时间固定效应，控制的是影响各个城市政府规模变动的共同因素，比如宏观经济基本面的波动等；ε_{it} 是随机扰动项。

在模型（1）的基础上，我们参考 Hansen（1999）对主观分组的改进而提出的面板门槛模型来分析政府规模收敛的非线性。该模型的基本设定为：

$$y_{it} = \varphi_1 + \beta_1 x_{it} \times I(s_{it} \leqslant \gamma) + \beta_2 x_{it} \times I(s_{it} > \gamma) + \theta\, contral_{it} + \varepsilon_{it} \quad (2)$$

上式中，y_{it} 为被解释变量，x_{it} 为核心解释变量，s_{it} 是门槛变量，也就是我们用来进行分组的变量。（2）式中的 I（·）是指标函数，当符合一定条件时，函数取值为 1，否则取 0，这个函数决定我们分组回归的结果。进行分组后，不同区间的结果通过核心解释变量 x_{it} 前的系数 β_1、β_2 来进行解释。

（二）变量说明与数据说明

政府规模。政府财政收支占 GDP 的比重。在这里我们分为收入端政府规模和支出端政府规模两种度量方式。政府规模我们使用政府收支与当地 GDP 的比值来衡量。

（1）财政分权。庄玉乙、张光（2012）在处理财政分权时，认为应该用下级政府的财政收支占本级政府财政收支比重来作为政府财政分权的度量指标，是基于世界银行对各国财政分权测度来构建指标的。直接将跨国研究的指标应用于国内是否最优是存疑的。世界银行之所以采用这种向下的方式来度量本级财政分权程度，一个重要原因就是不同国家其社会制度大不相同，为了使其具有可比性，因此采用了这种向下纵向的衡量方式。而具体到一国之内，社会体制基本一致，那么横向之间本身就具有可比性，因此本文使用的财政分权指标是市级财政支出与省级财政支出之比作为市级层面的财政分权程度，而不是将其认为是省级层面的财政分权。

（2）对外开放度。中国的对外开放并非如“效率论”所讲的被动地等待市场配置资源，从而减少政府干预。相反，中国的各级地方政府往往通过精简行政审批，甚至是以“负价格”出售土地等措施来吸引外资，这实际上是变相地增加了政府对经济的干预。一般通用的做法是使用对外贸易额（进口+出口）占 GDP 比重的测度方式来衡量对外开放度，但这种衡量方式反映的更多的是经济对外贸的依赖度而不是对外开放水平。为了真正考察对外开放度，我们使用实际使用外资金额[①]占 GDP 的比重来测量对外开放度，实际使用外资金额反映了一地政府主动利用外资的能力，能够比较好地刻画出该地的对外开放度。

① 《中国城市统计年鉴》中实际使用外资金额的单位是“万美元”，我们通过当年的汇率折算为人民币“万元”，以保证量纲一致。

（3）实际人均 GDP。我们使用人均 GDP 除以当年的 GDP 指数[①]（2001 年为基期）得到实际人均 GDP。

（4）人口。为当地的年末人口，部分城市缺失数据使用当年该城市平均人口代替。

（5）数据来源。本文采用的样本数据为 2002—2015 年全国 256 个城市的面板数据，而所有数据均来自《中国城市统计年鉴》《中国统计年鉴》。在处理数据过程中，北京、上海、天津和重庆四个直辖市比较特殊，我们在回归分析中将其剔除了。将 2011 年之前巢湖市的各项指标均并入合肥，直接用合肥市代替两者[②]。考虑到部分地级市是新近设立的，我们将这部分城市剔除，包括贵州省毕节市、铜仁市，海南省三沙市、儋州市，青海省海东市。另外，由于西藏地区数据缺失严重故样本也不包含西藏地区的城市。为了保证面板数据是平稳的，我们剔除了存在较多缺失值的城市[③]。变量的描述性统计见表 1。

表 1　变量的描述性统计

变量名称	符号	样本个数	平均值	标准差	最小值	最大值
收入端政府规模变动	dsizer	3 328	0	0.02	-0.64	0.65
支出端政府规模变动	dsizec	3 328	0.01	0.06	-1.42	1.42
收入端财政分权	czfqr	3 584	0.2	0.25	0	1
支出端财政分权	czfqc	3 584	0.26	0.26	0	1
对外开放水平	open	3 584	0.02	0.03	0	0.42
实际人均 GDP 的对数	lnrpcgdp	3 584	-0.12	0.66	-1.6	2.8
人口的对数	lnpop	3 584	5.89	0.62	3.72	7.13
政策变量	dummy_year	3 584	0.36	0.48	0	1

四、实证结果分析

（一）政府规模收敛性回归结果

1. 基准回归

表 2 是政府规模增量与滞后一期政府规模的基准回归结果。在模型（1）我们直接使用政府规模变动与滞后一期的政府规模做回归，没有控制任何控制变量，回归结果显示滞后一期政府规模前的系数为-0.277，并且在 1%的统计水平显著，

① 因为城市层面的 GDP 指数并没有找到，所以我们使用的是省份 GDP 指数来作为该省所有城市 GDP 指数，例如黑龙江省七台河市的 GDP 指数就用黑龙江省的 GDP 指数代替。

② 根据 2011 年 8 月 4 日国务院办公厅〔2011〕12 号文对巢湖市的划分，可以看到巢湖市一半被划入了合肥。

③ 包括：吕梁市、巴彦淖尔市、乌兰察布市、临沧市、定西市、陇南市、中卫市、兰州市、克拉玛依市、吴忠市、嘉峪关市、固原市、天水市、平凉市、庆阳市、张掖市、昭通市、武威市、白银市、石嘴山市、金昌市、普洱市。

政府规模存在着收敛。在一一加入控制变量后，政府规模仍呈现出收敛趋势。当加入所有控制变量后，政府规模的收敛性增强了，结果为模型（2）所示，L. sizer 前的系数为-0.321，且在1%的显著水平显著。考虑到在2011年，我国开始实行“营改增”[①]，这对我国各级政府的财力划分有着重大影响，是一个影响着政府规模变化的重要政策，为了控制其对我国政府规模变动的短期影响，在这里我们设置一个虚拟变量 dummy_year，当时间在2011年及以后的年份设为1，2011年之前的年份设置为0。从模型（3）~（10）的回归结果来看，dummy_year 前的系数均在1%的统计水平上显著，且系数大致在0.015左右，可以看到实行“营改增”后我国政府规模增量显著增加，大约增加了1.5%，各级政府普遍扩大了规模，“营改增”这项改革的实施扩大了政府规模。

在模型（4）和模型（5）中，我们控制了城市层面个体效应，滞后一期政府规模前的系数分别为-0.688和-0.763，并且都在1%的统计水平上显著。在加入控制变量的过程中，我们也能看到滞后一期政府规模前的系数其绝对值不断增大的趋势，表明了我国政府规模收敛的稳定性。此外，在控制了城市层面个体效应后，控制变量中有一个显著变化的就是对外开放度 open，由原来的1%的显著水平变为不显著，这体现了我国的对外开放具有很强的中国特色。众所周知，我国的改革开放是优先考虑沿海、沿河地区城市的，那么对外开放度就与地理位置（是否靠海、靠河）具有很强的相关性，此外这些城市靠海的地理位置也确实比较合适作为对外开放的经济特区。因此在控制城市层面个体效应后，对外开放度被个体效应吸收掉，其系数在统计上就表现为不显著。

在模型（6）~（10）中，我们采用了控制个体效应和时间固定效应的双向固定效应模型，并且将添加控制变量的过程全部展示出来。从结果来看，在双向固定效应模型下，我们的结论也没有发生变化。从滞后一期政府规模前的系数来看，均在1%的显著水平显著，此外其绝对值也呈现上升态势，表明收敛性的增强。从模型（9）和模型（10）的结果来看，滞后一期政府规模的系数稳定保持在-0.783，表明政府规模最终趋于以一个稳定的速度收敛。

此外，财政分权 czfq 前的系数在1%的显著水平显著，同时也表现出与滞后一期政府规模大致相同的变化趋势，只是其系数一直是正，说明财政分权的增加会显著扩大政府规模，并且最终会稳定在财政分权每增加一个百分点政府规模变动增加0.042个百分点的水平，这也比较符合我国的实际情况。我国各级政府的财政状况直接影响到政府规模，这个结论也与王文剑（2010）的研究结果相吻合，同样证实在中国不存在“利维坦假说”。正是由于在“晋升锦标赛”模式下，官员政绩考核中经济指标占了很大的比重才导致政府财政收入中很大部分是用于经济建设，也就内生地增大政府对经济的干预，从而从制度根源上导致了政府规模的扩大。同时，这种“标尺竞争”也使得政府官员行为趋同，那么在统计上就表现为政府规模的收敛。

---

① 关于印发《营业税改征增值税试点方案》的通知（财税〔2011〕110号）。

表 2　政府规模增量与滞后一期政府规模的基准回归结果

变量名称	(1)	(2)	(3)	(4)	(5)	(6)	(7)	(8)	(9)	(10)
L. sizer	-0. 277 *** (24. 07)	-0. 321 *** (-26. 07)	-0. 428 *** (-30. 75)	-0. 688 *** (-43. 10)	-0. 763 *** (-46. 29)	-0. 757 *** (-43. 36)	-0. 759 *** (-43. 38)	-0. 785 *** (-46. 34)	-0. 783 *** (-46. 19)	-0. 783 *** (-46. 21)
open		0. 059 7 *** (-3. 91)	0. 102 *** (-6. 79)		0. 021 3 (-1. 06)		0. 021 5 (-1. 06)	0. 010 8 (-0. 55)	0. 009 84 (-0. 51)	0. 011 6 (-0. 59)
czfqr		0. 008 36 *** (-5. 46)	0. 019 9 *** (-11. 9)		0. 029 6 *** (-12. 29)			0. 041 2 *** (-15. 39)	0. 042 1 *** (-15. 62)	0. 042 0 *** (-15. 57)
lnrpcgdp		0. 001 30 ** (-2. 06)	-0. 001 10 * (-1. 73)		0. 008 36 *** (-3. 24)				-0. 007 33 *** (-2. 61)	-0. 006 10 ** (-2. 06)
lnpop		-0. 002 30 *** (-3. 96)	-0. 004 77 *** (-8. 13)		0. 033 1 *** (-5. 2)					0. 009 29 (-1. 38)
dummy_year			0. 012 7 *** (-14. 89)	0. 015 9 *** (-21. 62)	0. 018 7 *** (-19. 24)	0. 021 1 *** (-12. 04)	0. 021 6 *** (-12. 06)	0. 014 7 *** (-8. 24)	0. 016 3 *** (-8. 65)	0. 015 3 *** (-7. 52)
Constant	0. 020 6 *** (-27. 12)	0. 033 9 *** (-9. 67)	0. 046 3 *** (-13. 25)	0. 038 9 *** (-44. 38)	-0. 159 *** (-4. 26)	0. 040 7 *** (-35. 66)	0. 040 1 *** (-30. 87)	0. 037 4 *** (-29. 58)	0. 035 0 *** (-22. 72)	-0. 019 *** (-0. 49)
Region fixed effect	no	no	no	yes	yes	yes	yes	yes	yes	yes
Time fixde effect	no	no	no	no	no	yes	yes	yes	yes	yes
R-squared	0. 148	0. 147	0. 227	0. 378	0. 419	0. 419	0. 42	0. 462	0. 463	0. 464
Observations	3 328	3 311	3 311	3 328	3 311	3 328	3 312	3 312	3 312	3 311
F	579. 4	140. 1	161. 5	932. 5	366. 1	169. 6	157. 6	174. 3	164. 1	154. 6

注：① ***、**、* 分别表示 1%、5%和 10%的显著性水平；②模型（4）~（10）的 R-squared 均是怀特异方差稳健性标准误。

2. 稳健性检验

为了保证回归结果是稳健的，我们使用支出端政府规模和支出端财政支出对原来收入端指标进行替换来进行回归分析，依然控制时间固定效应和城市层面个体效应。表3是稳健性检验的结果。在模型（11）中，我们用支出端财政分权代替收入端财政分权，此时政府规模滞后一期前的系数为-0.772，并且在1%的显著性水平上是显著的，说明政府规模存在收敛。在模型（12）中，我们使用支出端政府规模取代收入端政府规模，滞后一期政府规模前的系数为-0.835，在1%的统计水平上是显著的，政府规模存在收敛。在模型（13）中，我们不仅替换了收入端政府规模同时也替换了收入端财政分权，此时滞后一期政府规模前的系数为-0.843，同样存在着收敛。也就是说，政府规模收敛这个结论是稳健的。

表3 稳健性检验

变量名称	（11）	（12）	（13）
L. sizec		-0.835*** (-48.95)	-0.843*** (-50.48)
L. sizer	-0.772*** (-44.79)		
open	0.014 9 (0.75)	0.204*** (3.89)	0.196*** (3.82)
czfqr		0.062 9*** (9.67)	
czfqc	0.027 0*** (10.86)		0.096 2*** (15.15)
lnrpcgdp	0.002 69 (-0.90)	-0.066 8*** (-8.51)	-0.066 8*** (-8.76)
lnpop	0.012 1* (1.78)	-0.052 8*** (-2.97)	-0.048 6*** (-2.79)
dummy_ year	0.013 6*** (6.39)	0.083 8*** (15.33)	0.068 7*** (12.46)
Constant	-0.033 4 (-0.84)	0.367*** (3.54)	0.341*** (3.36)
Region fixed effect	yes	yes	yes
Time fixde effect	yes	yes	yes
R-squared	0.441	0.479	0.501
Observations	3 328	3 328	3 328
F	142.0	165.5	180.4

从回归结果来看，政府规模确实存在收敛性并且这种收敛是稳健的，但这种收敛性是否会因为政府规模的大小而发生变化呢？为了考察政府规模的变动是否会随着政府规模的变动而存在非线性，接来下我们运用面板门槛模型来对政府规模收敛的非线性进行考察。

（三）政府规模收敛的非线性实证分析

1. 门槛效应检验

利用面板门槛模型来考察政府规模收敛性需要先确定模型存在几个门槛值，我们分别从没有门槛值、存在一个门槛值以及存在两个门槛值的模型设定来对模型进行检验，采用“自抽样法”来对模型进行估计，根据所得 P 值和 F 值来判断是否通过门槛效果检验。从表 4 中可以看到不存在门槛值的原假设其 P 值为 0.000 0，在 1%的统计水平上被拒绝了，即一重门槛通过检验，此时存在一个门槛值 0.077 9；二重门槛在 1%的显著性水平上通过检验，门槛值分别为 0.048 9 和 0.081 1；三重门槛的 P 值为 0.539，接受了不存在两个门槛值的原假设，故三重门槛检验没有能够通过检验。因此，我们使用双重门槛模型分析政府规模的收敛性，具体模型如下：

$$dsizer_{it} = \varphi_1 + \beta_1 sizer_{it-1}(sizer_{it} \leq \gamma_1) + \beta_2 sizer_{it-1}(\gamma_1 < sizer_{it} \leq \gamma_2) + \beta_3 sizer_{it-1}(sizer_{it} > \gamma_2) + \theta contral_{it} + \varepsilon_{it} \quad (3)$$

表 4 门槛效果检验

门槛	F 值	P 值	估计值	临界值		
				10%	5%	1%
一重门槛	817.26	0.000	0.077 9	42.687 8	50.785 9	71.587
二重门槛	430.91	0.000 0	(0.048 9; 0.081 1)	33.332	41.150 6	135.112 9
三重门槛	257.88	0.539 0	0.128 4	718.124 6	782.124 2	896.849 4

注：P 值和临界值都是通过“自抽样法”（Bootstrap）反复抽样 1 000 次得到。

2. 门槛回归结果分析

根据政府规模的两个门槛值 4.89%和 8.11%，我们将样本分成了三个区间（0，4.89%]、(4.89%，8.11%] 和（8.11%，∞）。从表 5 可以看出三个区间对应的滞后一期政府规模前的系数：当政府规模处于较低水平（$sizer \leq 4.89\%$）时，其滞后一期政府规模系数为-1.094，在 1%的显著性水平上显著；当政府规模处于中等水平（$4.89 < sizer \leq 8.11\%$）时，滞后一期政府规模前的系数为-0.79，在 1%的统计水平上是显著的；当政府规模处于较高水平（$sizer > 8.11\%$）时，滞后一期政府规模前的系数为-0.53，同样在 1%的显著性水平上是显著的。从三个区间系数的符号来看，政府规模均呈现出收敛趋势，而从系数的绝对值的大小来看政府规模小的地区其政府规模呈现出较快的收敛速度，政府规模相对大的地区其政府规模收敛速度反而更慢。考虑到政府规模的收敛速度会受到各地区政府规模大小的影响，而我国东西部地区的政府规模存在明显区别，政府规模的收敛性是否会因为地区的不同而发生变化？根据樊纲、王小鲁等[①]（2003）对东、中、西部地区的划分，我们对政府收敛的地区差异做了进一步的分析。

表 5 门槛回归结果

变量名称	变量前的系数	T_{ols}	T_{white}
open	0. 021 3	−1. 26	1. 00
czfqr	0. 023 738	11. 48***	2. 17**
lnrpcgdp	−0. 001 086 7	−0. 5	−0. 39
lnpop	0. 017 167 4	3. 19***	2. 53**
dummy_year	0. 010 7	12. 30***	3. 87***
sizer≤4. 89%	−1. 094 162	−64. 25***	−53. 55***
4. 89%<sizer≤8. 11%	−0. 787 116	−46. 68***	−21. 82***
sizer>8. 11%	−0. 530 153 7	−34. 24***	−14. 92***
constant	−0. 061 567	−1. 95**	−1. 58

注：T_{ols} 是同方差假定下的 T 值，T_{white} 是异方差假定下的 T 值。

（四）进一步分析：门槛效应的变化趋势与地区差异

同样，在这里我们采用的是面板门槛模型对政府收敛性的地区差异进行分析。首先，我们需要确定各个地区到底存在几个门槛值，因此我们对其进行了门槛效应检验。从表 6 可以看出，东部地区、中部地区和西部地区在三重门槛效应检验是均没有通过检验的，其 P 值分别为 0. 409、0. 556 和 0. 83，在 10%的显著水平上都不显著。而一重门槛和二重门槛都通过了检验，其中在二重门槛检验中东部地区和中部地区都在 1%的统计水平上是显著的，而西部地区则在 10%的显著性水平上是显著的。并且，东部地区的两个门槛值分别为 5. 35%和 8. 34%，中部地区的两个门槛值分别为 5. 87%和 11. 48%，西部地区的两个门槛值分别为 7. 73%和 13. 32%。我们使用二重门槛模型来进行回归分析（见表 7）。

① 按现行划分，除香港地区、澳门地区、台湾地区外，东部包括：广东省、浙江省、福建省、江苏省、山东省、北京市、上海市、天津市、海南省、辽宁省、河北省。中部包括：安徽省、河南省、湖北省、湖南省、吉林省、黑龙江省、江西省、山西省。西部包括：四川省、重庆市、广西壮族自治区、云南省、贵州省、陕西省、甘肃省、内蒙古自治区、宁夏回族自治区、青海省、新疆维吾尔自治区、西藏自治区。我们按省份将所有样本城市分别划入东部、中部和西部。

表 6 各个地区政府规模门槛效应检验

模型设定	地区	门槛值	P 值	F 值	BS 次数	临界值		
						10%	5%	1%
一重门槛	东部地区	0. 075 6	0. 000 0	487. 42	1 000	43. 399	49. 662 2	59. 141 9
	中部地区	0. 070 9	0. 000	423. 97	1 000	28. 716 5	32. 270 8	41. 270 7
	西部地区	0. 081 9	0. 010 0	103. 02	1 000	24. 519 4	39. 183 7	92. 604 8
一重门槛	东部地区	(0. 053 5;0. 083 4)	0. 000 0	348. 67	1 000	33. 688 3	37. 518 8	46. 385 9
	中部地区	(0. 058 7;0. 114 8)	0. 000 0	265. 05	1 000	26. 186 8	29. 974 9	37. 345 8
	西部地区	(0. 077 3;0. 133 2)	0. 055 0	60. 02	1 000	40. 247 2	63. 196 8	166. 801 1
一重门槛	东部地区	0. 103 7	0. 409	171. 61	1 000	216. 318 9	230. 784 5	260. 960 8
	中部地区	0. 081	0. 556	207. 73	1 000	341. 705 3	369. 514 8	430. 708 8
	西部地区	0. 045 3	0. 83	33. 63	1 000	338. 119 9	380. 040 7	464. 256 8

表 7 门槛回归结果

变量名称	东部地区	中部地区	西部地区
open	0. 017 9* (−1. 84)	0. 009 08 (0. 31)	−0. 014 1 (−0. 11)
czfqr	0. 003 09** (−2. 18)	0. 013 6*** (5. 55)	0. 069 3*** (9. 93)
lnrpcgdp	0. 008 80*** (−4. 64)	0. 003 78 (1. 59)	−0. 008 22 (−1. 16)
lnpop	0. 035 3*** (−8. 98)	0. 012 5** (2. 34)	0. 023 8 (0. 82)
dummy_year	0. 002 35*** (−3. 39)	0. 010 3*** (11. 44)	0. 022 9*** (8. 18)
0._cat#c.lsizer	−0. 837*** (−35. 64)	−0. 892*** (−37. 48)	−1. 127*** (−34. 40)
1._cat#c.lsizer	−0. 608*** (−34. 19)	−0. 628*** (−31. 74)	−0. 838*** (−19. 68)
2._cat#c.lsizer	−0. 413*** (−26. 47)	−0. 368*** (−18. 99)	−0. 405*** (−6. 57)
Constant	−0. 174*** (−7. 42)	−0. 035 1*** (−1. 13)	−0. 103 (−0. 61)
r2	0. 574	0. 563	0. 647
r2_2	0. 574	0. 563	0. 647
N	1 274	1 287	767
F	196. 5	190. 3	160. 1

注：0._cat#c.lsizer 代表第一个区间政府规模滞后一期前的系数，1._cat#c.lsizer、2._cat#c.lsizer 同理。

从表7来看，东部地区：当政府规模在相对小的区间（$sizer \leqslant 5.35\%$）时，其政府规模滞后一期前的系数为-0.837，在1%的显著性水平上是显著的；当政府规模处于中间区间（$5.35\% < sizer \leqslant 8.34\%$）时，政府规模滞后一期前的系数为-0.608，同样在1%的显著性水平上是显著的；当政府规模在相对高的区间（$sizer > 8.345$）时，政府规模滞后一期前的系数为-0.413。从结果的系数来看，东部地区的回归结果与全国的回归结果一致。首先，系数显著为负说明政府规模存在收敛。其次，政府规模越小的地区其政府规模收敛速度越快，这从滞后期政府规模前的系数大小可以看出（0.837>0.608>0.413）。西部地区和中部地区本身也与东部地区有着基本一致的结论，说明从整体来看，政府规模收敛是一个稳定的过程，并不会由于地域的差异而改变。

此外，从三个地区门槛值的大小来看，东部地区相应的门槛值均小于中部地区和西部地区（13.32%>8.34%），而东部地区的政府规模处于一个较高水平，高于全国平均水平，中西部是低于全国水平的，这说明东部地区各个城市政府规模相对均衡，城市间差距远不如中西部地区大。中西部地区的城市政府规模波动较大，这主要是因为国家的政策偏向导致的，例如“西部大开发”等政策的实施都会导致西部地区政府规模的剧烈波动。另外，三个地区与全国水平比较的话，可以看到东部地区的回归结果与全国的回归结果最为接近，说明东部地区对全国范围内的政府规模影响程度最大。

最后，基本上每个区间东部地区政府规模滞后一期前的系数均小于中部地区和西部地区，说明东部地区与中西部地区相比于政府规模的收敛速度相对较慢。从图1中我们可以知道东部地区的政府规模处于较高水平，这与我们的基本结论政府规模越大的地区其收敛速度反而越小基本上是一致的。

五、主要结论与政策建议

通过对政府规模的现实考察我们可以看到，收入端政府规模总体上呈现上升趋势，并且呈现出东高西低的地理格局。其中，东部地区政府规模平均水平高于全国地区，并呈现上升趋势；中部和西部地区政府规模平均水平低于全国水平，也呈现上升趋势。虽然东部与中部、西部的政府规模平均水平不同，但从趋势上看，三个地区有趋向全国政府规模平均水平的趋势。而从支出端来看则表现出相反的状况。利用双向固定效应与面板门槛模型对政府规模收敛性的考察，我们得出以下结论：在城市层面上，中国政府规模存在着收敛，此外，政府规模的收敛速度会因政府规模的大小而呈现出非线性，政府规模越大的城市，其收敛速度越快。这一结论并不会受到地区差异的影响，同时，东部地区因为其政府规模高于其他地区而表现出较慢的收敛速度。这说明官员的自利行为会导致政府规模收敛，本文和以往研究一个不同之处在于，我们只从官员自利行为出发证实了中国市级政府规模确实存在着收敛性，并不对政府的规模是否最优做过多的探讨。

经验证据显示，中国官员的自利行为确实存在，这意味着我国在进行行政体制改革时应该注意对官员的政治激励，更多地从经济人视角来审视各级官员，激发他们的政治活力。同时，需要注重机制设计，设定一个适合的激励（比如塑造官员声誉、设定类似“名人堂”的机构）而不是单单以政治晋升这一激励来激发官员的代理热情。此外，还需要完善财税制度，使得官员能够更加有效地利用当地财力完成中央政府的委托。最后，我们要加大中西部地区的基础设施建设力度，缩小东西部差距，保证人口的合理分布，减小东部地区城市的居住压力。

参考文献：

孙群力，2007. 经济增长对中国地方政府规模的影响：Wagner 法则的有效性检验［J］. 江西财经大学学报（2）：14-17.

潘卫杰，2007. 对省级地方政府规模影响因素的定量研究［J］. 公共管理学报，4（1）：33-41.

杨子晖，2011. 政府规模、政府支出增长与经济增长关系的非线性研究［J］. 数量经济技术经济研究（6）：77-92.

孙琳，潘春阳，2009.“利维坦假说”、财政分权和地方政府规模膨胀：来自 1998—2006 年的省级证据［J］. 财经论丛（2）：15-22.

王文剑，2010. 中国的财政分权与地方政府规模及其结构：基于经验的假说与解释［J］. 世界经济文汇（5）：105-119.

庄玉乙，张光，2012.“利维坦”假说、财政分权与政府规模扩张：基于 1997—2009 年的省级面板数据分析［J］. 公共行政评论（4）：5-26.

潘孝珍，燕洪国，2012. 财政分权与地方政府规模：来自中国的经验数据分析［J］. 上海经济研究（8）：61-69.

范子英，张军，2010. 粘纸效应：对地方政府规模的一种解释［J］. 中国工业经济（12）：5-15.

余华义，2015. 城市化、大城市化与中国地方政府规模变动［J］. 经济研究（10）：104-118.

梅冬州，龚六堂，2012. 开放真的导致政府规模扩大吗?：基于跨国面板数据的研究［J］. 经济学（季刊），12（1）：243-264.

周黎安，2007. 中国地方官员的晋升锦标赛模式研究［J］. 经济研究（7）：36-50.

孙群力，2006. 中国地方政府最优规模的理论与实证研究［J］. 中南财经政法大学学报（4）：18-22.

张光南，周华仙，陈广汉，2011. 中国基础设施投资的最优规模与最优次序：基于 1996 —2008 年各省市地区面板数据分析［J］. 经济评论（4）：23-30.

杨友才，赖敏晖，2009. 我国最优政府财政支出规模：基于门槛回归的分析［J］. 经济科学（2）：34-44.

刘云龙，2001. 民主机制与民主财政［M］. 北京：中国城市出版社.

刘剑雄，2008. 中国的政治锦标赛竞争研究［J］. 公共管理学报，5（3）：24-29.

余绪鹏，2016. 官员晋升锦标赛：经济增长的政治逻辑：基于相关文献的梳理与分析［J］. 华东经济管理（6）：88-95.

王艺明，蔡昌达，2014. 我国地方政府财力收敛性研究［J］. 吉林大学社会科学学报（4）：57-65.

吴庆华，孙群力，2007. 中国地方政府消费的收敛性分析［J］. 统计与决策（22）：57-59.

蒋德权，姜国华，陈冬华，2015. 地方官员晋升与经济效率：基于政绩考核观和官员异质性视角的实证考察［J］. 中国工业经济（10）：21-36.

王永钦，陈映辉，杜巨澜，2016. 软预算约束与中国地方政府债务违约风险：来自金融市场的证据［J］. 经济研究（11）：96-109.

江一涛，2010. 中国省际城乡收入差距的收敛性及其非线性：基于动态面板模型和门限面板模型的研究［J］. 当代财经（6）：19-25.

樊纲，王小鲁，张立文，等. 2003. 中国各地区市场化相对进程报告［J］. 经济研究（3）：9-18.

HANSEN B E，1999. Threshold Effects in Non-Dynamic Panels：Estimation，Testing，and Inference. Journal ofEconometrics，93（2）：345-368.

SKIDMORE M，TOYA H，DAVID MERRIMAN，2004. Convergence in Government Spending：Theory and Cross - Country Evidence. Kyklos，57（4）：587-620.

税收研究

区块链技术在税收管理中的应用研究

四川省国际税收研究会课题组

内容提要：数字新技术为数字新经济发展提供了源源不断的新动力。能否顺应趋势，利用区块链技术创新发展税收管理，是税务机关在数字新经济时代面临的重大课题。本文在剖析区块链技术的概念、特征及类型的基础上，通过借鉴区块链技术在国内外的应用实践，深入探讨税收管理领域应用区块链技术的可行性，探索解决税收征管中面临的经济收入追踪难、交易数据真实性确定难、税收主体确认难、信息共享度不高等问题的新方法和新思路，从而推动区块链技术促进税收管理现代化的创新发展。

关键词：区块链；互联网+税务；征管

一、引言

区块链技术可以被认为是一种潜在的突破性技术[①]。从根本上讲，区块链是分散运行的计算机节点的网络，这些节点共同运行并维护一个共享的、相同的数据库。因此，区块链是一种特定类型的分布式账本。区块链数据库由交易区块组成，记录在数据库中的每个新交易区块都以数学方式链接到上一组交易，所有网络参与者都通过所有交易者的共享历史来验证每个交易的真实性。记录的交易内容不限于金融交易，记录的每个条目可以代表任何类型的信息，从个人信息到位置数据或金融资产记录。从本质上讲，区块链技术提供了真正共享信息（而不仅仅是交换信息）的可能性。在短短十年间，区块链的概念不仅成为经济数字化领域的研究焦点，更深刻影响到市场经济体制下企业交易模式和组织架构的变革，甚至是各国政府公共服务职能的执行方式也在区块链的浪潮下不断推陈出新。根据世

作者简介：四川省国际税收研究会课题组，课题组组长：罗元义，课题组成员：王勇群、徐鸿、张洁、李骏、廖鹏，执笔：张洁、李骏、廖鹏。

① 突破性技术可以定义为一种为特定生态系统中现有的低效率提供根本解决方案的技术，它可以相对迅速地取代现有技术。

界经济论坛①预测，到 2027 年，全球 GDP 的 10%将存储在区块链中。为准确把握和及时应对全球信息经济发展方式的新格局，2016 年中国工信部发布的《中国区块链技术和应用发展白皮书》，制定了我国区块链技术的发展路线规划与应用场景蓝图。自此区块链技术的实体应用研究进入新阶段。此后，区块链技术被引入税收领域。2017 年 6 月，国家税务总局征管和科技发展司成立区块链研究团队，大力开展区块链技术在税收领域的实践应用研究。该团队发布的《区块链技术对税务管理与政策的影响分析》《区块链技术的发展及对税收征管带来的机遇与挑战》等研究报告，具有较强的实践指导意义。2018 年 5 月 24 日，国家税务总局深圳市税务局和腾讯公司共同成立“智税”创新实验室，攻克区块链电子发票的技术问题；8 月 10 日，由腾讯提供底层技术支持的全国首张区块链电子发票在深圳国贸餐厅开出，深圳市成为全国首个区块链电子发票试点城市。2019 年 11 月 8 日，中国国际税收研究会与维也纳经济大学全球税收政策研究中心在杭州联合举办“区块链技术应用于税收管理国际研讨会”。中国国际税收研究会顾问王力表示：“区块链技术是提升税收治理能力的新型技术手段，是助推实现税收治理现代化的良好契机和重要抓手。”本文将在前述研究和实践的基础上，进一步探索区块链技术在各项具体税收工作中的应用。

二、区块链的内涵及分类

（一）区块链的概念

区块链技术是分布式数据存储、点对点传输、共识机制、加密算法等计算机技术的新型应用模式。它是一种按照时间顺序将数据区块以顺序相连的方式组合成的，以密码学方式保证的不可篡改和不可伪造的链式数据结构，并利用自动化脚本代码组成的智能合约来编程和操作数据的一种全新的分布式基础架构与计算方式。

（二）区块链的主要特征

1. 去中心化

去中心化是区块链技术最本质的特征，区块链技术的产生意味着在没有中央处理节点的情况下实现了全网所有数据的分布式记录、存储并且能够保证数据记录的真实性。区块链技术通过“点对点”协议组成网络，不同于中心化网络模式，网络中各节点的计算机地位平等，每个节点有相同的网络权利，不存在中心化的服务器。在这种去中心化的网络环境中，全网所有在网节点没有实质的区别，所有节点享有相同的权利和义务。区块链网络中的在网节点必须遵守同样的密码学规则，共同维护全网系统中的数据记录，对数据的记录、存储过程必须得到区块

① 世界经济论坛（World Economic Forum）是以研究和探讨世界经济领域存在的问题、促进国际经济合作与交流为宗旨的非官方国际性机构，总部设在瑞士日内瓦。由于论坛首次在瑞士小镇达沃斯举办，所以也称其为“达沃斯论坛”。

链网络内其他节点的批准后才能执行。由于所有在网节点并没有第三方中介或者信任机构背书，所以在去中心化的区块链网络中，对单个节点的攻击无法控制或者对整个区块链网络产生影响。去中心化网络模式与中心化网络模式对比如图1所示。

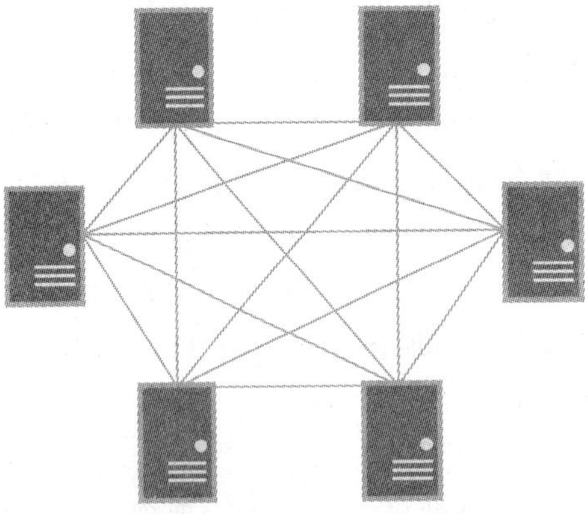

(a) P2P去中心化网络模式

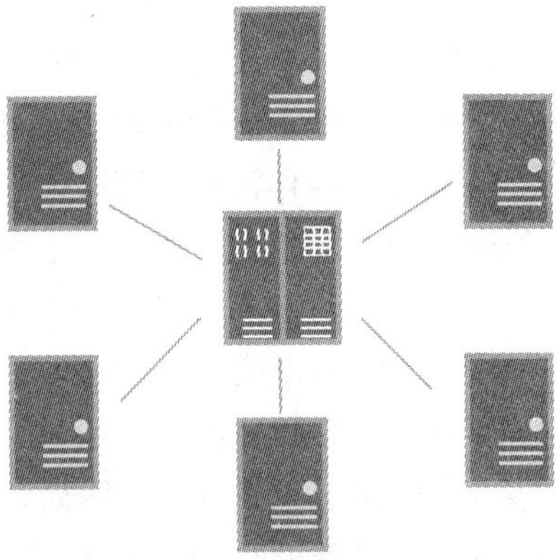

(b) 中心化网络模式

图1 P2P 去中心化网络模式与中心化网络模式对比

2. 数据及操作的透明性

区块链技术作为分布式账本技术，系统内所有的数据记录及操作对于所有在网节点都是“透明的”。在典型的区块链网络中，每一个节点都能够存储全网发生的历史交易记录的完整“一致账本”。区块链通过对非对称加密算法、散列加密等密码学技术的组合应用，保证区块链信息在全网的高度“透明性”，并且区块链网络运行的程序、规则、节点的接入方式都是公开的，这是区块链网络信任的基础。这些机制的运用，保证了区块链中记录的数据可以被全网所有节点审查、追溯。

3. 信息不可篡改性

区块链区块中的信息是不可篡改的，一旦数据信息被验证通过写入区块并加入区块链中，就无法被篡改。区块链的数据信息必须经过全网大部分节点的审核以后，才能允许被“记录”，除非能够控制系统中51%以上在网节点，否则对单节点的区块记录篡改是没有意义的，即对个别节点的账本数据的篡改、攻击不会影响全网总账的安全性，这种信息的不可篡改性保证了区块链数据的稳定性与可靠性。

4. 匿名性

区块链技术在复杂的网络环境中解决了在网节点间的信任问题，因而区块链网络中的交易节点可以在无须了解对方身份的情况下进行交易。区块链网络中的交易是基于加密地址，而不会对交易双方身份进行认证，交易双方仅需要公布自己的地址就可以与对方进行交易通信，这种匿名性的技术基础就是非对称加密算法。区块链网络的节点使用非对称加密技术构建节点间在匿名环境下的信任，所有节点维持自身的公私钥，对区块链网络节点间的通信信息进行加密和解密，节点公开发布自己的公钥、保留自己的私钥，进行信息传递的发送方使用信息接收方公布的公钥对将要传递的信息进行加密，信息接收方在接收到传递的加密信息后，使用自己的私钥对加密过的信息进行解密。通过这样的方式，节点间可以在不需要身份认证的情况下完成匿名环境下的信任交易。非对称加密算法的过程如图 2 所示。

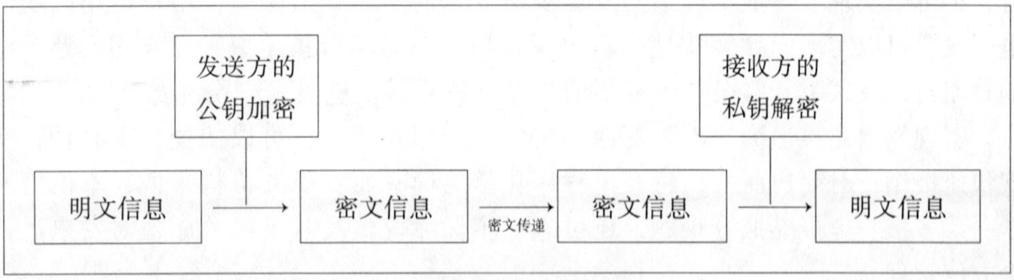

图 2　非对称加密算法的过程

（三）区块链的主要类型

区块链的类型可分为公有链、私有链。公有链是一个开放系统，任何人都能自由地成为区块链上的节点并平等享有获取链上全部信息。私有链又分为联盟链和纯私有链。私有链具有一定封闭性，通常需要依赖线下的实体组织，因此，节点需要经过组织认可、系统认证后才能加入区块链。联盟链中的节点并不完全平等，只有按照规则筛选过的部分节点才能够获得验证新区块及记账的权利，参与链上的共识机制。因此，相对于公有链，联盟链的控制权更容易设定，扩展性也较好。纯私有链网络通常围绕一个中心组织建立，该区块链上的共识、验证、记账等权利被严格控制，只有特定的内部主体才能够进行交易，其余节点通常只具备部分读取的权利。纯私有链具有容易部署、便于控制的特点。比较而言，公有链交易速度慢、节点加入门槛过低，纯私有链则过于封闭、节点不具备平等性，联盟链的适用范围更广，在保证交易速度的情况下能够实现网络的部分去中心化，保证数据的不可更改性。纯私有链、联盟链、公有链特征对比如表 1 所示。

表 1　私有链、联盟链、共有链特征对比

特征	公有链	联盟链	纯私有链
服务对象	任何人	特定的组织	单独的个人或实体
中心化程度	去中心化	多中心	中心化
激励机制	需要	可选	不需要
交易速度	3~20 笔/s	1 000~10 000 笔/s	1 000~100 000 笔/s
网络	P2P 网络	高速网络	高速网络
节点存储	个人计算机	特定的服务器	特定的服务器
进入壁垒	低	较高	非常高

三、区块链技术在国内外的应用实践

（一）深圳市运用区块链技术进行增值税发票的源头管控

2018 年 12 月 11 日，国家税务总局深圳市税务局与微信联合推出“微信支付区块链发票”功能，“区块链+发票”的创新生态正式落地。无论是商户还是消费者，都可以实现“零成本、零开发、零难度”的全新开票体验，用户使用区块链电子发票可以实现向顾客快速开具电子发票，不需经历核定票种、领用发票、电脑打印机以及人工开票操作等复杂的程序，依靠区块链技术“分布式”储存的特点，实现发票完整追溯、不可篡改等特性。对用户而言，可以快捷验证真伪，实现快速报销；对商户而言，将开票程序化繁为简；而对税务机构来说，不仅规避了一票多报、虚报虚抵等难题，还可进一步保障税款及时足额入库，对发票进行全方位管理。

深圳市税务局区块链电子发票借助区块链底层技术、结合移动支付及新型报销模式，不仅具备与增值税普通发票同样的效力，还显示出“资金流、发票流”合一的特性，实现“交易数据即发票”，让发票回归交易凭据的本质。区块链可以用算法取代人力审核，实现信任自动化。区块链提供了一种自动化信任的方法，通过使用永久保留的历史数据来认证交易中涉及的每个人，从而确保信息的可信度。基于区块链技术的分布式存储和智能合约，开具发票的效率将大大提高，从而推动交易支付领域的发展。区块链实际上切断了中间人，使得支付和交易的处理速度更快，因为整个过程都是完全数字化的，并且数据库是共享的，每个人都可以上链查询，不再需要手动扫描发票，也极大地加快了对账过程。区块链可以提供强有力的审计线索，区块链的所有节点将存储每一笔交易的每一个细节，发票的真伪、报销等信息都可以一目了然，这解决了发票流转过程中一票多报、虚报虚抵、真假难验等问题，构成了一个闭合数字发票生态链。

（二）美国运用区块链技术管理虚拟货币

早在 2014 年，美国 IRS 就出台了针对虚拟货币的税收管理的规定，并在官网上就纳税人提出的虚拟货币税收问题做出了回应和解答。美国 IRS 已成为第二家授权 Coinbase 公司生产加密货币追踪软件（Coinbase Analytics）的美国政府机构。2020 年 7 月 15 日，IRS 同意在未来两年内向加密货币交易所支付高达 237 405 美元的费用，以使用其最新的区块链分析程序。该分析程序可以计算纳税人的收入、资本收益、离岸披露和许多其他可报告的交易，而无须联系最终用户。同样重要的是，通过将区块链分类到特定的时间段，IRS 可以准确地确定所有可报告的交易，然后将这些信息与个税申报和披露进行比较，从而识别未申报和不准确的申报。

（三）英国运用区块链技术加强加密资产交易管理

2020 年 1 月 17 日，英国皇家税务与海关总署（HMRC）发布了一个供私人承包商设计加密货币区块链分析工具的工作机会。根据清单，该合同为期一年，

HMRC 将向承包商支付 10 万英镑（合 130 000 美元），以购买可以“识别和集群加密资产交易”的软件。该软件提供一种工具，支持情报收集方法，以识别加密资产交易并将其归类为关联交易，并识别与加密资产服务提供商相关的交易。该工具还必须通过聚类分析对区块链活动进行去匿名化，并确定集群中的可信度等级。该工具需要提供“集群/地址归属于已知商业实体（交易所）或已知服务提供商（混合服务、赌博服务、黑市等）”。平台必须基于网络，并提供区块链分析的可视化，以便识别使用密码的嫌疑人①。该软件将由 HMRC 的欺诈调查处（FIS）的数字支持和创新（DSI）网络犯罪专家组使用，而该部门负责与欺诈访问 HMRC 在线服务有关的刑事调查。

（四）俄罗斯运用区块链技术进行企业征信管理

2020 年 4 月 24 日，俄罗斯联邦税务局（FTS）启动了一个区块链平台，用于向中小企业（MSP）发行无息贷款。它旨在根据企业家的要求处理业务文件，以支付零利率的工资贷款。在一个系统中，连接了 4 286 个组织。FTS 的相应任务由国家元首在 2020 年 4 月 8 日给出。税务专家需要提供解决方案，以排除重复发行信贷的可能性，提供对借款人是否符合合格要求的快速检查，以及提供有关程序数据有效性的客观信息②。俄罗斯联邦储蓄银行（Sberbank）率先加入 FTS 面向小企业的区块链平台，区块链平台的推出旨在帮助当前环境下的小企业。迄今为止，俄罗斯联邦储蓄银行在分类账中增加了 3 000 多笔交易。2020 年 4 月 23 日，莫斯科-俄罗斯联邦储蓄银行是第一家加入俄罗斯联邦税务局的小型企业区块链平台，旨在尽快处理企业家的零息工资贷款申请。它处理多个任务，包括统一监控企业筹集的优惠贷款，消除一个客户同时在多家银行贷款的可能性，以及根据俄罗斯联邦税务局的名单核实申报的公司雇员人数③。

四、区块链技术应用于税收管理的设想

（一）利用区块链技术创新数字化发票管理

从税收征管角度看，基于区块链技术去中心化的特点，可以实现对所有电子发票数据的透明、防篡改的分布式存储；基于分布式账本技术可以直接实现跨地区、跨主体的电子交易信息记录，通过智能合约机制自动判定纳税义务发生时间，进而自动生成电子发票及验证交易双方身份。通过对数据链条的整合和处理，开出具有准确性高、不可篡改、可验证性强的电子发票。基于区块链技术来管理发票数据，这将会使得这些发票数据可以快速地在所有节点中被记录，所有安装了客户端的企业都可以及时地查询到这些发票数据。同时，由于区块链技术拥有透

① BitcoinNews https://news.bitcoin.com/uk-tax-agency-to-pay-100k-for-blockchain-surveillance-software/.

② http://tadviser.com/index.php/Product:FTS_Blockchain_platform.

③ SBERBANK https://www.sberbank.ru/en/press_center/all/article? newsID=136bb1f0-24d8-4bda-a738-56c41d2afd94&blockID=1539&regionID=77&lang=en&type=NEWS.

明、去信任化的特点，使得只要是能在区块链中查询到的发票数据，都是真实的发票，一并解决了假票难查、慢查的问题。

从信息流向来看，区块链电子发票是“互联网+税务”的深度融合产物，区别于传统电子发票与简单的电子发票上链，区块链电子发票平台将“资金流、发票流”二流合一，将发票开具与线上支付相结合，打通了发票申领、开票、报销、报税全流程。区块链电子发票没有印制环节，在有效的技术支撑和完善的服务保障下，帮助大型商超在高频次、大需求的开票需求下实现节支增效。区块链技术具有数据信息不可篡改、全流程完整追溯等特性，与发票逻辑及需求高度吻合，并有效规避假发票造成的损失，使发票监管流程更为完善。借助区块链电子发票，企业可实时完成发票申领和报税，并将每一位发票干系人连接起来，通过追溯发票的来源、真伪和报销等信息，从而降低税务管理的经营成本和潜在风险。

从降低发票管理风险来看，首先，税务局可以建立以纳税人为节点的云发票信息体系。发票是记录纳税人发生涉税交易信息的重要载体，也是税务机关纳税征管和稽查的重要依据。当前，税务机关对企业发票的稽查属于“票后溯查”，即在纳税人开票后对发票进行审查，并且开票源点是纳税人，仍然难以避免一些违法事件提前发生。对此，税务机关可以运用区块链技术对不同地区、不同级别的税务机关设立发票开具的节点源头。相关企业在发票开具时，需经过税务机关的审核，让税务机关成为发票开具的源点，做到发票“票前审查”，让纳税人根据其交易内容和地点，在纳税申报地主管税务机关为节点开具发票，并结合电子或者机打发票和云账本技术，将相关发票直接计入云账本，有效地降低了开票环节的纳税风险。其次，税务局可以联合企业建立云账本信息平台，运用区块链技术，将企业账本推向云端网络化，将每一个涉税企业的账本作为区块链中的一个节点。由于区块链中信息具有高度真实性和不可篡改性，有效保证了企业做账的真实可靠，降低了纳税风险，提高了征收效率。

（二）利用区块链技术优化全链条税收征管

1. 区块链可以从根本上消除虚假账务

纳税人基于自己的个人私利，为了达到少缴或不缴税款的目的，通过对会计或财务事项的处理和安排，规避纳税义务。区块链的去中心化和分布式账本技术，实现了处在不同地理位置的多个节点共同完成交易记录，而且每一个节点都保存有真实、完整的交易记录。区块链技术避免了单一记账人被控制或者被贿赂而记假账的可能性，从根本上消除了征管过程中纳税人提供虚假账务记录的可能性。

2. 利用区块链对纳税人交易数据进行全方位立体监测

区块链电子底账系统作为连接征纳双方信息化系统的应用中间件，其上游同纳税人和涉税企业的财务软件及企业信息化系统对接，根据发票信息确认背后的交易记录、企业的采购、销售等方面的各种数据，下游同现有的金税三期系统结合，可为税务机关提供纳税人直接有效的交易活动记录及更透明、深层次涉税信息。可尝试区块链采用联盟链模式对纳税人业务流、数据流、信息流全方位立体监测，形成真正的“三流一致”的纳税监管体系。税务部门可以通过区块链技术轻松获取纳税人交易成本、收入明细、企业资产和负债等完整的财务信息，通过专业的计算机程序计算出应纳税额，并在申报完成之后，立刻自动从公司银行账户扣去相应税款，能极大提高税收征管效能。

3. 利用区块链技术提升税法遵从度和纳税人满意度

从纳税人的角度来看，区块链技术确保了税款缴纳事前、事中、事后的全部过程都高度信任化。因此，纳税人可以不必再向税务顾问支付咨询费用或向税务代理等中介机构支付中介费用，不仅降低了货币成本，而且节约了大量时间成本。区块链技术的推广使用可以基本消除纳税人曾经需要付出大量计算机、复印机、电话、传真、信笺、邮票等通信设备和办公用品的成本以及往返税务机关所花费的交通费用等非劳务成本。不仅如此，区块链技术还可以实现交易记录全网备份和实时记录，具有不可篡改性和高度可靠性。因此，交易过程可与纳税过程实时进行，税款的结算、清算效率将极大提高，有利于提升税法遵从度和纳税人满意度。

4. 利用区块链技术加强税收日常征管

区块链的核心实际上是一种协同网络，打破传统经济业务环节双方参与的局面，引入多方参与者，其实际上是一种每个参与者权利趋于平等的“多中心”模式或者“分布式”的信任网络。在同一区块链网络上，整个经济活动的所有参与者的活动都被记录，并通过加密和验证保持信息准确和安全，减少了经济活动某个环节参与者舞弊的风险，确保整个活动的可信度。税务机关可以依托税务区块链更好地促进信息共享，实现各类经多方验证后的涉税信息向税务机关汇集，打破当前税务第三方信息来源不畅、质量不高的困境。基于区块链技术获取的信息对纳税人画像，由于信息全面、准确，纳税人画像将更加准确，便于税务机关及时掌握纳税人各类有效的经济活动信息，从而做出针对性强且积极有效的征管举措。

（三）利用区块链技术优化自然人税收管理

1. 在区块链技术支撑下完善个税征管模式

在个税改革前，个税监管工作重心为个人所得税的计算、征收和检查。其中纳税额的计算、征收以单位代扣代缴为主要方式，检查则靠重点抽查，即以结果为导向的监管方式。在个税改革后，结果监管的外部条件已经改变，个税征管部门首先需要更加注重与企业所得税和增值税管理部门的协同和联动，形成具有时间标签的纳税个人和纳税企业的信息流，而上线的金三系统基本满足这一需求；其次需要注重与市场中信息节点单位（例如银行、证券交易所等金融投资节点，微信支付、支付宝等消费信息节点）的信息共享，将税务信息和市场上存储的纳税人和纳税企业的投资、消费信息封装为时间序列的区块链数据；最后需要注重区域之间的信息共享，避免争夺税源造成的资源虚耗，追求信息公开以完善内部监督和激励。

综上所述，为了适应新的个税征管办法，个税执行层面的改革需要将个税科独立执行的围绕居民收入结果的个税征管方式，转化为协同内外部力量关注居民收入获取过程的个税征管方式。而区块链技术在这一过程中的作用，体现在税务部门的内外部信息协同优势上（见图3）。

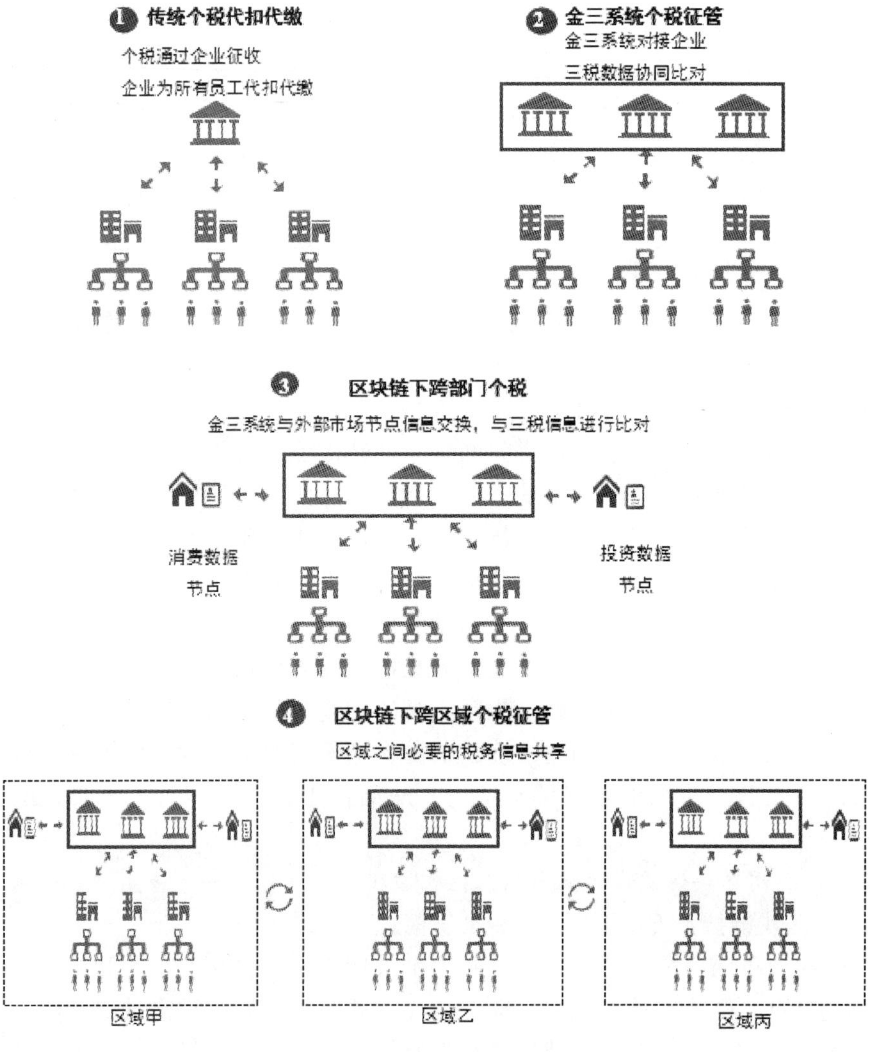

图3 区块链技术支撑下的个税征管蓝图

2. 通过区块联盟链构筑跨行业数据共享体系

在信息化背景下，交易对价的支付常常通过金融中介以电子货币的形式流转。特别地，以银行为代表的金融机构在数字经济时代下对市场交易的达成具有重要的记录功能。这对个税征管而言，税务机关除了能从税务登记、发票管理等传统征管凭据中得到数据信息外，还能通过对接银行等金融机构来获取纳税人交易的相关涉税信息。然而，个人交易信息采集的传统模式存在成本高、效率低问题。

例如，不同金融机构信息化水平存在差异，交易信息零星分散，碎片化程度不一，交易数据的获取有些甚至需要人为二次加工；有些金融企业则对交易数据保护力度过强，没有提供数据的积极性。

区块链具备可追溯、可共享的特征，使得区块链可以成为撬动市场力量进入个税监管体系的杠杆。一方面，区块链信息具有时间戳，因此能够形成数据流，同时加密共享技术又使得这些数据流能够在保证企业和个人隐私的情况下高效共享。因此，居民个人的资产、收入、消费、投资等行为的数据能够与个人纳税数据交叉验证。例如居民收入水平及波动情况、消费能力及习惯、投资资金来源及去向等，都能够和居民的纳税数据流进行比对。这样不仅可以轻易甄别出大额不明来源的资产，也会对偷漏税行为最终转化为行为人的个人福利形成限制。另一方面，纳税人完税情况相关信息能够被市场了解，从而使市场对纳税人的规则遵从意识、收入水平、收入稳定性有更完整、真实的画像，从而对依法纳税人形成市场激励，而对税务违法行为产生持续性的市场惩罚。例如税务违法人员的数据被共享给银行，银行因此对其信用、收入水平等有了判断，在审批贷款、发放信用卡时给出风险惩罚，进而影响违法人购置大宗消费品、进行大额投资，此外还可以限制违法人享受社会公共服务。

在税银信息搜集、共享的合作中，将税务机关存储的居民纳税信用、收入申报等数据，用于银行审核居民消费贷、信用卡额度等业务的信用背书和数据支持，同时将银行的居民消费数据、收入数据等向税务机关反哺。由于区块链的信息共享过程能够保障信息的私密性，那么银行之间就无须顾虑自身商业机密或客户数据被同业获悉，从而能够使一对一的税银合作关系继续向更多银行、金融机构扩展，形成多对多的连接网络。基于这一区块链信息共享网络，银行等金融机构一方面可以分散信贷风险，另一方面可以检索多头借贷等违规行为。一旦银行可以从这一系统中持续获利，体系就可以自运行，政府除了作为初始发起者之外，不再需要在其中担任协调员或联络员角色，却可以收获银行数据的持续反哺。因此，区块链技术能够使税银合作常态化、平台化、制度化，同时不需要依赖政府政策引导或财政支持，形成政府部门、金融机构、纳税人的三方共赢。而除了银行，在消费领域、投资领域，税务部门都可以牵头组件或参与行业或跨行业的区块链数据共享体系，从而丰富数据获取源，将个税征管工作向居民收入获取过程推进。

3. 通过区块联盟链构筑区域间的信息互通

在个税改革中附加专项扣除条款，使得区域间的税务数据交换面临很大的考验。结合区块链私密性和不可篡改等特征，建议建立以省税务局为节点的联盟链，以密码压缩满足信息安全性和保密性要求，以分布式记账保障省际范围的税务信息传输，从而打破目前行政区划的地域限制，消除各省业务数据互通的壁垒，满足安全需求和跨地区提供个人税务服务的需求。目前，已有的金三网络在物理层面已经完成了互联互通，在基本征管软件已经统一的情况下，可以由税务总局作为权责划分规范的制定者和监管者牵头建立个人税务信息的区块链，结合实际办事需求和安全性需求，确立区块链信息压缩、封装过程中需预留的“共享信息”目录，并授权各省局税务数据中心作为这一联盟链的节点，税务总局和各节点共同储存个人税务信息，借此实现个税业务全国通办。由于区块链的不可篡改性，在信息安全有所保障的情况下，个税业务要最终实现全国通办。

（四）利用区块链技术加强税务风险防控

传统的税务风险防控方法是通过对纳税人的会计报表、会计账簿、会计凭证等有关资料进行系统审查，提出相关的应对策略。随着信息化的发展，纳税人逐步实现了计算机记账，大量的涉税档案以计算机数据文件的方式存在，税务风控方法需要跟上信息化的发展趋势。具体来讲，在税收风险管理中应用区块链技术，可构建区块链税收风险管理系统，利用智能合约机制实现准确客观的风险等级排序，利用区块链可追溯性提升风险管理结果应用的深度和广度，利用区块链透明性发挥公示效果提升纳税人自愿遵从积极性。一是设定主要规则。首先使用风险性质指标检查是否属于逃避缴纳税款、逃避追缴欠税、骗税、抗税、虚开发票等性质恶劣的税收违法行为，是则直接判定为高风险。然后对不属于性质恶劣的风险，根据风险分析识别体系中各指标与税收遵从度的关联程度，对指标赋予不同的权重，以权重高低反映风险评分时各指标作用的大小。在定量设定指标风险分值的基础上，以识别出的风险纳税人为评分对象，对其所有风险指标得分值乘以权重后进行加总，得出该纳税人的风险得分，根据风险得分进行等级排序。二是通过典型调查细化规则。典型调查是指由风险分析部门按照一定比例从风险纳税人中随机选取部分纳税人作为样本，采取案头审核、实地核查、约谈、要求纳税人提供资料等手段，对纳税人就识别出的风险进行深入调查，实现风险性质、紧急程度的准确判定，税款流失发生概率、税款流失规模的定量掌握。根据典型调查结果，准确设定风险分析识别体系中各指标的权重和分值，细化风险评分规则，同时，结合税务机关征管资源状况，合理设定高、中、低风险对应的风险分值区间，形成准确、精细的等级排序规则。三是利用智能合约部署规则，实现准确客观的等级排序。将以典型调查为基础、准确精细的等级排序规则在区块链税收风险管理系统中通过智能合约进行部署，利用智能合约的自动触发和自主执行机制，系统依据规则自动判定高风险纳税人、自动计算一般风险纳税人的风险得分并判定风险等级，实现自动、准确、客观的税收风险等级排序。

（五）区块链技术助推“互联网+税务”服务的实现

通过基于区块链的不可篡改、非对称加密、可追溯等特性，使得纳税人通过区块链传输至税务机关的业务需求的数据信息具有高度的安全性和可靠性，有利于税务机关通过线上数据分析，准确掌握纳税人涉税服务需求，对纳税人需求变化做出准确预测，从而有利于纳税服务部门从纳税人的实际需求出发，实施个性化、定制化的纳税服务，定向扩展服务内容、扩大服务范围、优化办税流程、提高服务质量。同时，区块链技术可以实现报税服务的无缝整合，企业在进行经营活动的过程中，就可以实时记录经营数据和财务数据，通过系统预置的税额计算公式，税务部门就可以实时采集、处理企业在进销存过程中形成的收入与成本等方面的经营数据，系统可以自动产生业务单据及报表信息，作为月底报税的重要依据。所有税额核算数据可以通过涉税凭证自动生成与总账对应的凭证，进而实现月底增值税转账和损益结转的自动化，减轻企业报税负担。通过对各区域不同时段纳税人办税服务类型数量进行大数据分析，有针对性地推出预约服务、定制服务等服务举措，切实提高纳税服务水平。

（六）区块链技术在个人和企业征信方面的应用

区块链技术通过多个监管方共同维护、数据不可篡改的身份链体系，实现个人身份信息互联互通，所有的证书会被附加到一个分布式账本上，并存储在所有的节点上，任何用户或服务都可以检查他们将要使用的证书就是账本里存放的证书。在采用上述技术方案的区块链技术平台中，通过公私钥进行身份认证与数字签名将变得更加安全、可信任。

随着我国金融体系在区块链技术层面的探索和建立，将来对每位自然人或公司进行的每一笔货币转账、股票债券交易、资产交易、数字支付、教育健康支出等建立可追踪的公共账本，将为个人所得税的综合和分类管理提供可行性。同样的，对于重点监控的企业法人（包括股东和高管）的管理也将跨入新台阶。由此经济活动的征信问题，自然而然迎刃而解。具体到纳税人征信管理，当前纳税信用登记评定主要依靠计算模型对纳税人涉税信息进行计算得出，该方法不仅在信息获取上存在一定缺陷，即无法获取足够的非税收信息，还因为信息获取存在一定的滞后性，导致信用登记评定可能出现偏差。利用区块链技术可以实现信用评级过程的自动化，保障系统对相关活动进行记录，有效提高信用评价的水平。通过区块链技术建立联盟链和私有链，利用公示机制和密钥技术，实现税务管理机构和纳税人之间纳税信用的互联互通；纳税人可实时通过区块链节点查看信用评价，防范纳税风险；税务管理部门也可以通过联盟区块链将各个部门联系在一起，实现部门间信息的互联互通，及时采取相关激励与惩戒措施，实时反馈处理结果，有效发挥税务信用体系的监管作用，有效解决部门间信息不对称和处理结果反馈不畅通的问题。

（七）区块链技术为建立现代化税收管理体系提供基础支撑

目前的税务数据库系统为金三系统。金三税收数据由省一级集中，然后上报到税务总局，各省相对独立，数据实时性无法保证。税务总局建设有 2 个数据中心，一个位于北京，一个位于广东，互为异地灾备。利用区块链技术，可以平衡东西部地区计算机存储设备资源不均衡及数据异地备份问题，西部地区整体欠发达，数据中心投入相对东部地区较少，通过区块链实现西部地区数据在存储资源充裕的东部地区备份，东部地区数据异地备份，税务总局也不需要单独建设数据中心。区块链在极大地提高数据安全性的同时，也将各省富余资源充分利用。在此基础上，全国税收业务通办的目标也有了实现的可能。

区块链记录存储可以支持多种介质的存储，存储介质可以是数据库、文件系统，也可以是云存储介质，如云 DB、云 KV 等（见图 4）。记录存储采用区块链的结构，任何对历史数据的篡改都能被自校验发现，并进行预警和自动修正。

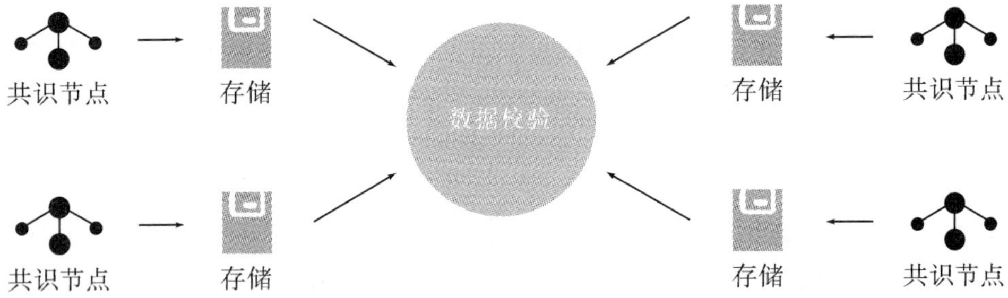

图 4　区块链多节点存储

解决了数据存储问题后，区块链技术在信息读取、验证上的优势将得到彻底释放。未来的征管工作将会越来越依赖不同税务信息的交叉比对，以及不同时期税务信息的追踪验证，税务征管、税务稽查不再是分门别类或是一时、一地的工作，体现出综合性和可追溯性的特征。整合后的数据系统为建立现代化税收信息体系提供了基础支持。

参考文献：

程平，王文怡，2020. 基于区块链技术的税收征管电子发票防伪追溯研究［J］. 会计之友（4）

张国钧，李伟，谢波峰，等. 2019. 基于区块链的“互联网+税务”创新探索：以深圳市税务局的实践为例［J］. 税务研究（1）：68-73.

李荣辉，2019. 区块链电子发票的实践之路［J］. 中国税务（6）：60-61.

程辉，2019. 区块链技术驱动下的税收征管与创新［J］. 湖南税务高等专科学校学报，032（006）：42-46.

周文韬，2019. 基于区块链技术加强我国增值税税源管控研究［D］. 合肥：安徽大学.

张巍，郭墨，2019. 区块链技术服务税收征管现代化的契合性研究［J］. 税务研究（5）：80-86.

张文锋，雷珉，2018. 区块链技术在税收管理中的应用［J］. 湖南税务高等专科学校学报（5）：36-38，45.

董志学，张义军，宋涛，2018. 基于区块链技术的税务管控路径研究［J］. 税务研究（4）：108-112.

李万甫，刘和祥，邓学飞，2018. 应用区块链技术推动我国纳税缴费信用管理研究［J］. 税务研究，407（12）：78-82.

徐夫田，汤荣志，董旸，2018. 基于区块链技术的税收信息化研究［J］. 税收经济研究，23（5）：45-48.

杰弗里·欧文斯，何振华，王思凡，等. 2017. 区块链技术的前瞻及在税收领域的应用前景分析［J］. 国际税收（9）：38-42.

谭荣华，2017. 关于税务大数据深化应用的几点建议［J］. 国际税收（4）：6-10.

蔡维德，郁莲，王荣，2017. 基于区块链的应用系统开发方法研究［J］. 软件学报，28（6）：1474-1487.

MELANIE SWAN，2017. Anticipating the Economic Benefits of Blockchain［J］. Technology Innovation Management Review，10（7）：6-11.

治理现代化视域下税务执法证据研究

柳华平 文献 谭振平 侯东哲

内容提要：本文尝试在税务执法证据的法律释义的基础上，针对税务执法中证据实践问题的溯源分析，建立从证据的效力探讨、证明责任分配到证明力适用标准的税务执法证据规则，以解决日益复杂化的税收争议等新阶段性问题。

关键词：税务执法证据；税务执法证据资格；税务执法证据责任分配；税务执法证据标准

一、税务执法证据概述

（一）税务执法证据的概念

何为证据？学术界对此仍有争议，理论观点主要有事实说、材料说、根据说。司法立法层面尝试对其进行定义。如《中华人民共和国刑事诉讼法》第五十条规定了“证据”的含义：“可以用于证明案件事实的材料，证据必须经过查证属实，才能作为定案的根据。”《中华人民共和国行政诉讼法》《中华人民共和国民事诉讼法》亦有类似表述。以上定义更多接受了“材料说”的内涵，即证明案件事实的材料。这里又牵出“案件事实”的内涵问题。定义所述“事实”应指“法律事实”，主要包括实体性事实、程序性事实，前者如是否发生了违法行为等事实，后者如是否按照法定程序履行了告知义务等事实。

对于行政执法证据（含税务执法证据），目前尚未有明确描述。如《中华人民共和国行政复议法》《中华人民共和国行政许可法》《中华人民共和国行政处罚法》虽提及证据字眼，但未对证据做相关释义。《中华人民共和国税收征收管理法》及《中华人民共和国税收征收管理法实施细则》均未提及证据，多个税收规范性文件提及时也多是具体描述性语句，如《国家税务总局关于发布〈企业所得税税前扣除凭证管理办法〉的公告》对认定为证据的“税前扣除凭证”进行了罗列注释。

作者简介：柳华平，国家税务总局成都市税务局党委委员、党委纪检组组长；文献，国家税务总局成都市青羊区税务局党委书记、局长；谭振平，国家税务总局成都市青羊区税务局党委委员、副局长；侯东哲，国家税务总局成都市青羊区税务局货物和劳务税科副科长。

鉴于行政执法证据与司法证据的同质关系，可基于研究需要将税务执法证据理解为在税务执法活动中，一切对查明案件事实有关联的客观事实材料。同时，我们将通过分析以上二者间的联系与区别来深入认识税务执法证据的特征。

（二）税务执法证据与司法证据间的联系和区别

1. 税务执法证据与司法证据的联系

税务执法证据与司法证据都是法律意义上的证据，具有同样的法律特征，比如关联性、合法性、客观性等一般证据的特征。

（1）证据类型相同

税务范畴尚未对税务执法证据类型做出明确规定，鉴于税务执法是特殊的行政行为，且有“准司法权”，税务机关在其法定职权内，根据依据收集的事实证据，可做出征收、处罚等，一旦启动行政诉讼或刑事诉讼，此时的税务执法证据，就将用来证明税务执法行为的合法性，有机会拥有司法证据资格。据此可推，两者除因职权范围不同而略有差异，在类型上应是基本一致的。

（2）事实认定具有内在同一性

行政程序在诉讼程序之前，且两者间有承接关系，因此在行政诉讼程序中，如行政处罚程序，行政机关通过收集和运用证据，进行事实认定。进入诉讼程序后，实质上是司法机关对案件事实的“二次认定”，执法证据就是内在的诉讼证据，故两者在事实认定上具有同一性。

2. 税务执法证据与司法证据的区别

（1）取证主体

税务机关负责对行政执法证据进行调查、收集、审查，这时的取证权是行政权的一部分。诉讼程序中的取证是在法院的主持下对证据进行调查、收集、审查，这时的取证权是法院审判权的一部分。

（2）证据范围和运用方式

在司法过程中，税务执法证据是否具备证明执法行为合法性的充分条件需由法院审查后才能作为司法证据的一部分，再加上税务职权权力有限，从证据范围来说，司法证据大于税务执法证据。

同时，税务机关在行政程序中收集的执法证据可以由法院在行政诉讼中加以运用，但法院在诉讼程序中收集的司法证据不能直接运用于税务行政行为。

（3）证据效率性

效率原则是行政法的一项基本原则，而税务机关面临数量庞大且涉税事项繁多的专业性事务，更注重效率，如果将司法证明程序直接复制，那么税务机关将无法在规定时限内有效处理行政事务。同时，税务机关做出的具体行政行为要受司法审查的约束，并不会为了突显效率而有违公正。

（4）证明对象

税务执法行为的证明对象是税务相对人的行为是否符合税法调整范围，而行政诉讼中的证明对象是行政机关做出的具体行政行为。税务执法行为的目的是进行社会管理，而行政诉讼的目的在于纠正错误或不当的具体行政行为。

（三）国际实践经验简述

在理论研究方面，主流理论有边沁的“自由心证”证据理论和威格摩尔的“法定主义”理论。自由心证主张法律对证据的证明力不做预先规定，把自由判断的权力交给行政机关，行政机关则依据自己的良心和理性做判断，极具理想主义；而法定主义主张规范完全法定化，但实践证明完全法定主义的机械做法显然是理想主义的，也是不合适的。

在证据规则实践方面，美国、德国等不同法律派系对以上学派观点进行了折中考量，均确立证据规则在税务执法中的重要地位，以维护征纳双方公平正义，保证行政高效，在证明责任分配、证明标准制定的原则上是类似的，如证明责任以纳税人举证为原则，税务机关举证为例外；而证明标准以优势证据为主。

二、税务执法证据运用的现状检讨

近年来，税收法律制度体系不断健全，税务执法行为逐步规范，如国家税务总局制发《国家税务总局关于印发〈省及省以下税务机关权力和责任清单范本〉的通知》，共计9类97项173子项，重点约束和规范权力行使。又如《全国税收征管规范》统一业务标准，固化办税流程，重点规范执法程序，而《全国税务机关纳税服务规范》努力构建“自主遵从、优质便捷”的纳税服务体系。各项程序类规范的效果是毋庸置疑的，最大限度地在过程控制中减少执法随意性，最大限度地规范税务人，最大限度地便利纳税人。

不容忽视的是，行政复议、行政诉讼案件连年来不断增长，涉案类型更加多元，案由更加复杂，相对人维权意识更加坚决，复议、应诉工作面临的挑战与日俱增。而此类案件的核心是事实认定，争论焦点多是证据问题。

如果将税务事实认定看成一个整体，执法程序是“骨架”，执法证据就是“血肉”，两者缺一不可。税务机关因遗漏要件事实，或在把握证明标准方面出现问题，导致要件事实未能充分证明的败诉案例增多，充分暴露了现有税务执法链条的证据能力问题。

（一）税务执法证据规范的缺失

充分的证据能够降低行政风险、败诉风险，也能够使行政相对人对其行为估算违法可能性与可预期利益。而现行法律法规多集中在程序类的规范，而缺乏对证据的证明领域的一般性关注。从表1中我们不难看出，我国目前的行政证据制度或直接复制司法证据规则且不区分行政行为类型，如行政复议中证据标准直接复制行政诉讼中的“证据确凿”，或直接缺失，对于证据类型、证明责任等重要证据制度几乎没有提及，甚至对证据取证等日常行政活动也未进行规范，而税务实体法目前仍处于注释性进路，缺乏逻辑完整性，这种制度状况难以满足复杂的税务执法要求。

表 1

法律法规	规定内容	问题说明	对应具体税务事项(举例)
行政处罚法	第三十六条　除本法第三十三条规定的可以当场作出的行政处罚外，行政机关发现公民、法人或者其他组织有依法应当给予行政处罚的行为的，必须全面、客观、公正地调查，收集有关证据；必要时，依照法律、法规的规定，可以进行检查。	证据要求：全面、客观、公正地调查，对此未做释义明晰； 依职权行使收集证据仅做程序性规定；未列举收集证据可采取的方法。	对纳税人不进行纳税申报，不缴或者少缴应纳税款的处罚
	第三十七条　行政机关在调查或者进行检查时，执法人员不得少于两人，并应当向当事人或者有关人员出示证件。当事人或者有关人员应当如实回答询问，并协助调查或者检查，不提阻挠。询问或者检查应当制作笔录。 行政机关在收集证据时，可以采取抽样取证的方法；在证据可能灭失或者以后难以取得的情况下，经行政机关负责人批准，可以先行登记保存，并应当在七日内及时作出处理决定，在此期间，当事人或者有关人员不得销毁或者转移证据。		对违反发票管理法规，导致其他单位或者个人未缴、少缴或者骗取税款的处罚
行政复议法	第二十八条　行政复议机关负责法制工作的机构应当对被申请人作出的具体行政行为进行审查，提出意见，经行政复议机关的负责人同意或者集体讨论通过后，按照下列规定作出行政复议决定： （一）具体行政行为认定事实清楚，证据确凿，适用依据正确，程序合法，内容适当的，决定维持； （二）被申请人不履行法定职责的，决定其在一定期限内履行； （三）具体行政行为有下列情形之一的，决定撤销、变更或者确认该具体行政行为违法；决定撤销或者确认该具体行政行为违法的，可以责令被申请人在一定期限内重新作出具体行政行为： 1. 主要事实不清、证据不足的； 2. 适用依据错误的； 3. 违反法定程序的； ……	证据要求：认定事实清楚，证据确凿。对此也未做释义明晰。 《行政诉讼法》第六十九条规定："行政行为证据确凿，适用法律、法规正确，符合法定职责或者给付义务理由不成立的，人民法院判决驳回原告的诉讼请求。" 此处的证据确凿内涵是否与《行政诉讼法》证据确凿一致?	税务行政处罚
行政许可法	第三十一条　申请人申请行政许可，应当如实向行政机关提交有前材料和反映真实情况，并对其申请材料实质内容的真实性负责。行政机关不得要求申请人提交与其申请的行政许可事项无关的技术资料和其他材料。	证据要求：1. 行政相对人提交有关材料，即依申请行使行政权力；2. 行政相对人对实质内容的真实性负责	对纳税人延期缴纳税款的核准 对纳税人变更纳税定额的核准

（二）税务执法证据收集难

1. 证据范围不够广

现有的证据类型较广泛，税务执法事实认定上主要还是集中在书证上，对其他类型证据运用较少，如视听资料、电子数据、鉴定意见。除受职权取证限制外，税务执法证据也越来越强调技术性和专业性，对取证扩围提出了新要求，税务事实认定的证明能力需加强。

2. 取证能力不够强

一是部分执法人员并未完全行使所掌握调查方法，导致证据种类单一，证据之间无法形成完整链条；二是证据收集能力有限，尤其是基层税务机关的赋权不足，如对跨省集团下属分支机构无法直接调取会计账簿，导致无法准确核查所辖企业情况；三是外部证据材料难取得，涉企信息多是跨行业、跨部门的，信息交互的完整性与及时性依旧是待解决的重要问题之一。

3. 证据固定不够细

证据固定问题容易被忽视，执法人员更重视调查取证阶段，大多采用复印等单一方式进行证据取证，同时对证据转移或灭失等情形缺乏应急反应能力，证据保全措施和强制措施无法发挥其有效作用。另外，证据固定问题凸显，表现在证据收集后却疏于整理归集，重要关联性证据的遗漏风险增加，甚至时常发生归档后丢失等情况，证据材料的科学管理亟待解决。

（三）税务执法证据运用的问题

税务执法证据规范的缺失对实践执法活动的影响是深远的，不仅减弱了现实指导意义，更加大了基层执法的难度，直接导致了执法行为的混乱局面。具体表现在以下几个方面：

1. 税务执法证据的位置错乱

（1）税务执法证据的“缺位”

这主要表现在税务执法证据判定的主观随意性甚至不作为。在征纳双方对违法事实认定不一致时，如“是否存在少计收入”，在无法获取更多可靠收入信息时，执法人员凭主观臆断确定经营额，或直接依据当事人的陈述进行认定；或者在相对人不提供相关事实证据的情况下，仅以企业承诺形式如“情况说明”做出不处罚行为。

税务机关疑而不查或举而不能，此类案例不在少数，均可能面临证据不足的后续执法核查。同时自证类证据充斥于各种执法程序中，甚至多为“孤证”，充当执法的“保险”，这暴露了现行执法证据运用的类型单一、证据单薄。另外，程序瑕疵败诉的结果导向引起普遍的执法恐慌，执法人员更倾向于完善执法流程，而忽略了本就薄弱的证据方面。

（2）税务执法证据的“越位”

这主要表现在税务执法证据过度甚至超出自身执法权力。税务机关在认定事实取证时，很多执法人员持“证据越多越好，可以以量定性”的观点，入了认识论上的误区。同时，税务机关在执法取证时，时常遭遇税务相对人违反其他非税务行政规定的情形。如某建筑企业无对应建筑资质却在从事建筑承包业务违反了《建筑法》的规定，执法人员据此认定该企业发票内容开具不合法。这暴露了执法人员证据意识不足、证据分辨能力较差。

（3）税务执法证据的“错位”

这主要表现在税务执法证据的适用错误，甚至是恶意适用选择。税务执法证据的适用错误凸显事实认定中证据判断的随意裁量问题，如仅依照合同签订“服务”字眼，将加工类的生产性劳务认定为普通服务，适用税率即从13%降为6%。恶意适用选择主要是指税务相对人恶意不提供涉税资料以获取更有利的税收利益，如在土地增值税清算中，相对人故意不提供或仅提供部分成本资料，导致税务机关无法准确计税，只有依法予以核定，达成了企业有意减税的意图，有损税法公平、公正原则的。

2. 税务执法证据的证明责任分配模糊

证明责任在诉讼领域已得到广泛而深入的研究，但在行政程序中的地位与作用尚未引起人们足够的重视。而税务执法实务多涉及证明责任，各方均参照行政诉讼的举证责任分配，即税务部门承担证明责任，一旦举而不能，则承担不利结果。此种认识在增强税收公权约束力的同时，确实也导致部分企业通过拒不提交事实材料等手段逃避税收核查的怪象和税务执法活动悬而不决的现象，无法确保执法活动的有效性和执法结果的平等公正性。

3. 税务执法证据的证明标准单一

税收实体法并未对税务执法证据的证明标准做出明确规定，实践中多采用《行政复议法》《行政诉讼法》中“事实清楚、证据确凿”的描述，而该描述更多的是“意识流”，难以指导具体执法行为，缺乏操作性，呈现面对同样的证据，不同人员有不同判定的局面。同时，税务执法行为种类繁多，特点各异，单一的证明标准导致行政资源配置紧张，形成一定程度的浪费。

另外，在行政执法领域标准未明确的现实状况下，审判机关自然地将行政诉讼证据标准应用到对行政执法决定的认定证据判断中去，增加了行政执法结果败诉的可能性。同时，行政机关为规避败诉结果，税务执法证据规则多借用司法领域的认识。这里需要关注的是，行政权与司法权应是相互制衡的，行政诉讼程序本质是一种复审程序，行政执法领域盲目移植适用行政诉讼证据规则不仅违背了行政程序先于诉讼程序的时间逻辑，也将导致司法权对行政权的不正当干预，从制衡关系转变成上下级关系。

因此，鉴于证据范畴“灯下黑”的实际窘状，征纳双方证据责任不清晰，证据链条的不确定性可能使其欠缺稳定性，导致税务执法过程中的执法尺度不一和选择性执法等问题，引发社会公众对税务机关滥用执法权力的质疑，削弱了税务执法的权威性和公信力。同时也可能导致纳税人更强调自身权利而忽略义务，将不确定性作为拒不履行纳税义务的借口和托词，从而导致税法遵从度降低，影响和谐征纳关系的构建。

三、逻辑完善与路径选择

税务执法行为就是在事实认定后，依法律法规做出行政决定。如何进行事实认定是核心问题，这是一个推定的过程，即依法定程序提供证据以论证其事实主张的活动。

（一）证据规则的内在逻辑推演

从理论和实践来看，行政执法会涉及认定事实和相关事实，有学者总结为四类，实体性事实、程序性事实、证据事实和与案件有关的其他事实。实体性事实，具体行政行为的事实，涉及行政机关与相对人的权利义务关系。程序性事实，执行程序的事实，比如强制措施的事实，执法的文书程序法。证据事实，可能作为定案根据的事实。本文重点讨论范畴是证据事实与实体性事实之间的关系，且更关注间接证据事实推定实体性事实的过程。

一个理性的事实认定机制应当同时使两种社会成本最小化：错误认定所引发的实体错误成本和消除该错误的程序成本。同时，界定某项证据为“最佳”的标准又是认识论意义上的。我们主张，事实认定须根据可适用的证明责任和证明标准来做出，尽量减少认识论上的个体化、主观性倾向，同时应当将更多的努力放在降低更严重的风险上。

因此，从抽象到具象，将理性的“逻辑判定”引入由“自由心证”主导的实践活动中，形成完整的证据逻辑链条，对解决内部执法不一，执法方与税务相对人、监督评价方（如外部审计、内审）认定不一等现实困境至关重要。

本文根据以上逻辑理论认知推演出税务执法证据逻辑链条和要素分配，见图1。

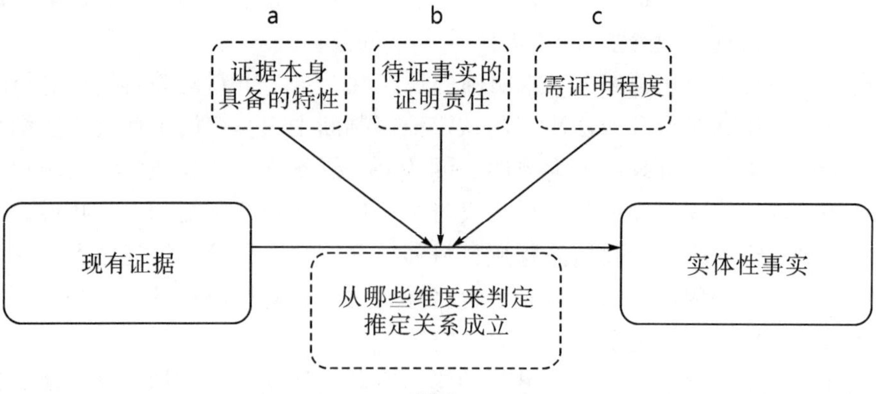

图1

（二）明确税务执法证据资格

1. 证据类型

证据是事实认定者可从其中获取额外信息的信息，因此一项信息只有在证明某事时，才能算作证据。所以，从类型上讲，税务执法证据与既定司法证据类型是一致的。三大诉讼法类型因调整范畴略有差异，而税务执法证据与行政诉讼证据间有转化的内在关系，故可参照行政诉讼证据类型。主要有：①书证。书证是指能够根据其表达的思想和记载的内容查明案件真实情况的一切物品。②物证。物证是指能够以其存在形式、外部特征、内在属性证明事件真实情况的物品和痕迹。③视听资料。视听资料是以录音磁带、录像带、电影胶片、电子计算机或者电子磁盘存储的作为证明案件事实的音响、活动影像和图形，称为“视听资料”。④证人证言。证人证言是证人就其所感知的情况向办案人员所做的陈述。⑤当事人陈述。当事人陈述是指当事人就自己知道的事实情况向有关机关所做的陈述。⑥鉴定意见。其是由鉴定人接受委托或聘请，运用自己的专门知识和现代科学技术手段，对所涉及的某些专门性问题进行检测、分析、判断后，所出具的结论性书面意见。⑦现场笔录。税务执法中的勘验笔录是指税务人员为了确认特定的事实，对于税务执法中有关物证或现场进行拍照、测量检验后而做出的记录。⑧电子数据。电子数据是指基于计算机应用、通信和现代管理技术等电子化技术手段形成包括文字、图形符号、数字、字母等的客观资料。

2. 特殊税务执法证据的证明资格

（1）纳税人在执法过程中的自认行为

纳税人在执法过程中的自认类型主要包括当事人陈述、现场笔录等。最高人民法院认为，在行政诉讼中当事人对相关事实及证据的自认直接产生证明效力。那么，在行政程序中的自认行为是否有证明效力？相关法律及司法解释对此并未做出规定。美国、德国等国家一般不承认诉讼外自认在诉讼中直接产生效力。我们认为，执法过程中的自认行为并不能必然产生法律证明效力，证据并不能固定，仅可作为间接证据并需要其他证据印证。在执法过程中，最常见的自认证据包括情况说明，询问笔录，质疑约谈等，尤其在作为“孤证”的情形下，执法人员应谨慎采信。

（2）来源于第三方的专业鉴定意见

最高人民法院对“广东德发案”的二审判决[①]进一步明确了拍卖价格作为计税依据的合法性，厘清了特定税收专业领域行政机关职权和市场主体自治的界限。这意味着一般情况下，专业第三方的鉴定意见是可以被采信的。尽管如此，我们

① 最高人民法院：“纳税义务人以拍卖不动产的拍卖价格作为计税依据依法纳税后，在该拍卖行为未被有权机关依法认定为无效或者认定存在违反拍卖法的行为并影响拍卖价格的情况下，税务机关原则上不能根据税收征管法第三十五条第一款第六项的规定行使应纳税额核定权。但如果拍卖行为中存在影响充分竞价的因素导致拍卖价格过低，如本案中的一人竞拍时，税务机关基于对国家税收利益的考虑，有权行使应纳税额核定权。”

仍认为，在税务专业领域，如果第三方是市场主体，其出具的证据只可认定为间接证据。而对于公检法等行政机构出具的鉴定意见或者司法判决，则可以完全采信，除非提出可推翻公检法做出结论的反证。

（3）税务执法文书

执法文书是执法程序的客观反映，也是执法痕迹的保留，是特殊的执法证据之一。在行政诉讼中，较多出现因程序瑕疵导致税务机关败诉的情形。故本文将执法文书亦可归为执法证据。常见的执法文书有“税务处理决定书”“税务文书送达回证”“责令限期改正通知书”“税务行政处罚决定书”等。

3. 建议制定实务证据指引

近年来，部分省市税务部门尝试建立了税务检查证据规定或证据采集规范，如福建省地方税务局印发的《税务案件证据问题暂行规定》（闽地税发〔2004〕14号）、江苏省地方税务局印发的《江苏省地方税务局税务执法证据采集规范》（苏地税发〔2009〕101号）、山东省地方税务局印发的《山东省地方税务局税务执法证据采集规范》（鲁地税发〔2010〕45号）、《国家税务总局四川省税务局稽查局税务稽查证据指引（试行）》（2020年版）等文件对本地区税务执法证据规则予以明确，成为税务机关证据认定规则制定的实验先锋。

实务证据指引的制定目的是设置常见业务的基本证据模板，培养科学的定式证据思维，而不是“八股文”的形式主义禁锢；同时建议尽量提高规范制定层次，以增加权威分量。

（三）明确税务执法证明责任分配

1. 证明责任的内涵

学术界目前对证明责任尚未有统一的说法，英美法系认为证明责任是总称术语，由说服责任和举证责任组成。前者要求当事人根据法定的证明标准，说服审理者认可有关争议事实真实性的责任，当事人若无法说服，将承担败诉后果；后者要求当事人有义务对自己所述事实提供相应的证据。大陆法系将证明责任分为广义和狭义。狭义的证明责任仅指举证责任，即要求当事人提供证据；广义的证明责任则包含了狭义的举证责任，既要求当事人提供证据，又要求其承担说服责任。本文就广义的证明责任进行探讨。

2. 税务执法行为中的证明责任分配

税务执法行为中的证明责任，是指行政主体、行政相对人或者有利害关系的第三人，有权在税务程序中提出自己的主张，且应在其主张范围内提供相应的证据去证明其主张，如果对于行政决定有实质性影响的事实或主张能够得到证实，持有该种主张或提出该事实的一方则将得到支持，反之，则应当承担法律上的不利后果。证明责任分配规则之所以重要，主要在于税务执法行为种类繁多，有行政许可等受益性行政行为，也有行政处罚等损益性行政行为；有确认性行政行为如国家赔偿、行政奖励，也有形成性行政行为等。行政法律关系的不对等，掌握信息的不对称等特殊性因素，都要求在证明责任制度上给予考量，充分考虑当事人的信息优势，按照不同性质的税务执法行为分别确定，这样才能适应行政行为的复杂性与灵活性，提高行政效能并维护当事人权益。

依我国行政诉讼法相关规定，税务机关在行政诉讼中具有举证责任，应当提供做出该行政行为的证据和所依据的规范性文件。如此分配举证责任的原因有二：一是行政案例发生在先且基于一个前提条件，具体行政行为的发生，是充分收集证据，然后根据事实，依据法律做出裁决的，故决定主张者则举证；二是行政诉讼的审理关键点在于具体行政行为是否合法，那么执法者的举证优势显而易见。同时，即使被判无效，也并不意味着税务机关完全承担不利后果，税务机关亦可重启执法程序。

3. 税务执法行为中的一般证明责任原则

税务执法行为中存在说服责任与提供证据责任两种证明责任，两者不能混为一谈。提供证据责任应以信息优势作为主要考量因素来分配，即信息优势方作为主要提供证据者，相对人可补充提供以对抗信息优势方等。而说服责任则应以“谁主张，谁举证”的原则，主张权利者应对该权利成立的事实负证明责任，对方当事人对权利受妨碍或消灭的事实负证明责任，如税务机关对增加纳税人税收负担的积极作为负有证明义务，比如调增计税依据；纳税人则对减轻自身税收负担的消极行为负有证明义务，比如支出扣除、税收优惠等。

说服责任与提供证据责任并非必然存在同一性。当事人对不承担证明责任的认定事实，依然有提供证据的权利和义务，不能将其简单理解为当事人不承担证明责任，则可以放弃提供证据的权利和义务，且不因此而承担不利后果。也就是说，若当事人未尽到提供证据的责任，则可能承担不利后果。

4. 税务执法行为中证明责任分配的适用

通过对现行法律法规的实践分析，权衡行政效率与税企双方的证明能力等因素，我们按照国家税务总局的执法权力清单分类归纳常规的证明责任分配（此处特指说服责任），见表2。

表2　常规的证明责任分配

<table>
<tr><th colspan="2">行政行为类型</th><th>具体分类</th><th>证明责任分配</th></tr>
<tr><td colspan="2">抽象行政行为</td><td>具体由征管规则制定</td><td>主要由税务机关承担</td></tr>
<tr><td rowspan="8">具体行政行为</td><td rowspan="4">依职权行政行为</td><td>行政征收</td><td rowspan="4">主要由税务机关承担</td></tr>
<tr><td>行政强制</td></tr>
<tr><td>行政检查</td></tr>
<tr><td>行政处罚</td></tr>
<tr><td rowspan="3">依申请行政行为</td><td>行政许可</td><td rowspan="3">主要由税务相对人承担</td></tr>
<tr><td>行政确认</td></tr>
<tr><td>行政奖励</td></tr>
<tr><td>其他</td><td>—</td><td>根据各类行政行为性质进行区分</td></tr>
</table>

同时，分担证明责任平衡，并不是说税企双方要平分证明责任，程序公正要求将证明责任尽可能置于有条件、有能力举证的一方，但如果把证明责任完全交给行政机关，将使相对人无成本地提出复议或诉讼，行政机关随意受到控告，将极大地浪费税务行政资源。因此，建议考虑纳税人怠于履行协力义务等特殊情形，适当考虑减轻税务机关的证明责任，或者将证明责任转移至纳税人，如税收核定等重大税务争议事项。

（四）明晰税务执法证明标准

1. 证明标准概述

证明标准是指按照法律规定认定案件事实或形成一定的法律关系所要求达到的程度或标准。证明标准确定以后，一旦证据的证明力已达到这一标准，待证事实就算已得到证明，税务机关就可认定该事实，以该事实作为裁判或做出行政决定的依据。

诉讼实务中主要有三类证据应用。一是优势证据，主要用于民事诉讼。承担证明责任的一方当事人要提供足够的证据使法官相信其所提供的证据比对方当事人提供的相反证据具有较强的证明力，即超过50%的概率即可。二是排除合理怀疑，主要用于刑事诉讼。承担证明责任的公诉人要使法官相信其所认定的犯罪事实排除了所有的合理怀疑。三是清楚而有说服力，主要用于行政诉讼。可从以下几个方面来理解：一是确认案件事实存在的证据相对于否认的证据具有明显的优势，也即明显高于优势证据标准具有的优势；二是不排除个别的合理怀疑存在；三是确认案件事实存在的证据之间具有清楚的逻辑关系。

2. 税务执法行为中的一般证明标准

本文主张，通过证据认定的事实均是法律意义上的事实，只能尽可能地接近客观真实，而不能等同于客观真实。考虑到行政行为原则、税务执法行为类型、证明难易程度、行政决定的重要性、行政程序特点等重要因素，应区分税务执法行为，分别确定适用证明标准。

首先，在一般情况下应适用“清楚而有说服力的标准”。具体要求为证据间逻辑关系清晰，纳税人不能提供反证，则认定达到证明标准。

其次，在特殊情况下应适用“优势证据的证明标准”。在实际执法中，纳税事实多为纳税人掌握，如果纳税人怠于履行协力义务，往往使税务调查陷入困境，应考虑特别情况下降低证明标准，适用优势证据的证明标准，且可直接推定对纳税人不利的案件事实。

最后，可能涉及刑事诉讼的，适用“排除合理怀疑的证据证明标准”。这是因为税务机关收集的证据会受到法院按照刑事诉讼的程序进行审查。

3. 税务执法行为中证明标准的适用

由于法律所保障利益的重大程度不同，以及法律实施对公民权益的侵害性不同，在法律适用过程中，行政执法和刑事司法对证据所采用的证据标准要求必然是不同的。刑事司法在证据标准上要求严格，是鉴于刑事制裁可能对公民生命、自由和财产权造成重大侵害，须谨慎地保障公民的权利。而行政执法要求的证据能力“门槛”较低，有利于行政机关面对庞杂的行政事务时能高效执法和快捷实现公共利益。

因此，我们按照国家税务总局的执法权力清单分类归纳常规的证明标准，如表3所示。

表3　司法诉讼证据类型比较

证据类型	刑事诉讼法	民事诉讼法	行政诉讼法
1	刑事诉讼法	当事人的陈述	当事人的陈述
2	书证	书证	书证
3	物证	物证	物证
4	视听资料、电子数据	视听资料	视听资料
5	证人证言	证人证言	证人证言
6	鉴定意见	鉴定意见	鉴定意见
7	勘验、检查、辨认、侦查实验等笔录	勘验笔录	勘验笔录、现场笔录
8	犯罪嫌疑人、被告人供述和辩解	电子数据	电子数据

（五）研究确立证据衔接制度

行政法治的实现有利于充分促进行政相对人提高参与程序活动的积极性，且在一定程度上有利于充分的制约以及规范行政权力。对司法诉讼而言，作为审核具体行政行为合法性的最终决定者，对行政诉讼证据进行审核判断。

目前，理论研究实践更倾向于研究诉讼证据，而非诉讼证据的研究则受到了严重忽视。伴随着依法行政的广泛推进以及司法体制改革过程的不断深入，以及待完善的行政证据规则体系的建立，势必会与现行的司法诉讼证据规则存在一些区别，并有些融合，故需进一步研究行政证据规则与司法诉讼证据规则的衔接问题，一方面，行政证据规则制定应充分考量司法诉讼证据规则，加强行政案件指导性案例的适用参考，同时实现程序正当的价值；另一方面，司法诉讼应尊重行政机关证据收集和审查的自由裁量权，确立宽严相济的证据审查制度，更好地承担司法监督权的最终责任。这样才能真正形成两权的内在完整体系，保障行政管理和行政司法活动有效进行。

四、结语

采取合理的行政程序来制约行政权，而行政证据则从根本上决定了行政行为的合法性。突出的实践矛盾倒逼制度改革，从法律层面上规制证据规则的要求迫在眉睫。

我们认为，证据范畴的核心地位的关注以及税务执法证据规则的完善，将跨出税收法定的重要一步，从而大大增强税务执法的有效性和权威性，对征纳关系的重塑转型大有裨益。

参考文献：

亚历克斯·斯坦，2018. 证据法的根基［M］. 樊传明，等译. 北京：中国人民大学出版社.

阿维娃·奥伦·斯坦，2018. 证据法要义［M］. 汪诸豪，黄燕妮，译. 北京：中国政法大学出版社.

姜世明，2017. 举证责任与证明度［M］. 厦门：厦门大学出版社.

易延友，2017. 证据法学：原则、规则、案例［M］. 北京：法律出版社.

邓刚宏，2017. 行政诉讼举证责任分配的逻辑及其制度构建［J］. 政治与法律（3）：132-141.

章颖，2017. 行政证据法制化研究［D］. 上海：上海大学.

敖玉芳，2016. 美国税务民事诉讼的证明责任评析［J］. 国际税收（8）：62-66.

刘东明，2016. 税收征管程序中举证责任制度研究［D］. 郑州：河南财经政法大学.

威廉·特文宁，2015. 证据理论：边沁与威格摩尔［M］. 北京：中国人民大学出版社.

敖玉芳，2015. 美德税收核定程序证明责任的比较及借鉴［J］. 税务与经济（5）：101-107.

陈晨，2015. 行政执法证据与行政诉讼证据的衔接研究［D］. 广西民族大学.

叶金育，2013. 税务诉讼的困境与制度批判：一个关于转让定价争议解决的分析框架［J］. 甘肃理论学刊（2）：125-131.

李刚，白达，2013. 有关税务证据的行政诉讼样本案例研析［J］. 税务研究（2）：78-83.

史晓清，2012. 论我国行政程序中的证据规则［D］. 南京：南京师范大学.

杨渝宁，2011. 税务稽查证据理论问题研究［D］. 长春：吉林大学.

董剑飞，王震，2010. 税务案件证据规则探析：三则案例的结合论证［J］. 财税法论丛（00）：301-316.

郑宇，2009. 论税务执法证据的认定与运用［D］. 长春：吉林大学.

徐继敏，2008. 美国行政程序证据规则分析［J］. 现代法学（1）：129-135.

卞建林，2005. 证据法学［M］. 北京：中国政法大学出版社.

王庆成，2004. 美国税收案件举证责任初探［J］. 税务研究（4）：64-65.

李青，2002. 美国收入法典关于税务诉讼举证责任新规定比较［J］. 涉外税务（8）：37-39.

实施民法典对税收法治的影响

国家税务总局绵阳市税务局公职律师课题组

内容提要：2020 年 5 月 28 日，第十三届全国人民代表大会第三次会议表决通过了《中华人民共和国民法典》（以下简称“民法典”），宣告中国“民法典时代”正式到来。这部固根本、稳预期、利长远的基础性法律将对税收法治建设产生怎样的影响？税务机关如何助力实施好民法典？本文拟从民事主体、税收实体立法、税收程序立法、税收执法四个维度，简要探讨实施民法典对税收法治产生的影响。

关键词：民法典；税收；法治

一、实施民法典必将对税收法治产生深刻影响

民法典是新中国成立以来第一部以“法典”命名的法律，全文共 7 编，依次为总则编、物权编、合同编、人格权编、婚姻家庭编、继承编、侵权责任编，加上附则共 1 260 条，规定了民事活动必须遵循的基本原则和一般性规则，完善了物权法律制度和合同制度，强化了对人格权的保护，解决了婚姻家庭领域现实问题，修改完善了继承制度，破解了侵权领域的新情况新问题，被称为“社会生活的百科全书”。

2020 年 5 月 29 日，中共中央政治局就“切实实施民法典”举行第二十次集体学习，习近平总书记主持学习并发表重要讲话。习近平总书记在《充分认识颁布实施民法典重大意义　依法更好保障人民合法权益》文章中强调，各级党和国家机关开展工作要考虑民法典规定，不能侵犯人民群众享有的合法民事权利，包括人身权利和财产权利。有关政府机关、监察机关、司法机关要依法履行职能、行使职权，保护民事权利不受侵犯，促进民事关系和谐有序。民法典实施水平和效果，是衡量各级党政机关履行为人民服务宗旨的重要尺度。

实施民法典的直接涉税条款，必将对税收法治产生直接影响。民法典中的直

作者简介：国家税务总局绵阳市税务局公职律师课题组，课题组组长：周朝勇；课题组成员：周宁（执笔）、程梦婷、闫俊波。

接涉税条款仅有五条，即第四十三条代管人的缴税责任和第一千一百五十九条、第一千一百六十一条至第一千一百六十三条关于遗产继承中的纳税责任。实施这些条款，既有利于保护国家税款的安全，也有利于保护自然人的合法民事权利。

实施民法典必将对税收法治产生深远影响。①私法与公法密不可分。从传统意义上讲，民法调整的是平等主体的财产关系和人身关系，属于横向经济关系，是私法；而税法调整的是国家与纳税人之间的税收征纳关系，属于纵向经济关系，是公法，二者的调整对象、调整原则、调整程序和手段均存在差异。但随着经济社会多元化发展，公私法规范交织的趋势越来越明显，特别是民法典的出台，税收法律关系作为“公法之债”融入民事法律关系的程度越来越深。②民法典与税法基础基本对应。从本质上讲，税法属于“公共财产法”。这一定义奠定了税法的私法基础，同时，也与民法典中财产权的保护规则对应。由此，税法中的纳税主体与民事主体、税收制度与物权、债权制度的衔接也更为紧密，民法典将民事法律关系和税收法律关系的调整目标引向共同的价值取向，即规范财产行为、促进社会公平、保障经济发展。③行使税收公权力保护民事主体合法权利。民法典确立的民法基本原则既为民事行为划定行动边界，也为公权力的行使划定活动边界。民法典体现了对生命健康、财产安全、交易便利、生活幸福、人格尊严等方面权利平等保护的理念，各级税务机关要把民法典作为行政决策、行政管理、行政监督的重要标尺，既要保护国家之债，又要秉持税收法定原则，保护纳税人权利，谨防对民事主体私权利造成不当侵犯。通过规范行政许可、行政处罚、行政强制、行政征收、行政检查、行政裁决等活动，提高依法行政能力和水平。

二、民法典对税务机关作为平等民事主体的影响

民法典调整平等主体的自然人、法人和非法人组织之间的人身关系与财产关系，目的是保护民事主体的合法权益，维护社会和经济秩序。同时，民法典将机关法人纳入特别法人范畴，规定“有独立经费的机关和承担行政职能的法定机构从成立之日起，具有机关法人资格，可以从事为履行职能所需要的民事活动”。因此，税务机关作为特别法人在从事民事活动时也必须遵循民法典的相关规定，依法行使民事权利，承担民事责任。税务机关在民事实践中应注意以下几个问题：

（一）不得担任保证人

民法典第六百八十三条规定：“机关法人不得为保证人，但是经国务院批准为使用外国政府或者国际经济组织贷款进行转贷的除外。”税务机关作为一级国家机关，享有国家财政预算拨付的经费，但这些经费只能用于履行相应国家职能和日常行政运行，不能用于任何经营活动，包括为他人提供担保。

（二）依法保护自然人隐私权

民法典第一千零三十九条规定：“国家机关、承担行政职能的法定机构及其工作人员对于履行职责过程中知悉的自然人的隐私和个人信息，应当予以保密，不得泄露或者向他人非法提供。”由于公权力在获得和处理个人信息方面具有强制

性、便利性，民法典在一定意义上赋予了自然人对个人信息的防御性利益，并给予保护，因此，税务机关应更加关注使用个人信息的合法性和严格承担保密义务。

（三）依法行使代位权、撤销权

民法典关于“合同的保全”一章规定，债权人为保护债权可以依法行使代位权、撤销权，而税务机关作为特殊债权人也应享有上述权利。税务机关提起代位权诉讼时，应注意欠缴税款纳税人的债权并非专属于自身，且以欠税为限，不包括滞纳金、罚款。行使撤销权时应注意除斥期间，且税务机关对被撤销的标的不享有优先受偿权。

（四）准确区分职务行为和个人行为

民法典关于“法人”一章规定了法人、法定代表人从事民事活动产生的民事责任由谁承担问题，税务机关作为特别法人应区分职务行为与个人行为，从而判定民事责任的承担对象。税务职务行为具有职权性、身份性的特点，是税务人员根据法律赋予的职责权限实施的履行职务行为，对履行职责的时间、地域范围、履职内容和目的都有明确界定，除此之外的行为属于个人行为，需由个人承担民事责任。

三、民法典对税收实体法的影响

对照民法典与税收相关条款，在税收实体法方面有下列问题值得关注：

（一）税收原则

1. 实质课税原则

民法典“民事法律行为”一章和“合同的变更和转让”“合同的权利义务终止”等章节均规定了民事法律关系的效力，特别是合同义务的变更、解除效力，而税务机关在征收中不可避免会对民事法律关系进行认定，也就是实质课税原则的运用。如何正确处理税收法定与实质课税的关系，目前税法没有明确。

建议明确税收法定原则与实质课税原则的适用，将实质课税原则明确定义且用于税法解释上，填补税收法定造成的税法滞后、欠缺。尤其应结合民法典对合同解除情形的规定，在征管法中明确纳税义务变化。

2. 禁止民事权利滥用与反避税

民法典第一百三十二条规定，“民事主体不得滥用民事权利损害国家利益、社会公共利益或者他人合法权益”，而在特别纳税调整案例中，纳税人经常滥用契约自由权利来抗辩，税收权利属于国家利益范畴，在反避税案件的处理上税法没有规定相应原则支撑。建议借鉴民法典的禁止滥用民事权利原则，制定反避税构成要件，并将该原则在税收征管实践中引为上位概念。

（二）纳税主体问题

1.“个人”与“个体工商户”的概念

民法典第二条民事主体的分类包括自然人、法人、非法人组织，而税法中纳税主体的分类为单位和个人，税法中的个体工商户、个人、其他个人与民法中的

“自然人”的关系不明确。建议修改税法中“个人”的概念，表述为个体工商户和其他自然人，将个体工商户归属于自然人范畴，与民法典中民事主体的概念衔接。

2. “家庭成员”的定义

民法典第一千零四十五条明确了家庭成员包括配偶、父母、子女和其他共同生活的近亲属，而契税相关条款对家庭的定义仅包括本人、配偶以及未成年子女，与之有差异。建议在税法上明确“家庭成员”的定义及适用范围，合理区分、正确适用不同情形下“家庭成员”及“家庭唯一”的定义，与民法典衔接。

3. 分公司的纳税义务

民法典第七十四条规定分公司是法人的分支机构，不是民事主体，无权利能力，产生的民事责任由法人承担；但在税收领域，分公司作为分支机构的一种，应当依法办理税务登记，接受所在地主管税务机关的监督管理，承担相应的纳税义务、扣缴义务和其他相关税收责任。建议在增值税、企业所得税立法上明确分公司的相关税收责任，与民法典中分公司的民事责任相区分。

4. 宗教寺庙的纳税义务

民法典第九十二条规定依法设立的宗教活动场所，具备法人条件的，可以申请法人登记，取得捐助法人资格。而有关宗教寺庙在法律上是否具有法人资格，有何种法律地位，民法典和宗教管理法没有明确规定，其名下的山川、房屋及香火钱的归属及权利，也无具体规定。建议税法明确宗教寺庙的法人主体地位，区分非营利行为和营利行为，将其参与的商业会演等营利行为纳入征税范围。

（三）个人所得税

1. 个人所得税专项扣除

民法典第一千一百二十九条对赡养义务人的界定较宽泛，除子女以外，还包括丧偶儿媳、丧偶女婿等，而税法中对允许专项扣除的赡养义务人仅限于子女，范围较窄。建议个人所得税专项扣除范围考虑日常生活实际和征管实践，若丧偶儿媳、女婿对公婆、岳父母尽了主要赡养义务，而自身又无父母作为赡养对象时，允许其列入赡养义务人范围参加专项扣除，与民法典相衔接，同时也有助于弘扬孝老爱亲的美好品德。

2. 个人所得税汇缴申报地

民法典第二十五条规定自然人的住所为户籍登记或者其他有效身份登记记载的居所和经常居住地，而税法里个人的住所不含“有效身份登记记载的居所”。建议在确定综合所得汇算清缴地时，加入“有效身份登记记载的居所”的概念，并明确具体的适用范围。

3. 善意取得征税

民法典第三百一十一条规定了善意取得的相关内容，而税法对善意取得后产生纳税义务的情形，未明确纳税主体为所有权人或无权处分人。建议相关税法将纳税主体确定为无权处分人。

4. 遗失物征税

民法典第三百一十二条规定了遗失物的相关内容，而税法中对无处分权人擅自转让遗失物环节是否征税、征税后返还原物是否退税等无相关规定。建议相关税法补充完善遗失物转让及返还环节征税退税问题，与民法典衔接。

5. 声音财产征税

民法典第一千零二十三条规定“对自然人声音的保护，参照适用肖像权保护的有关规定”，说明个人声音可以像肖像权一样，成为个人的私有财产，个人可以凭声音（例如导航配音）获得收入，产生涉税问题。建议个人所得税法将因声音获取的收入参照肖像权，按照特许权使用费或者劳务报酬所得进行征税。

6. 虚拟财产征税

民法典第一百二十七条已经确认了网络虚拟财产的法律地位和财产交易的合法性，而现实中网络虚拟财产交易大部分没有发票等查询管理的书面记录，对买卖虚拟货币的个人所得税征收，税务部门还缺乏有效的认证、征收和核查的手段。建议税法领域明确网络虚拟财产交易的纳税义务及适用的税目、税率，一方面推行网络实名制，有效明确交易主体身份，另一方面赋予网上交易平台代扣代缴义务。

7. 悬赏报酬征税

民法典第三百一十七条规定“权利人悬赏寻找遗失物的，领取遗失物时应当按照承诺履行义务”，而税法中对取得悬赏报酬的是否缴纳个人所得税并无相关规定。建议个人所得税法将取得的悬赏报酬纳入偶然所得范畴，按次征收个人所得税。

（四）契税

1. 土地使用权续期征税

民法典第三百五十九条规定“住宅建设用地使用权期限届满的，自动续期”，而住宅建设用地使用权到期后应属于国家，自动续期导致权属转移，应属于契税的征税范围。建议相关税法对住宅建设用地使用权续期时是否缴纳契税予以明确。

2. 遗产继承征税

民法典“继承编”扩大了遗产范围，并对胎儿继承、代位继承、转继承都做了具体规定，但现行税法对被继承人、继承人的税收义务无明确规定。同时，继承法废止，有关法定继承人继承土地、房屋权属免征契税的依据缺失。建议修改征管法相关条款，确保税收制度与继承制度的衔接。

（五）增值税、企业所得税

1. 销售确认时间

民法典第五百一十二条规定了通过互联网等信息网络订立的电子合同标的交付时间，而增值税和企业所得税相关条例虽明确了销售商品收入确认的时间，但对通过电子合同发生的购销行为何时确认销售收入未单独列出。建议修改增值税和企业所得税相关条例，增加电子合同的销售确认时间，从而明确纳税义务的产生时间。

2. 地役权

民法典“地役权”一章规定地役权人有权按照合同约定，利用他人的不动产，以提高自己的不动产的效益。而相关税法对供役地权利人由此获得的经济利益是否缴税未做规定，仅有销售无形资产（自然资源使用权）与其类似。建议增值税、所得税相关税法增加供役地权利人承担纳税义务的相关条款。

3. 行纪行为

民法典“行纪合同”一章对行纪行为做了相关规定，而税法中对行纪行为无明确表述，仅有“资管产品管理”行为与其类似。建议增值税法、企业所得税法补充完善行纪行为的相关纳税事项，并区分行纪行为和代理行为，明确相关纳税义务的承担主体。

4. 业主共有财产征税

民法典第二百八十二条规定利用业主的共有部分产生的收入属于业主共有，如共有房产租金、电梯广告收入、公共区域车位租金等，而相关税法中仅仅规定业主共有的经营性房产收入属于业主共有，范围较窄；对电梯广告收入、公共区域车位租金等业主共有收入纳税仅以政策解答的形式出现，层级较低。建议在相关税法中扩展“业主共有部分产生收入”的概念，完善相关纳税问题，与民法典衔接。

（六）印花税

民法典第一百三十五条规定合同可采取书面形式、口头形式等形式，而按照印花税暂行条例的规定，口头合同不属于征税范围，容易造成税负不公和税款流失。建议对印花税的征税范围进行重新界定，与民法典衔接。

四、民法典对税收程序法的影响

对照民法典与税收相关条款，在税收程序法方面有下列问题值得关注：

（一）税收优先权问题

1. 税收优先权适用范围

民法典第四十三条、第一千一百五十九条至一千一百六十三条等条款均体现了税收优先权原则，而税法层面对税收优先权的规定不甚明确，仅以总局公告的形式明确滞纳金属于普通破产债权，层级较低、定义不全。建议结合民法典、企业破产法及相关司法解释，在征管法中明确税收优先权的适用，包括税收优先权的定义、适用范围、适用程序和条件等。

2. 财产权利质押

民法典第四百四十条规定可以出质的财产权利范围较为广泛，而纳税担保试行办法中权利质押仅列举了汇票、支票、本票、债券、存款单，范围较窄。建议按照民法典的规定，将仓单、提单、可以转让的基金份额、股权、可以转让的注册商标专用权、专利权、著作权等知识产权中的财产权、现有的以及将有的应收账款等财产权利一并纳入列举的质押范围，保障税收权益。

（二）代理问题

1. 被监护人的纳税义务履行。民法典第三十四条、三十五条规定了监护人履行监护职责的权利义务，而税法对监护人履行代理纳税义务无相关规定。建议在税收征管法中补充监护人代理被监护人履行纳税义务的相关条款。

2. 未成年人的纳税义务履行。民法典第十六条规定胎儿在特殊情形下可以作为民事主体，如果有为胎儿保留预分财产的情形，则涉及胎儿成为纳税主体。建议税法中明确胎儿及未成年人作为纳税义务人时相关纳税事宜的处理程序，明确法定代理人代理其涉税事宜处理。

3. 代管人税收责任。民法典第四十三条规定了宣告失踪人的财产代管人及其在债务、税款等方面的支付义务，但在税法中，未区分针对宣告失踪人的财产代管人、监护人等特殊的税收代理人与一般以有偿为目的的税收代理人的概念。建议在税收立法中明确上述特殊税收代理人与一般税收代理人的权利义务，便于各自代理责任的承担。

（三）期间计算

1. 期间计算的概念

民法典第二百零三条规定“期间的最后一日的截止时间为二十四小时；有业务时间的，停止业务活动的时间为截止时间”，而税法对期间计算的规定不够严密准确。建议修改税法中“期间”的概念，参照民法典表述，将期间的截止时间精确到小时，并且补充业务时间的概念。

2. 期间的中止、中断

民法典第一百九十四条、一百九十五条规定了诉讼时效中止、中断的情形，而税务行政复议规则和行政诉讼法仅列举了复议、诉讼中止的情形，无中断情形。建议税收征收管理、税务行政复议参照民法典中诉讼时效中止、中断的相关规定予以补充完善。

（四）免责问题

民法典第一百八十条规定，“因不可抗力不能履行民事义务的，不承担民事责任。不可抗力是不能预见、不能避免且不能克服的客观情况”。而税收征管法仅规定纳税人、扣缴义务人因不可抗力，可以延期申报和延期缴纳税款，对不可抗力的定义范围、延期申报和缴纳税款的具体免责范围未做明确规定。建议税收征管法对照民法典相关条款明确“不可抗力”的定义范围，并规定因不可抗力不能履行纳税义务或扣缴义务时相关的免责条款。

（五）保证责任

民法典第六百八十六条规定“保证的方式包括一般保证和连带责任保证”，而税收征管法未对纳税担保人承担的保证责任做划分。建议在税收征管法中将纳税担保人承担的保证责任划分为一般保证和连带保证责任，与民法典衔接。

五、民法典对税收执法的影响

对照民法典与税收相关条款，在税收执法方面有下列问题值得关注：

（一）征税标的问题

1. 被执行标的征税

民法典第二百二十九条规定，可凭生效法律文书确认土地、房产权属变更的法律效力，按照相关税法，土地、房产权过户环节的相关税费应由卖方承担。但在征管实践中，被人民法院、仲裁机构裁定发生土地、房产权属变更，原所有权人通常已经资不抵债，往往无力承担过户环节涉及的增值税、土地增值税、所得税等，为税务机关的税款征收带来困难。建议在征管实践中，因生效法律文书或政府征收行为发生的土地、房产权属变更时，若卖方出现税费征缴困难，为防止税款流失，可由买方代缴过户环节的相关税费，并赋予事后向卖方追偿的权利。

2. 违法转分包行为征税

民法典第七百九十一条规定“发包人不得将应当由一个承包人完成的建设工程支解成若干部分发包给数个承包人”，从合同法律关系上说，转包行为属于合同主体变更的行为，承包方将承包工程转包给他人，擅自变更合同主体的行为，违背了发包方的意志，损害了发包方的利益，属于违法行为。在税收实践中，对违法挂靠行为和转分包行为，仍然按照“经营所得”征收个人所得税。在税收领域，该问题涉及“实质课税”原则和“形式课税”原则的选择，从税务机关的职权范围和征管手段来看，目前更多选择“形式课税”原则，承包人是否违法转包，应由建筑主管部门或者人民法院确定，若有权部门对交易行为进行了相应认定，税务机关应该遵循“实质课税”原则。

3. 附条件民事行为征税

民法典第一百五十八条规定“民事法律行为可以附条件，但是根据其性质不得附条件的除外。附生效条件的民事法律行为，自条件成立时生效”。对于股权转让双方约定，如果企业股权转让后未在规定期限内上市，股份回转的情形，按照个人所得税法在转让和回转环节均征收个人所得税，但按照民法典的规定，这是一个附条件行为，若条件未生效，则不发生民事法律效力。在税收实践中，建议对股份回转等附条件行为，条件未生效时，不征收个人所得税，与民法典相衔接，确保税负公平。

4. 居住权征税

民法典第三百六十八条规定“居住权无偿设立，但是当事人另有约定的除外”。在征管实践中，若房屋出租双方利用居住权合同代替租房合同，逃避纳税义务，易造成税款流失。建议在征管实践中鉴别利用居住权合同代替租房合同逃避纳税的问题。

5. 被宣告死亡人的征税

民法典第五十三条规定被撤销死亡宣告的情形，而税法对被宣告死亡人重新出现后的财产变动是否存在税收问题、相关的产权变更所涉及的契税是否需要缴纳无相关规定。从法律规则及法理角度来看，被宣告死亡人重新出现后的财产变动，本身并不是交易，而仅仅是恢复原状，如果对其征税不具有合理性。因此，在税法中应明确对被宣告死亡人重新出现后的财产变动问题，不产生税收法律关系，不产生纳税义务。

（二）税款征收问题

1. 税款追征和处罚

民法典第五十九条、第六十条规定了法人终止的相关内容，已注销的企业法人，按照民法典规定属于“法人终止”，税务机关是否有权对已经注销的企业进行行政处罚和追缴税款成为基层执法的困惑。税收征管法对纳税人合并、分立的情况做出了明确规定，但对企业注销后，又发现其经营期间税收违法行为的情况如何处理没有明确规定。建议区分纳税人恶意注销和正常注销情形，分类处置；对正常注销的，还应当区分是否属于合并、分立情形，对个体工商户、个人独资企业等承担无限责任的民事主体，仍可追缴税款和处罚。

2. 纳税担保

民法典第四百零六条规定了抵押人在抵押期间转让抵押财产的告知义务和抵押权人请求提前清偿债务或提存的证明义务，而纳税担保办法中无此规定。在征管实践中，建议进一步探索完善税务机关作为抵押权人，在抵押财产转让可能损害税款征收时的证明义务如何履行。

3. 破产清算申请

民法典第七十条规定了破产清算的相关内容，而相关税法对纳税人长期欠税又不申请破产清算的，无相应税收征管措施，易造成税款流失。在征管实践中，建议欠税人的主管税务机关可以作为利害关系人，向法院申请破产清算。

4. 税收债权的转让

民法典第五百二十四条规定了债务转让的情形，但在司法执行环节的税款征收存在一些困难，例如法院拍卖执行某公司房产，拍卖协议约定所有税费由买方承担，而在税收征管中税法规定的纳税主体并不一定是买方，这就会引起一些纠纷。在税收实践中，对被执行人不履行税收债务时，建议具有合法利益的第三人可以向债权人即税务机关代为履行被执行人的应纳税款，并且将这笔税款的追偿权作为其他应收款进行核算处理。

（三）隐私权问题

1. 相对人肖像权、隐私权和个人信息保护

民法典“肖像权”“隐私权和个人信息保护”等章节规定了对自然人肖像权、隐私权和个人信息的保护，在开展执法全过程记录时，对执法需要对相对人进行音像记录的以及音像记录的使用、保管、信息公开等都存在侵犯相对人肖像权、隐私权和个人信息保护的风险。建议完善税收执法三项制度，规范执法全过程记录的告知程序、音像记录的使用管理，与民法典衔接。

2. 入户检查与隐私权

民法典第一千零三十三条规定了自然人的隐私权。在征管实践中，若纳税人的生产、经营场所和货物存放地与日常生活居住地在同一空间，涉及进户检查是否侵犯公民隐私权的问题。在税收实践中，建议进一步规范进户执法行为，严格遵守法定权限和法定程序，在进户前书面告知检查事由和进户场所，必要时给当事人预留清场时间，入户人员全程佩戴执法记录仪，全程记录执法过程。

（四）其他问题

1. 合伙合同当事人的纳税义务

民法典第九百七十七条对合伙人的界定并未限定为自然人，其中“死亡”对应自然人，“终止”对应单位组织。在现行税收立法、执法上都未明确合伙合同当事人如何纳税，税务机关如何征管等。建议从税收立法、执法角度完善相关规定，在有对应的市场主体登记制度前，要求当事人就合伙合同约定的经营办理临时税务登记，税务机关参照合伙企业进行管理。

2. 营利法人的出资人滥用出资人权利

民法典第八十三条规定“营利法人的出资人不得滥用出资人权利损害法人或者其他出资人的利益”，营利法人的出资人滥用权利的问题主要涉及公司法中“刺破公司面纱”或者是有限责任否定的问题，严重损害法人债权人中的“债权人”是否仅仅指民法上的债权人，是否包括税法上的债权人。在税收实践中，建议参照企业破产法中的相关规定，将债权人的概念进行延伸，将税款作为一种债权处理。

六、结语

法律是治国之重器，良法是善治之前提。党的十八届三中全会明确提出“落实税收法定原则”，我们国家正分阶段、有步骤地推进财税领域的法治化。而民法典的出台，是税收法治实践中的大事件，必将开启税收治理实践新的篇章。税法与民法的互动，将贯穿税收立法、税法解释、税收执法和税收司法的全过程，为财税体制改革提供法治引领，进一步推进国家治理体系和治理能力现代化。

参考文献：

刘剑文，孙伯龙，2020-06-17. 民法典时代的税收立法：制度衔接、理论深化与法治前瞻［N］. 中国税务报（03）.

马怀德，2020-06-03. 民法典时代行政法的发展与完善［N］. 光明日报（11）.

翟继光，2019-12-31. 关注税法与民法典的衔接［N］. 中国税务报（07）.

郭明磊，2019-12-31. 税收法定借鉴民法典的制度设计［N］. 中国税务报（07）.

杨城，刘剑文，2017-03-29. 民法总则之光与税收的良法善治［N］. 中国税务报（05）.

新华社评论员，2020-05-28. 法治建设的里程碑：写在民法典通过之际［N/OL］. 新华网. http://www.xinhuanet.com/politics/2020-05/28/c_1126046996.htm.

滕祥志，2020-06-19. 民法典助推税收治理现代化［N］. 社科院专刊.
俞武耀，2020-06-17. 民法典对推进税收法治建设意义重大［N］. 中国税务报（03）.
阚道远，王明世，2020-01-21. 推进新时代税收治理现代化［N］. 经济日报（11）.
丁宇翔，2020-07-09. 民法典助力国家治理现代化［N］. 人民法院报（02）.
周贤娴，2020. 论税收治理现代化［J］. 现代商贸工业，41（05）：119-120.

优化我国税收营商环境的国际借鉴

四川省国际税收研究会课题组

内容提要：本文通过对税收营商环境的定义、要素和作用进行归纳，对我国税收营商环境现状进行分析，在梳理各国在改善税收营商环境方面的先进经验和做法的基础上，有针对性地提出优化改善我国税收营商环境的对策建议。

关键词：税收；营商环境；国际借鉴

一、税收营商环境概论

（一）税收营商环境的定义

"营商环境"一词最早由美国学者伊西·A. 利特法克在 1968 年提出，他认为营商环境是一国或地区的人口环境、经济环境、自然资源环境、科学技术环境、政治法律环境、社会文化环境等的总和。世界银行将营商环境定义为"企业在创办、经营、纳税、执行合同以及退出等方面遵循所在地的政策法规时，所需要的时间、成本和合法手续等条件"①。营商环境主要包括社会要素、经济要素、政治要素和法律要素等。营商环境的好坏不仅是一个国家或地区经济软实力的体现，更是对外交流、开展贸易合作的重要条件，是引导国际资本和产业流动转移的风向标。优化营商环境，就是要建设一个民主法治、公平公正、诚实守信、安定有序的社会环境和发展空间，让投资者感到创业安全，到职能部门办事效率高，合法权益有保障，投资有回报。国内外研究已表明，税收可以以多种方式作用于经济发展，良好的税收营商环境可以在一定程度上促进经济增长。税收营商环境对产业结构的影响机制是多方面的，既有差异税率、行业税收优惠等显性影响机制，又有企业家活动、公共政策目标实现等隐性影响机制。因此，税收营商环境作为营商环境的重要组成部分，厘清其内涵，明确其构成要素，对促进我国营商环境优化并保持税收改革能沿着正确的方向前行显得尤为重要。

作者简介：四川省国际税收研究会课题组，课题组组长：罗元义；课题组成员：王勇群、徐鸿、张洁、王楷、王春林；执笔：罗元义、张洁、王楷。

① 邵雅利."一带一路"国家战略视野下的福建营商环境建设［J］. 山东农业工程学院学报，2017（11）.

从已有的公开文献看，关于营商环境的研究较为丰富，而专门研究税收营商环境的却并不多见。世界银行设计的税收营商环境指标体系也只是对总体税费负担、纳税次数、企业纳税所需时间和报税后指数这4项子指标按权重加总后作为一国（地区）的税收营商环境总体水平的评判标准，并未对其做出明确的定义。且由于世界银行设计的税收营商环境指标涉及范围有限、企业假定前提过多、采集对象范围偏窄等原因，导致其并不能全面评价我国的税收营商环境。对于税收营商环境，专家学者们也有不同的看法。2015年，王绍乐在《税务营商环境问题研究》一文中认为，税收营商环境是指影响企业遵从税法规定、合理纳税的相关环境条件；2017年，向景在《税收治理现代化的逻辑》一文中提出，税收营商环境是指企业遵从税法规定、在缴纳税费方面的条件和状况；2017年，魏升民、向景在《供给侧结构性改革对中小微企业税费负担的影响分析》一文中认为，税收营商环境是影响企业经营的税收法律、政策、规则、监管等一系列制度安排的总和。根据以上学者的观点，综合当前中国的国情，笔者认为，税收营商环境是指影响企业经营的法律、税制、治理、纳税服务以及执行监督的相关环境总和，具体包括法律环境、人文环境和管理环境。法律环境是指税收法律制度的简繁、公正与规范执行的情况；人文环境是指居民和企业的纳税意识、态度、习惯；管理环境是指税收征管的方法、手段、效率、税务人员的观念态度和行为作风。税收营商环境是从企业纳税人角度定义的，目的在于全面反映影响企业合理纳税的因素。

税收营商环境又可以分为硬环境和软环境。硬环境是指影响企业合理纳税的客观物质条件，包括税收管理的机构设置、人员配置、纳税人办税（费）的线上软件等。软环境是指影响企业合理纳税的非物质条件因素，包括法律规定、税制设计、税收征管执法、服务质效、社会意识和习惯、政风行风等。硬环境和软环境对企业名义税负、实际税负、遵从成本、遵从意识、纳税人满意度等都会产生影响。

（二）税收营商环境的要素

从纳税人的角度而言，是否到一个地区投资的税收考虑主要是税制的透明性及稳定性、实际税负、遵从成本、税收风险和纳税服务满意度。对政府及税务部门而言，优良的税收营商环境主要由以下要素构成：

1. 亲民公正的税收法治环境

公平公正的税收营商环境必须以法治化建设为前提，明确政策执行标准，统一执法尺度，统一税收政策执行口径，确保公平执法；规范行使行政处罚、税款征收等行为的裁量权，确保规范执法；严格征收管理，完善税务稽查，加强税收执法监督，维护税收刚性。

2. 透明稳定的税收制度环境

一个国家或地区税收制度的透明度和稳定性，直接影响纳税人在纳税上的遵从成本和投资经营所面临的税收风险。税制设计决定纳税人名义税负，联合税收征管则决定了纳税人的实际税负；税制设计的简洁程度和税收征管水平决定纳税人的遵从成本；税制设计透明度、稳定性、法制化程度以及税收执法的规范度则决定了纳税人所面临的税收风险。所以，建设一个透明稳定的税收制度环境对吸引投资至关重要。

3. 惠民优商的税收政策环境

惠民优商的税收政策环境首先是税费负担要适度合理，税费增长与经济增长的弹性系数在一个常规区间，有利于增强市场主体活力，促进经济持续发展。其次是要全面及时兑现各项税收优惠政策，确保各项税收优惠政策和惠民措施落实到位。同时，全面落实好出口退税政策，提高出口退税服务水平，加快退税办理进度，营造良好的出口环境，增强消费、投资、出口拉动经济增长的协调性。

4. 为民务实的税收治理环境

良好的税收治理环境即是以先进的治税理念作为引导，构建科学完备的税收治理体系，借助完善规范的制度、良好健全的机制、先进的技术、统一的程序标准等因素，促使税收多元治理能力保持协调进步、务实高效。实现“人治”到“法治”、从由单一的“管理”到“共治”的转变；实现从单向管理的监督型征纳关系转变为重视纳税服务的合作型征纳关系，建立以纳税人为中心，一切为了纳税人的税收服务征管模式和机制；实现干部队伍管理方式由传统“制度管理”向现代“制度 + 文化管理”转型，从而达到促进税法遵从，维护税收秩序，确保税收公平、公正的目的。

5. 便民快捷的税收服务环境

便民快捷的税收服务环境的核心是要形成良性和谐的征纳关系，促进纳税遵从。真正良性的征纳关系是税务人员与纳税人之间相对平等，税务人员将纳税人视为相对平等的治税主体。首先，通过帮助纳税人成长，提升纳税人在税收治理中的参与度，使税务机关在税收政策执行和征管程序设计中尽量减少主观随意性，以防止纳税人正当利益受损；其次，以纳税人的特点和需求为导向，按照“集约、简便、效率”的原则，为纳税人提供个性化、互动式、有效、及时的纳税服务，提升纳税服务质量；最后，对“走出去”纳税人，税务部门能对其提供业务指导、税收服务，必要时需通过启动国际税收协调保护纳税人合法权益，帮助其降低税收风险，减轻纳税负担。

（三）税收营商环境的作用

近年来，党中央、国务院高度重视优化营商环境，不断推出“放管服”改革举措，持续激发市场活力和社会创造力，营商环境在吸引高端资本高端要素聚集、衡量国际贸易与投资便利化、集中展现综合竞争力等领域的作用日益增大。税收营商环境作为营商环境的重要组成部分，其重要作用也愈发凸显。

1. 有利于增强区域经济国际竞争力

随着经济全球化持续深入发展，国际经济竞争日益激烈，为了推动本国或本地区经济增长和社会发展，各国都不约而同地把营造良好的营商环境作为增强区域经济全球竞争力的主要手段，进而达到吸引投资、激发创业、集聚人才、增加就业的多重目的。税收营商环境作为营商环境的重要组成部分，对市场主体的投资与决策、经济持续增长、产业结构优化、政府财政收入都会产生重要影响，良好的税收环境对纳税人有强大的吸引力、竞争力，更能内生创造力、驱动力。由此，多国掀起了税制改革的浪潮，大幅调整税收征管模式，搭配推出各种“减税”措施，尽量降低税收对社会经济福利造成的损失，较好地促进了地区税收营商环境便利度提升，进一步增强了本国经济的国际竞争力。

2. 有利于解放和发展生产力

近年来，营商环境已成为我国政府关注的焦点。2018 年，李克强总理在国务院常务会议上就曾强调：“优化营商环境就是解放生产力、就是提高综合竞争力，要破障碍、去烦苛、筑坦途，为市场主体添活力，为人民群众增便利。”我国经济经过近 30 年的粗放式速度型增长以后，在土地受限、环境污染偏重、资源紧缺、人口红利拐点快速逼近的现实面前，单纯依靠政策优惠进行招商引资的道路越走越窄，区域经济竞争开始进入综合环境比拼时代。按照世界银行发布的报告，良好的营商环境会使投资率增长 0.3%，GDP 增长率增加 0.36%，而税收营商环境的优劣，很大程度上决定了高端生产要素资源的流向与集聚，成为能否在新形势下进一步解放生产力的关键因素。只有税收营商环境好，才能解除繁琐苛刻的制度和管理束缚，进一步解放和发展生产力，充分激发市场主体的活力和创造力。

3. 有利于促进经济稳定发展

在优化税收营商环境过程中采取减税降费、税收优惠等政策措施可以有效降低企业的税收成本，增强企业创新能力和发展后劲，尤其是对新兴产业及创业企业而言，可以减轻企业负担，扶持企业成长，从而促进产业兴起。简化征管程序，降低企业准入门槛，促进资源的自由流动，使资源得到高效的配置和利用。通过规范税务部门执法行为，增强税务部门为纳税人的服务意识，规范税收法治环境，为企业公平竞争创造良好的市场环境。总之，优良的税收环境，不仅会对资本产生聚集效应，还会产生膨胀效应，从而起到推动经济稳定发展的作用。

4. 有利于构建和谐征纳关系

优化税收营商环境，一方面，增强税务机关为纳税人服务的意识，把税务机关的管理者角色转变为服务者角色，把纳税人由被管理者转换为被服务对象，改变两者之间原来的管理与被管理关系；另一方面，通过提高征管的信息化水平，节省纳税人办税时间和降低人工成本、简化办税程序，最大限度地减轻纳税人的额外负担，从而减少了纳税人对税收的对立情绪，有利于构建和谐的征纳关系，促进纳税遵从。

二、我国税收营商环境现状分析

（一）优化税收营商环境的主要工作及成效

近年来，全国税务系统深入贯彻落实党中央、国务院优化营商环境决策部署，深入推进办税便利化改革，促进税收营商环境持续优化。一是持续推进依法治税。

将税收法定原则写进党的重要纲领性文件和《立法法》，税收法定理念基本确立。积极推进税收立法，税收立法进程明显加快。大力加强税收法治建设，制定推进依法治税纲领性文件，开展法治基地创建活动和行政执法公示、执法全过程记录、重大执法决定法制审核“三项制度”试点，约束和减少自由裁量权，坚决打击税收违法行为，畅通法律救济渠道，全面提高税收执法质量。二是不断深化税制改革。营改增实现税制平稳转换，消除重复征税问题，降低纳税人税收负担。企业所得税的改革完善稳步推进，三次扩大小微企业所得税减半征收范围。消费税、个人所得税、资源税、环境保护税等税种改革有序推进。研究出台一系列税收优惠政策，全面实施减税降费。三是持续推进征管体制改革。全面建立起以“实名办税制+分类分级+信用积分+风险管理”为核心的税收管理方式，提高税收征管效能。制定实施税收征管规范、纳税服务规范、出口退税规范、督察内审规范、稽查规范等，深入推行税收规范化建设。加强社会信用体系建设，实施守信联合激励和失信联合惩戒制度。四是坚持创新优化纳税服务。实施金税三期工程，推行办税无纸化、“免填单”服务，构建以网上办税为主体，实体办税、电话办税为补充的多元化办税体系，提高办税信息化水平。推出深化“放管服”改革 30 条措施，大幅削减行政审批事项，加强税务行政许可标准化建设，实施“五证合一”“两证整合”，推进办税便利化改革。

我国经济的持续发展和外商投资及涉外税收的稳定增长，有效促进了税收营商环境的不断优化。一是税收法定理念深入人心，税收法律体系日趋完善，税收执法行为不断规范，纳税人的权利和利益得到法律保障，税务机关和税务人员的法律素养大幅提升，全民税收法治意识逐步增强，为营造公平公正的法治化税收营商环境创造了良好条件。二是税制改革的减税效应不断释放，营改增促进现代服务业和先进制造业发展，企业所得税改革助力中小型、创新型、科技型企业快速发展，消费税改革引导了合理消费，促进了节能减排，资源税、环境保护税改革促进了资源节约集约利用和生态环境保护，一系列改革有效减轻了企业税费负担，带动了全社会创业创新热情。三是现代税收征管方式的初步建立，推进了税收管理理念变革、管理体制转变和管理方式创新，推进了税收治理体系和治理能力现代化。各类工作规范的实施，强化了征管服务制度创新，规范了税收执法行为，统一了征管服务标准，优化了税收业务流程和资源配置，有效规范了税务人，更加方便了纳税人，进一步提高了税收征管服务工作水平。国税和地税合并理顺了税收管理职能职责，实现了执法标准、服务标准和业务流程等方面的大统一，解决了纳税人“多头跑”问题，有效提高了税收征管效率。四是办税信息化水平的持续提高，使纳税人相关涉税事项申请实现了网上申请、网上流转、网上办结，降低了纳税人办税成本，节省了纳税人办税时间。办税程序的精简化、办税方式的便利化为市场主体减负增效，有效提升了纳税人的满意度、遵从度和获得感，助力了经济健康发展。

2005—2019 年世界银行的《营商环境报告》显示，我国纳税次数从 35 次/年降至7次/年，纳税时间由872小时缩短为142小时。在2020年世界银行发布的《2019年营商环境报告：为改革而培训》中显示，中国营商环境在全球的排名已从2018年的第78位跃升至第46位，提升32位，首次进入世界前50位。但我国税收营商环境的整体质量偏低，与税收营商环境发达的经济体，如新加坡、加拿大、英国等仍有较大的差距（见表1）。

表1 2010—2019年世界部分经济体税收营商环境排名

国家（地区）	年份									
	2010	2011	2012	2013	2014	2015	2016	2017	2018	2019
中国	125	114	121	122	120	120	132	131	130	114
中国香港特别行政区	3	3	3	3	4	4	4	3	3	1
新加坡	5	4	4	4	5	5	5	8	7	8
加拿大	28	10	1	11	8	9	9	17	16	19
英国	16	16	18	18	14	16	15	10	23	23
澳大利亚	47	48	52	52	44	39	42	25	26	26
美国	61	62	69	69	64	47	53	36	36	37
德国	71	88	86	86	89	68	72	48	41	43
俄罗斯	103	105	102	102	56	49	47	45	52	53
泰国	88	91	97	97	70	62	70	109	67	59
日本	123	112	119	119	140	122	121	70	68	97
印度	169	164	147	147	158	156	157	172	119	124
经济体总数	183	183	183	183	189	189	189	190	190	190

数据来源：根据2010—2019年世界银行的《营商环境报告》整理。

（二）我国税收营商环境存在的主要问题

1. 税收法治有待进一步加强

一是税收立法进度较慢。当前，在税务系统征收的18个税种中，只有5个是由全国人大立法的，税收执法的依据绝大多数是行政法规、规章或规范性文件。这些规范性文件缺乏确定性、稳定性、透明性、公开性，有的规范性文件还违反了“法不溯及既往”原则。同时，税收法规、规章主要是部门立法，缺乏事前的深入研究和论证，也缺乏外部智力支持，没有经过公众参与、征求意见、专家论证等合法性程序，纳税人和社会公众参与税收立法和政策制定明显不足，不能从根本上保障纳税人的权利和限制征税权力。

二是税收执法不够规范。其一，从国家、省、市、县、县以下的分局（税务所）的税收执法权力配置来看，基本按照行政地域设置，税收执法层级过多，各层级的执法权力缺乏明确分工，内部职责划分和界定不精细、不科学、不规范。其二，一些行政法上的基本原则和制度，如信赖保护原则、比例原则、合理预期原则、告知制度、听取申辩制度、说明理由制度、听证制度、调查取证制度、行政行为公开制度、行政裁量权基准制度等，在税收法律制度上并没有系统地建立和完善起来，在税收执法中还没有形成自觉的理念和意识，没有完全落实到行动中、体现在税收执法行为上。其三，由于《税收征管法》的“管理”法定位，也由于部门立法的原因，造成众多的税收执法行为是非模式化、类型化的行政行为，无法按照行政法共同行为如行政许可、行政处罚、行政强制、行政征收、行政检查等的法律规范执行，缺乏程序规范和程序控制，执法人员理解困难，纳税人救济途径和渠道不明确，典型的如停供发票、税收优惠备案、对重大税收违法案件当事人联合惩戒等。其四，权力清单制度落实不到位，税收征管的侵权行为时有发生，纳税人的权利不能得到全面保护，如纳税申报权、用票权、享受税收优惠权。另外，纳税人停业注销难、迁移难的问题也比较突出。其五，以完成任务为导向的税收收入观没得到彻底改变，税收征收工作还存在随意性。

2. 税制改革有待进一步深化

一是总体税费负担仍然较高。从 2019 年世界银行的《营商环境报告》来看，2017 年全球平均总税率为 39. 33%，而我国的总税率为 64. 9%，高于世界平均水平和营商环境先进经济体。主体税种税率偏高、社会保险费负担畸高是重要原因。企业所得税税率偏高，OECD（经济合作与发展组织）国家企业所得税平均税率为 22. 3%，而我国企业所得税名义税率为 25%，并不具有较强的国际竞争力；社会保障费费率偏高，中国的养老保险费率几乎高于所有发达国家，企业和个人的基本费率为 28%，与之对比，美国是 12. 4%，加拿大是 9. 9%，韩国是 9%。从养老金的替代率看，美国是 40%，加拿大是 25%，中国是 45%。如今出台的减税降费政策让税负大幅降低，但从长远看，社保费制度设计仍存在不合理之处，尤其是对劳动密集型中小企业压力较大。此问题值得深入研究。

二是税制结构不尽合理。其一，由于中央和地方财权与事权偏离、地方政府的财力汲取冲动等原因，导致税收过多地设置在一些单一的税基如土地、房产上，造成同一项经营活动需要缴纳多种税收。其二，间接税比重过高而直接税比重偏低，导致税负归宿不确定，企业税负感高。个人所得税调节收入分配不公的作用发挥较差；资源税、消费税等税种未能充分发挥保护环境、促进绿色发展、保护稀缺性资源的作用；非税收入比重较高，地方税体系尚未建立等。

3. 税收优惠制度有待进一步完善

一是税收优惠缺乏系统性。我国税收优惠政策层次较多、划分复杂、条文零散，加之立法层次不高，使得税收优惠项目杂乱，甚至出现优惠政策之间相冲突的情况。部分税收优惠政策制定时缺乏深入的调研和成本效益分析，因地区而设、因事而设、因人而设的现象还一定程度存在，导致税收优惠政策实施效果不理想。

二是税收优惠透明度低。在商品税制中，作为税负最终承担者的消费者无法得知所购商品中含有多少税款、该商品是否享受税收优惠以及享受了多少税收优惠；在所得税制中，税收优惠纷繁复杂，变动频繁，常常出现优惠政策发布时间滞后于实施时间的情况。纳税人无法完全准确掌握税收优惠政策信息，导致不能充分用好用足税收优惠政策。

三是税收优惠形式单一，方式不合理。我国税收优惠主要以直接优惠为主，间接优惠使用较少，虽然直接优惠操作简单、具有确定性且短期效果明显，但间接优惠具有弹性，且在长期效用和激励纳税人调整生产经营活动方面的效果却是直接优惠所无法达到的。

4. 税收征管有待进一步规范

一是税收征管方式不够先进。随着互联网迅猛发展，市场主体的管理地点、生产地点、核算地点、销售地点等日益分离，交易电子化、智能化日益普遍，税源管理面临税源急剧变化与管理资源短缺的难题。其一，目前税务机关和纳税人的职责未完全明晰，基层一线税源管理仍承担着催报催缴、户籍管理、税源调查等过多的基础管理事项，以风险管理为导向的征管格局还没有完全建立。其二，当前风险管理的技术手段和涉税信息仍有不足，尤其是在第三方涉税信息获取上仍存在很大困难，比如银行账号、转账流水等国际上常见的涉税信息都难以获得。其三，税务机关依托互联网、大数据等现代化信息手段开展税收征管尚处于起步阶段，人才、技术储备不足，时间、经验积累不足，特别是对数字经济背景下的税收征管还是未解的难题。这些问题导致当前的税收征管模式和手段较难满足现代化税收管理的需要，不少税收管理措施仍然比较繁杂和耗时，税收征管效率和针对性不够高，制约了税收营商环境的进一步优化。

二是行政管理体制机制不够顺畅。其一，自 2018 年 6 月起，省、市、县三级国税和地税机构进行了合并。合并后原国税和地税在征管方式、工作制度、信息系统、基础数据、执法标准与业务流程等方面存在的差异，短时间内尚不能完全规范和统一，体制机制障碍和信息壁垒还一定程度地存在，省、市两级内设机构职能职责重叠交叉的现象突出。其二，当前省、市两级税务机构已由管理指挥职责转变为直接参与数据集中与监控管理、风险分析与应对、大企业税源管理等，但按照管理指挥职责确定的机构编制不能适应转变税收征管方式的要求，影响了税收征管的高效运行。其三，税务稽查缺乏相应的权限和强制手段，难以解决阻挠税务检查、隐匿销毁证据等问题，导致税收执法刚性弱化，对守法诚信经营的纳税人不公平。其四，社会信用体系建设还不够完善，纳税人信用评定制度不够细化，对办税人员行为的信用评价和监管机制尚未建立，政府部门间对失信纳税人联合惩戒的范围过窄、手段欠缺，未能充分实现对纳税人自觉遵从税法的推动作用。

5. 纳税服务有待进一步优化

一是税务人员的服务意识和服务能力不够高。重“管”轻“服”的思想依然存在，“管纳税人”的思维还没有彻底转变。涉税咨询辅导不能满足纳税人需求，

“12366”纳税服务热线的接通率和解答准确率与纳税人的期望值还存在一定差距。

二是实体办税服务厅还不够优化。2019 年世界银行的《营商环境报告》统计，中国企业纳税时间为 142 小时，比全球最佳水平的 49 小时（新加坡）高出 93 小时。主要原因之一是窗内窗外衔接不畅。在区域设置上，办税服务厅过于追求“窗口”建设，认为纳税人多靠大厅宽、窗口多来缓解办税拥堵，没有跟进网上办税体验区、自助办税区和咨询辅导区建设，导致窗口业务分不走、减不下。主要原因之二是局内局外协作不畅。社会化合作程度低，除进驻政务服务中心外，在街道、社区设立的办税网点太少，行业协会、涉税中介、志愿团体等第三方社会机构未能充分发挥作用。

三是电子税务局还不够完善。2019 年世界银行的《营商环境报告》统计，我国税后流程指数为 50，位于世界中等偏下水平，基本与印度（49.31）、加纳（49.54）等第三世界国家处于同一档次，与发达国家和地区（美国 94.04，荷兰 91.95，中国香港特别行政区 98.85）差距较大。主要原因是线上与线下融合不畅。在内部，网上办税网络不畅、运行不稳、功能不全、体验不优的情况依然存在；在外部，互联网与物联网的融合还不够，O2O 线下配送体系尚未建成，部分纳税人网上办理业务后仍要跑大厅，没能实现彻底的“足不出户”。另外，各地信息化水平参差不齐，有些税种的申报表和申报方式存在一定复杂性，也给纳税人带来了不便。

三、优化税收营商环境的国际先进经验

良好的税收营商环境，既是一国市场竞争力与要素吸引力的集中体现，也是经济发展质量提升的内生动力，因此，世界各国都很重视税收营商环境的优化，借鉴国外先进经验，对标国际先进标准，对推动我国税收营商环境的改善和优化有重要意义。总体来看，国际上优化税收营商环境的做法主要有以下几个方面：

（一）优化税制设计，减轻税费负担

1. 税制设计简单透明

新加坡的税制结构简明合理，税种以直接税为主体，没有流转税，所得税、遗产税、财产税等直接税比重占比较大，其中企业所得税占比为 50%以上，对内外资企业实行统一的 17%的税率，避免以商品税为主体税种影响其经济的发展，简明的税收制度极大地降低了征税的成本。中国香港地区的自由市场经济和自由港政策体系在税收上的特点就是税制结构简单，税种少。现今，中国香港地区开征的税种仅有 11 种，其中以物业税、薪俸税和利得税三种直接税为主，占到总税额的 60%，且对进口商品不征收任何关税、资本利得税和利息税，只以“本地来源”作为征税的唯一基础。简洁而清晰的税制设计降低了纳税人的遵从成本，从而吸引了世界大量的投资者。新西兰则实行单一的商品税税率，统一的税率使管理成本和遵从成本最小化，但为了公平，也设定了免税范围和零税率的商品和劳务。

2. 降低税率以减轻税负

美国在2017年通过的税改法案，主要内容是取消联邦所得税税率的累进阶梯，将企业所得税税率从35%大幅降至20%。与此同时，将目前的全球征税改为按属地原则征税，对海外子公司股息所得税予以豁免，对一些跨国企业为避税而囤积在海外高达2.6万亿美元的企业利润，只需缴纳14%的税收就可以合法汇回美国。这将有助于回笼美国海外资金，增加国内的企业投资。与此同时，为充分发挥个人所得税的分配调节功能，美国政府对个人所得税实行综合计征方式，除长期资本收入用比例税率单独征收外，其他各项收入全部加总后用累进税率征收，充分体现了“多收入多纳税”的公平调节理念①。德国在2008年税改后，企业所得税税率从25%调整到15%，部分交易税税率从5%减至3.5%，使联邦总税负降到15.8%，地方税负保持在15%左右。在税率设计上，新加坡向来被公认为是世界上税率最低的国家之一，0~20%的个人所得税累进税率和最高17%的公司税吸引了全球精英和优质企业纷纷去投资与落户。葡萄牙的公司所得税税率自2015年1月1日起从23%降低到21%②。2016年2月，日本《税改法案2016》实施后，国家统一规定企业所得税税率由25.5%降低到23.9%。同年，乌克兰将社会缴纳费率由36.76%~49.7%的浮动费率统一为22%；印度尼西亚将资本利得税的法定税率从5%降至2.5%③。2017年7月1日，印度实施货物和劳务税（GST）改革，GST在印度的中央和邦层面取代了多个间接税税种，促进了货物和劳务在全国范围内的自由流通。

3. 制定优惠力度较大的税收政策

美国对独资企业、合伙企业和S型公司等小企业实行所得减征20%的优惠政策，取消联邦企业所得税的企业替代性最低税（AMT），将企业资本性投资费用化，同时规定企业亏损结转的限额和企业的利息支出税前扣除的限额，减轻企业税负。新加坡设计了投资和吸引人才的税收扣除及减免优惠。如在企业所得税中对贷款、债务、保险等各种形式产生的利息收益给予15%的特殊优惠税率；在个人所得税中，非居民纳税人来自国外的个人收入可以享受更为优惠的税收政策。爱沙尼亚则对企业在股息分配、股份回购、清算收益或被视为利润分配的利润征收20%的企业所得税，所有未分配的公司利润均享受免税。

（二）推行依法治税，保障纳税人权益

1. 以法律形式保障纳税人权利

在保护纳税人权利方面，西方国家非常注重以法律的形式明确赋予了纳税人与义务相对等的权利。美国的《纳税人权利法案》对纳税人享有的十项重要权利以及在程序方面应享有的权利做出了明确的规定。德国从宪法和税法通则层面，

---

① 向景，刘中虎. 借鉴国际经验　优化我国税务营商环境［J］. 国际税收，2013（8）：57.

② 罗秦. 税务营商环境的国际经验比较与借鉴［J］. 税务研究. 2017（11）：26-31.

③ 何振华，戚莉莉，郭依维，等. 优化税收营商环境：国外怎么做?［N］. 中国税务报，2018-04-10.

都明确了纳税人的司法救济，以法的形式确定了下来，类似税收基本法的《税法通则》体系健全，制定修订实行几十年，明确了基本税收执法的问题，纳税人的异议审查、复议渠道畅通，将执法司法行为用宪法加以约束，加强违宪违法行为的监督。澳大利亚的《纳税人宪章》、加拿大的《纳税人权利法案》、英国的《纳税人权利宪章》均对征纳双方的权利和义务做了明确的规定。这样，税收制度具有稳定性、透明度，极大地增强了纳税人对税法的信赖感和对纳税遵从的可预期感。

2. 设立专门的纳税人维权机构

一些经济体通过设立纳税人维权机构，专门负责为纳税人提供税务行政复议、税务诉讼等维权服务，以增加纳税人诉求的表达和困难帮扶渠道。美国设置独立机构“纳税人辩护服务处”，协助遭遇经济困难的纳税人、经由正常管道未能解决税务问题的纳税人，或认为 IRS 体系或程序未能正常运行的纳税人解决问题。韩国国会于 2009 年通过《国税基本法》确立了纳税人权利保护官制度，由国税厅设立纳税人权利保护委员会。当纳税人权利保护官不履行职责时，纳税人权利保护委员会可启动监督程序①。德国则成立纳税者联盟、研究所来保证纳税人的合法权益，由非政府服务力量对纳税人权益保护机构进行支持，确保机构公正地对税收和财政进行调查，通过数据的搜集和分析来反映纳税人的观点，对政府提出建议，更好地保证纳税人的权益。

（三）注重信息化建设，提升税收征管质效

1. 充分应用计算机信息网络进行系统管理

如美国 IRS 设有遍布全国的计算机网络，有 2 个全国性数据处理中心和 10 个地区性数据处理中心，完成了美国联邦税收收入 82%的税款征收。德国纳税人可以网上办理各种涉税事项，税务部门可以进行税费征收、税源监控、档案管理等各种税务活动，并对各种涉税信息进行储存、交流，德国各州的信息处理中心与各信息服务站信息互转，处理征管数据，保证税款从申报到入库全过程的计算机监控。英国信息化建设较为完善，构建了全国统一的税收征管信息系统，2016 年全面推进政府服务数字化，其中税务数字化就与税收征管、纳税服务密切相关，通过数字化可以为纳税人提供更便捷和个性化的数字化纳税服务。将年终申报汇算清缴的工作落实到平时，统一纳税人的数字税务账户，类似于网上银行，保证了税收工作的统一性、规范性。韩国新税务综合系统（NTIS）则对三十多个子系统进行全面整合和功能优化，纳税人登录 HOMETAX（电子税务局）可以使用所有功能，高度的功能整合和数据共享，为纳税人准确、便捷申报提供了帮助，也为税收管理提供了有力支撑。

2. 广泛使用电子发票

从 2016 年开始，俄罗斯推出了网上收款，以电子方式记录纳税人每项交易的

---

① 车文勤. 韩国纳税人权利保护官制度及启示［J］. 税收经济研究，2016，21（6）：13-16.

信息，该信息实时传输到税务部门可以访问的服务器。韩国电子税金计算书（电子发票）的使用率已经达到了 99.8%，包括个人业务，分为电子税金计算书和现金发票，实时获取购销双方交易信息。2013 年，欧盟颁布了《公共采购电子发票指令（草案）》，在公共采购领域，建立起欧盟内部兼容的电子发票系统。2015 年，开始新实行的《欧盟增值税法》，进一步明确了电子发票的法律地位。欧盟建立的适用于内部市场的统一发票开具平台，极大地促进了发票从纸质向电子化的过渡。

3. 建立纳税人识别号制度

美国采用统一的纳税代码（与社会保障号相统一）对纳税人进行登记，法律规定没有纳税代码就不能在银行开户，就无法享受社会保险，交易合同没有纳税代码也无效。瑞典公民一出生就有一个 10 位数的终身税务代码。丹麦、挪威将个人身份证号码作为自然人纳税人识别号码，税务登记制度非常完备，公民一出生就被纳入税务动态跟踪管理范畴，对企业税务的登记更是覆盖全部辖区。澳大利亚也在税收征管上为纳税人建立了一个终身不变的税务档案号码，纳税人就业、存款、领取失业救济、投资等活动都必须提供税号。由于纳税代码对纳税人是终身唯一且有强大的通用性，因此从纳税人出生的根源上就打下了税源监控的基础，在一定程度上也促使纳税人养成自觉纳税的意识。

（四）凝聚内外合力，建立健全社会共治机制

1. 完善税务机关内部组织模式

为改善纳税环境，美国税务机构从 2000 年开始调整、建立税源分类专业化管理模式。改革后的美国国税局下设 9 个部门，其中 5 个部门为税收支持部门，4 个为专业化的纳税服务部门，分别面向工薪和投资所得纳税人、小企业和自由职业者、大中型及国际经营企业以及免税和政府实体部门①。与美国相似，日本税务系统也建立了按大、中、小纳税人分类管理的税收模式。另外，日本国税厅在税务机构内还新设一个“税务调整官”，对纳税人的意见进行迅速的“一站式”处理，保证居民的信赖和理解；建立“检察官”制度，对税务人员进行经常性监督和约束，确保良好的税收环境。通过税务机构改革和重组，进一步降低了税收成本，提高了工作效率，减少了内部摩擦、强化了税收管理，推进了与纳税人的和谐关系。

2. 拓宽第三方信息获取途径

美国通过立法方式建立第三方信息报告制度，在法律上明确规定政府（包括联邦、州和市镇政府）及其机构必须向税务部门提供涉税信息，包括货币收付报告、国外银行账户、犯罪活动情况、车辆登记、不动产转让、遗嘱文件、租赁权证等。联邦到各州以至地方税务局都普遍实现了与银行、个人信用机构、公司等的电脑联网，建立完善的电脑选案稽查体系，通过不同信息渠道掌握纳税人的相

---

① 李晓曼. 税收征管改革的国际借鉴［J］. 中国外资，2013（2）：166-167.

关信息。在日本，全国银行消费者信用信息中心、株式会社日本信息中心和株式会社社会信用信息中心三家权威信用中介机构，为税务部门提供翔实的信用数据。同时，与银行、海关实现信息互通，根据纳税人信用分别实施不同颜色区别的申报制度，一旦出现失信纳税行为，纳税人将会承受非常大的法律代价。

3. 充分发挥社会力量的协助作用

美国实行自主申报纳税，约有50%以上的企业和95%以上的个人所得税都是委托中介机构代办的。另外，美国还建立志愿者团队为低收入者、老人、残障人士、较低税收地位的个人、处于困境的纳税人等特殊纳税群体提供面对面指导服务。澳大利亚约有75%的个人和接近95%的公司委托税务代理履行申报义务。成立于1919年的纳税人协会现有会员14 000人，除义务宣传税法和接受涉税咨询外，还为政府进行税收立法或修订税法时反映纳税人意见，并代表纳税人协调与税务局的关系，监督政府的财政收支活动。日本税务代理制度始于1951年的《税理事法》，税务代理士为全国85%以上的纳税人提供专业服务①，可以列席对纳税人的税务调查，维护纳税人合法权益，减少了税务机关工作，降低了征税成本，使日本成为世界上税收成本最低的国家。

（五）提供便捷多元服务，建立更精准有效的遵从引导

1. 精简办税程序

美国国内收入局大力简化报表填写，将大多数纳税人填写申报表的时间压缩至5分钟内。丹麦规定，年收入未超过500万克朗的企业按半年申报增值税，年收入在500万~5 000万克朗的企业按季度申报，只有年收入超过5 000万克朗的企业才需按月申报。新加坡提供预填、免填、移动和小企业简化服务等一系列程序简化措施。我国香港地区实施公司注册处与税务局联合一站式商业注册服务，提升企业开办速率。新西兰、澳大利亚等国家采取了引入或优化电子申报纳税、减少纳税次数、取消纳税申报表附件、简化资料报送和办理程序等一系列措施来减轻纳税人报税负担。

2. 提供个性化纳税服务

澳大利亚针对听障人群、英语能力差的特殊群体设有中继服务和传译服务等便利化服务，在税务网站上开辟24小时专人职守的“小企业服务专栏”，解决小企业的各类税务问题②。另外，为经营困难的纳税人制订欠税分期缴纳计划；与涉税专业服务人员合作联合实施一项名为“先进流辅导套餐”的税收宣传辅导计划，帮助小企业改善经营绩效；对不交税的顽固分子，坚决采取扣押财产等强制措施，确保为税收遵从度高，按时缴税纳税人创造公平的竞争环境。在日本，对不同类型、等级的纳税人适用不同的申报表，对信誉良好、运行规范的则不审查、不调

---

① 邱丽英. 纳税服务先进的理念与有益的做法［EB/OL］.（2012-10-14）. http://www.docin.com/p-452955257.html.

② 何振华，吴颖，蒋菁. 优化税收营商环境：澳大利亚从小企业抓起［N］. 中国税务报，2018-05-08.

整其申报表，但一旦发现存在虚假申报，就会取消相应优惠待遇①。中国台湾地区区分不同企业，分别推出三种所得税申报表：一般营利企业基本使用统一普通申报表；对财务核算健全规范、纳税信用等级较高的企业使用蓝色报表；小规模营利性事业团体则适用更易填报的简易申报表。

3. 创新多元化服务方式

美国政府通过制订小学生税务教育计划，社区税收宣传教育工程培育纳税意识，并于每年拿出一定经费用于税法宣传。韩国将每月第三周的周二设为“税金问题现场沟通日”，在当天与纳税人开展面对面的交谈，优先解决纳税人的税款缴纳问题。日本成立“租税教育促进协议会”，开办税法学习班、制作税法教材、开发税法游戏、征集文章等形式普及税法。中国台湾地区提供 24 小时免出门在家纳税、缴税服务，提供包括约定转账、自动柜员机转账、信用卡、便利商店、芯片金融卡、电话语音转账、网络转账、金融机构临柜缴税 8 种缴税方式，纳税人可自行选择最便利的方式缴纳税款。同时，建立综合所得税列举扣除项目处理系统，开发税额试算 App，使纳税人可以轻松地完成结算申报。

四、优化我国税收营商环境的对策建议

优化税收营商环境是一项系统工程，税务机关应树立“以纳税人为中心”的服务和内外联动、协作共治的管理理念，注重管理与服务统筹改进、服务方式与资源配置统筹优化、内部变革与外部参与统筹协调，既要坚持纳税服务本身要素的集成，又要坚持纳税服务与税制、税收征管之间的联动集成。通过分析当前税收营商环境的现状，针对不足和短板，借鉴世界各国在优化税收营商环境的先进经验，本文提出以下对策建议。

（一）凝聚思想共识，增强工作合力

优化营商环境是中央深化改革开放，促进经济可持续、高质量发展的重大决策部署，税收营商环境又是重中之重，因此，税务部门应责无旁贷，把思想认识统一到中央的要求上来，凝聚共识、聚集合力，加大力度、加快步伐推进优化营商环境这一重大工程。一是要把优化营商环境作为重点工程来抓。税收营商环境是营商环境的重要组成部分，优化税收营商环境既是税务部门把握国际国内大势，服务改革发展大局的重要体现，又是增强大国税收竞争力，高质量推进税收现代化建设的内在要求。因此，税务部门要把优化税收营商环境作为一项中心工作、重点工作去科学谋划、精心安排、强力推进。二是要把优化税收营商环境作为系统工作来抓。优化税收营商环境从要素层面来讲，包括税收立法、税收政策、税收执法、税收征管、纳税服务等方面；从执行层面来讲，包括税收系统各层级、各部门；从时间维度来讲，只有起点，没有终点，是长期的、持续的系统工程。因此，要系统思考、系统规划、全员参与、共同推进。三是要把优化税收营商环

① 向景，刘中虎. 借鉴国际经验 优化我国税务营商环境［J］. 国际税收，2013（8）：57.

境作为民生工程来抓。税收取之于民、用之于民，优化税收营商环境，不仅关系着市场主体的经营环境和纳税人的切实利益，更重要的是关系着人民的福祉。因此，税务部门要把优化税收营商环境作为践行“为国聚财、为民收税”税收工作宗旨的具体行动，树立“以纳税人为中心，为人民谋福祉”的服务理念，切实造福于人民大众。

（二）落实税收法定，推进依法治税

1. 完善税收立法

大部分发达国家有自己的税收法典，如德国的《税收通则法》、法国的《税则总法典》和《税法诉讼法典》，韩国所有税收制度均以法律形式公布。我国可借鉴国外做法，提升税收法律级次，将目前各税种的“条例”或“暂行条例”上升为法律，通过立法解释或司法解释来完善税法而不是通过发布规范性文件，采用“打补丁”的方式弥补税法漏洞，构建稳定、可预测、高质量的税法体系，为营造优良的税收营商环境提供法律保障。

2. 推进税收制度规范化建设

改变碎片化的按税种和事项制定制度的做法，建议国务院及国家税务总局分步有序开展税收征管配套规章、规范性文件的立、改、废工作，建立归口审核制度，完善税收规范性文件管理基本制度。完善税务行政赔偿、行政救济等机制，提倡纳税人主动参与税收法律和税收制度的制定实施，引导社会广泛参与，确保立法的公平性、公开性、客观性，使纳税人在合法权益遭到侵害的情况下，能够利用法律武器维护好自身权益。

3. 规范税收执法

严格落实税收法定原则和税收执法“权力清单”制度，严禁侵权行为，规范执法程序。在行政的内在秩序中，企业和群众直接面对的是执行秩序，其“获得感”也往往与执行秩序中期望和结果的距离有直接关系。公正文明执法是最好的纳税服务。对税法遵从度高的纳税人来说，提高税务干部专业水平、改善服务态度、规范税收执法行为，营造良好的税收环境是他们的渴望和期盼。落实重大税务案件审理，规范税收自由裁量权，开展执法全过程记录制度，将税收执法活动纳入法治轨道，推进公正文明执法。落实“双随机一公开”制度，完善重点稽查对象名录库、异常对象名录库和检查人员名录库，及时组织开展重点稽查对象随机抽查工作，强化监管效果。

（三）深化税制改革，降低税收负担

1. 优化税制结构

按照精简效率原则，在对现行税种进行科学分析评估的基础上，对征管成本高、效率低的税种做适当合并。简化税制结构，逐步改变我国过度依赖间接税的局面，合理调节间接税和直接税、法人纳税人与自然人纳税人的税收分配关系，建立简明、互利、协调、稳定的税制结构。对小微企业探索实行“多税合一”征收办法，按综合征收率征收，可使小微企业核算更简便，也可有效降低纳税成本与征税成本。

2. 降低税费负担

通过近两年来的“营改增”和个人所得税扣除标准的调增，特别是如今前所未有大幅度减税降费政策的实施，我国纳税人的税费负担大幅度降低，对进一步优化税收营商环境，增强市场活力，将起到巨大的促进作用。但从税收法治化建设和经济持续高质量发展的长远目标考虑，仍还有进一步研究完善的必要。一是需加快增值税立法，将减税措施用法律的形式固定下来，稳定纳税人的长远预期。二是增值税税率还有简并空间，值得深入分析研究完善。同时，现有的增值税减税措施有些在落实中操作较为复杂，还需进一步简化，便于纳税人理解和操作。三是可适当调低企业所得税税率，增加加计扣除范围，对技术开发创新型企业资本性投资费用化。四是进一步深化个人所得税改革，加快综合与分类相结合的改革步伐，适当下调与国际高端人才竞争最密切的最高税率，增强对国际高端人才的吸引力。五是要大幅度清费降费。目前，费目繁多，负担沉重的问题还比较突出，应采取废、并、简、降的办法减轻纳税人的缴费负担。重构社保费养老保险制度体系，废除用工单位和个人缴费养老的单一保障制度，建立用工单位和个人、社会、政府三位一体的多元化收入来源保障制度，既可减轻劳动密集型中小企业和个人的缴费负担，又可提高养老保险的综合保障能力。

3. 规范税收优惠政策

建立税收优惠跟踪评估反馈机制，全面清理各项现行税收优惠政策，及时废除不科学、不合理、无实效的税收优惠。提高税收优惠政策的立法层次，增强税收优惠政策的系统性、协调性和透明度。消除税收优惠政策碎片化现象。优化税收优惠政策的组合模式，建立以直接优惠为主、间接优惠为辅的税收优惠政策体系。明确税收优惠政策的政策导向和奖励功能，将救济型优惠政策转化为激励性优惠政策，把税收优惠政策的重点放在人才开发和科技创新、产业升级上，用税收优惠增强经济发展的内生动力和创新活力。

（四）强化信息管税，提高办税效率

1. 建设电子税务局

借鉴澳大利亚、日本、德国、新加坡整合税收征管信息化系统的先进经验，统筹线上和线下办税平台，建设规范统一、智能强大的电子税务局。充分发挥税务信息广泛覆盖法人、自然人的优势，借助大数据、云平台等现代信息技术，在全国范围内推出业务统一、标识统一、流程统一、操作统一的电子办税服务平台，为纳税人节省出更多的办税成本，为税务机关节省出更多的服务资源。借鉴新加坡利用字符识别技术提取应用扫描资料的先进技术，实现终端、手机图片上传、分类贴标、字符识别、后续应用。

2. 推进办税智能化

优化纳税申报程序，遵循全国统一的电子税务局业务标准规范，整合集成各类网上办税功能，拓展网页版、客户端、移动 App、智能自助终端、第三方涉税合作平台等丰富的线上办税渠道，提供在线自动办结、在线审核办结、线上和线下融合办结等办税事项处理方式，逐步实现主要办税事项全程网上办理。基于数据驱动和规则驱动，自动识别纳税人特征及需求，实现个性化管理、差异化服务。拓宽电子发票使用范围，依托“物联网”技术，推行网上领票、网上代开、网上验旧、网上备案审批等“一条龙”服务，推行发票真伪、缴税信息、纳税信用级别、涉税流转事项办理进度网上查询，让纳税人指尖轻点，足不出户即可办理有关涉税事宜，降低往返奔走于办税服务厅的时间成本和财务成本。

3. 推动大数据应用

通过收集纳税人访问门户网站的痕迹、办理涉税事项的记录以及通过热线电话咨询问题等类型，统一标准，规范分类，实行大数据采集，全面采集纳税人需求和涉税信息；在此基础上，对纳税人需求按照实现形式，划分成告知性需求、便利性需求和政策性需求进行分类，根据纳税人规模、行业、成长期限等，对其需求进行分级应对管理；运用大数据原理，建立有效的需求分析模型，提炼出一定时期的重点需求和变化趋势，形成“需求采集—需求分析—需求响应—持续改进”的良性循环机制。

（五）创新征管方式，推进治理现代化

1. 优化税收征管组织结构

组织机构的模式从以税种为主向以“纳税人类型”“职能、行业类型”为主或者混合模式转换。在横向层面上精简内部机构设置，消除职能重复、交叉的组织体系弊端，降低间环节流转的实际成本。根据遵从管理不同层次的要求，推进税务组织机构扁平化，在征管机构之间形成梯次化的税源管理结构和相应的资源配置结构。推动建立健全以信用评价、监控预警、风险应对为核心的新型税收征管制度机制，优化税收征管职能和岗责配置，构建评价准确、监控严密、应对有力的现代化税收征管方式，全面提升税收征管能力。

2. 建立对自然人的税收管理体系

现行征管法的主要对象是企业、法人和单位，对自然人基本不涉及。加强对自然人的税收征管，发挥税收在创新社会制度、促进社会公平正义中的重要作用，迫切需对自然人（包括合伙企业的自然人）进行规制。可借鉴美国、丹麦和澳大利亚的做法，建立统一的自然人纳税识别号制度和唯一银行账号制度。赋予每个自然人唯一的、终身不变的税务登记号，并与其纳税信用挂钩。纳税人失信达到法律规定的上限，将在就业、经营、融资上终身受限。在金融机构开设银行账号时，个人的纳税识别号可直接作为银行账号，最大限度地控制现金交易，通过资金流向控管税源。

3. 强化跨部门协作，推进税收共治

建立“政府主导、税务主管、部门配合、司法保障、社会参与”的社会协税护税体系，建立全社会协税护税机制，提高综合治税能力，变单兵治理为共同治理，促进社会整体税收遵从度的进一步提升。可借鉴美国做法，以法律规定相关单位定期提供涉税信息的法定义务，确保税务部门能及时获取和使用各部门信息，强化社会管理和公共服务。借鉴美国、澳大利亚将税收信用挂钩企业经营、个人日常活动的做法，强化联动奖惩，提升税收信用附加值。建立由地方政府牵头、各部门参与的纳税人信用激励和失信惩戒制度，引导社会各界尤其是有治理职能的部门，积极参与税收治理，树立税收共治理念，形成税收共治的社会文化氛围。

（六）优化税收服务，促进纳税遵从

1. 简化办税流程

借力“互联网+税务”，取消不必要的程序性环节。一是从纳税人的视角和需求出发，对关联度高的事项实施跨税种、跨类别整合，实行“套餐式”办理。二是减少数据反复填和报表多份报。参照新加坡提供预填、免填服务经验，实现大部分申报“零录入”和纳税人复核确认一键申报。通过全面推行实名办税、信息共享、数据盘活、信用及风险管理等方法，全面清理和组织落实依法取消的涉税事项、资料报送和证明简化。三是简化常办事项流程，探索小微企业多税种“简并征期”，探索个人所得税、财产税、印花税的综合申报缴纳，简化纳税人设立、迁移和注销手续，提高工作效率。

2. 积极推行个性化纳税服务

实现从普惠式向定制式服务转变。可借鉴澳大利亚对老人或残障人士进行特殊辅导，借鉴日本和中国台湾地区，根据企业类别和信用度高低填报不同的申报表，对信誉良好、运行规范的则不审查、不调整其申报表。完善税收宣传服务的精准度，可借鉴美国、澳大利亚细分纳税人群体的做法，按照受众、内容不同，细分渠道，制作相适应的宣传产品，把税收优惠的条件和纳税人特征结合起来精准投放。适应碎片化学习需要，制作“短平快”辅导产品，主动向纳税人推送。实现从标准化辅导到差别化辅导的转变。借鉴新加坡在税收服务中贯彻的“倒金字塔”理念，建议我国对纳税人按行业、规模、信用、涉税行为等多重维度实施分类，按需开展有针对性的差别化辅导。如对“遵从者”采用绿色通道、容缺受理等优先服务，提升其税收遵从自豪感；对“无知者”强化分类培训辅导，帮助提高自愿遵从能力；对“疏忽者”强化“事先提醒”，将服务环节提前，帮助其有效降低犯错疏忽等“不遵从”概率。

3. 推进纳税辅导服务社会化

扶持税务代理业发展，鼓励报税机构设立，建立起满足各类纳税人需求的税务代理职业体系。参照美国对税收服务志愿者采取简要培训、考试上岗、免费辅导的经验，解决自然人涉税问题多与专业知识普遍缺乏的矛盾。探索尝试通过劳务外包公司增员、规范化中介机构志愿者服务、税校合作等渠道不断充实和加强现场导税咨询辅导服务。

4. 着力提高“12366”咨询服务水平

“12366”咨询平台是向社会宣传税收，向纳税人释惑解疑的重要窗口，但现实情况是作用发挥不够、服务质量差、纳税人满意度低，有时还起了很不好的副作用。要改变这一现状，一是需专门招聘长期稳定的专业化人才，培养专业化人才队伍，改变现在借调、轮岗、用临工的用人方法；二是要强化培训包括政策培训和征管业务培训；三是要有问必答，有难必解，准确、快速解决纳税人的实际问题；四是要用好咨询资源并向社会回应，放大咨询回应效应。

5. 积极服务开放型经济新格局

持续深入开展税收护航“走出去”行动，主动融入“一带一路”倡议，为“走出去”的企业提供国别税收法律服务，帮助解决境外涉税争端，切实维护跨境投资、经营企业的合法税收权益。优化税收激励措施，根据各国税改的潮流和趋势，及时调整我国税收政策，特别是对境外投资和“一带一路”税收政策，如对走出去的企业准许计提海外风险准备金、境外投资所缴税款由抵免法逐渐过渡到免税法等，增强企业活力与抵御境外风险的能力。创新对外支付管理方式，对同一笔合同多次对外支付的，要减少资料重复报送，只要求首次付汇时报送加盖公章的合同（协议）或相关交易凭证复印件，便利跨境资金流动。

（七）构建国内考评体系，提升国际话语权

1. 制定符合中国国情的税务营商环境的评价体系

世界银行发布的《全球营商报告》的国际认可度高，但其在纳税指标的采集、计算及应用上，或多或少存在一些局限性。如：其注重从微观维度进行评价，指标数据大部分来自企业，维度受限；忽视对不同经济体差异的考量，没有体现“经济体特色”；评估的城市多为该经济体最大的商业城市，人口超过 1 亿的经济体扩大到第二大商业城市。这些因素都让其指标无法全面合理地反映经济体特别是发展相对不平衡国家真实的税收营商环境。为改善我国的投资和市场环境，与国际经济发展平稳对接，2018 年上半年，我国国家发展改革委会同有关部门和地区，初步构建了具有中国特色、适合我国国情的营商环境评价指标体系。这是建设我国营商环境的一个重大突破。在这个基础上，建议扩充细化适合中国国情的税收营商环境指标体系，为系统优化税收营商环境提供指向和目标。在构建体系时，应从影响税收营商环境的宏观、中观、微观维度综合考虑，参考国际做法，突出“中国特色”。

2. 积极与世界银行沟通

我国应积极与世界银行及有关方面沟通交流，讨论指标的制定与修改，反馈可能存在的问题并提出合理的建议，完善国际税收营商环境指标体系的建设，进一步提升我国在完善税收营商环境评价体系的国际话语权。

3. 强化闭环状的过程管控

建议建立定期评估机制，由专门机构负责跟踪评估，及时反馈决策执行情况。定期公示税收营商环境评价情况、服务优化工作开展情况、督查事项处理情况等，并在一定范围内进行通报，推广经验，鞭策后进。切实抓好整改落实并及时反馈，形成闭环管控。同时，探索构建税收营商环境国际评价公示机制，如对“一带一路”沿线国家和地区的税收营商环境进行评价，为国内企业“走出去”提供税务指引。

参考文献：

向景，刘中虎，2013. 借鉴国际经验 优化我国税务营商环境［J］. 国际税收（8）：57.

罗秦，2017. OECD 成员国增值税最新发展及启示［J］. 国际税收（3）：14-19.

王绍乐，2015. 税务营商环境问题研究［M］. 北京：中国税务出版社.

罗秦，2017. 税务营商环境的国际经验比较与借鉴［J］. 税务研究（11）：26-31.

中国国际税收研究会，2013. 国际税收借鉴研究系列丛书（三）：税收征管模式发展趋势研究［M］. 北京：中国税务出版社.

靳东升，2012. 外国税收征管模式发展七大趋势［J］. 税收研究资料（2）.

李林木，宛江，潘颖，2018. 我国税务营商环境的国际比较与优化对策［J］. 税务研究（4）：3-9.

杨晓雯，王乾，高阳，2017. 2016 年中国香港税制调整及对内地对外投资的影响［J］. 国际税收（3）：67-70.

马旋灵，马伟，2013. 新加坡税收管理的三大核心竞争力［J］. 国际税收（5）：44-46.

资管产品增值税征管难点及对策研究

邓秋越

内容提要：针对目前资管产品增值税存在的税源转移及重复认定、嵌套投资抵扣链断裂和增信措施“保本”判定等征管难点，本文从法理角度分析其根源所在以及现行资管产品增值税税制的合理性与局限性，认为税制设计在承继营业税思路的同时更侧重税收征管效率，一定程度上忽视了我国资管行业环境和监管要求，未能体现增值税原理和税收中性原则。通过政策和案例分析，本文对上述问题提出三条对策：①通道型资管产品的运营收益以业务实质向投资人征税，管理人主动报备作为其免税条件；②嵌套型资管产品按下层资管投资收益额扣除自身费用支出、分配给上层资管金额的余额为销售额差额计征；③按照“实质重于形式”来判断增信措施是否向投资人承诺本金和固定收益或最低收益，积极同资管行业统一“保本”判定原则。

关键词：资管产品；增值税；税收征管；计税办法；保本判定

一、引言

资管全称为资产管理，一般是指金融机构接受投资者委托，对受托的投资者财产进行投资和管理的金融服务。我国资管产品主要以契约型为主，虽起步较晚但发展迅速，从 2007 年至 2012 年，经历了由公募基金为主导到信托推动资管的转变，随后在金融创新发展的大背景下快速扩张，其规模在 2012—2017 年从 26.2 万亿元增长到 120.3 万亿元，年均复合增长率高达 36%。截至 2019 年年底，资管规模约为 110.1 万亿元，已连续四年保持在百万亿元之上。

我国资管行业在快速发展的同时积累了不少结构和管理问题，其中资管行业的税收漏洞非常明显：证券公司、银行、信托等金融机构管理的资产规模高达百万亿元，但该部分资产运营过程的增值税（营业税）税收收入却多年空白。即便我国针对资管产品出台了《关于明确金融 房地产 开发 教育辅助服务等增值税政策的通知》（财税〔2016〕140 号）和《关于资管产品增值税有关问题的通知》（财

作者简介：邓秋越，1998 年生，四川泸州人，西南财经大学财税学院税务专业硕士。

税〔2017〕56号)，明确规定了资管产品增值税的纳税主体、征税对象、计税方式、税率及纳税申报方式，但在资管增值税是否脱离抵扣链条、纳税主体设置是否合理等税制设计问题以及如何界定保本与非保本的概念、如何理解增信措施等实务操作问题上，不论学术界还是实务界都存在极大争议，导致政策落地实施后产生不少征收管理上的实际困难。

因此，在资管市场不断扩张创新的今天，研究如何解决税收征管难题、优化资管行业增值税税制设计，对维护不同融资渠道之间的税收公平，降低社会资金成本，促进资管行业良性发展具有重要意义。

二、文献综述

资产管理业务一般是指资产管理机构（管理人）接受资产所有者（投资人）委托，就受托的资产设立资管产品并代表资管产品进行投资管理的金融服务（万兴，2018）。在此过程中，投资人承担资管产品的风险与收益，管理人按合同约定获取管理收入（臧莹，2018），其本质是一种“委托—代理”关系（邓若冰、邢天添，2018）。

国内对金融资管增值税的研究在2016年全面“营改增”前后达到顶峰，“营改增”前已有不少学者提出了丰富的税制设计意见。首先，金融行业的增值税应当分类设计和推行，可以按证券业、银行业等子行业或者金融机构种类来划分（宋英华，2014），也可以按金融服务的性质对金融显性服务征税，对金融隐性服务免税（王莹，2013）。其次，金融业“营改增”应当分阶段推进，初期采用简易计税法，后期过渡为一般计税方法，以完善增值税抵扣链条（魏志华、夏永哲，2015）。然而，大部分研究仅仅将资管业务简单并入“金融服务”的大范围，从整个金融业的层面来进行税制设计，没有把资管产品单独视为“金融服务”的一个子领域来分析，缺少资管产品的针对性研究。

随着财税〔2017〕56号文的落地，学者们开始将注意力聚焦资管产品的增值税问题上。就增值税原理而言，抵扣链条的完整性是税负顺利转嫁给最终消费者的根本保证，也是增值税实现税收中性的根本要求（汤洁茵，2018）。但资管产品选用简易计税办法使其脱离了增值税抵扣链条，未能充分体现增值税原理（章君，2018）；将管理人规定为纳税人会使抵扣链条断裂，导致委代双方产生税负争议并影响资管产品运营效率（邓若冰、邢天添，2018）。此外，资管业务乃至金融服务的增值额难以准确计算，进项税额和税基界定难度较大，一定程度上阻碍了税收中性的实现（张英明，2017）。从税收公平的角度而言，一方面，管理人作为运营收益的纳税人，其收入与税负不匹配（李伟、李卫平，2019）；另一方面，资管产品税率分为免税、3%的征收率和6%的征收率三档，种类相近资管产品间的税率差异未能实现税收公平（章君，2018）。从税收效率的角度而言，投资人、管理人若要保持自身利益不变，需在原有基础上将底层资产的融资费用提升3.37%，不利于社会资金的有效配置（雷莉，2020）。对资管产品征收增值税还涉及管理系统升级改造、资管产品重新估值调整、存续项目合同款项修改等工作（贺强，2017），税收成本远高于增值税收入，不符合税收效率原则。

总体而言，资管作为金融行业的热门子领域，其增值税问题没有成为国内税收研究的关注热点。虽有学者指出了现行资管增值税政策的部分局限性和不足，但针对资管的税制研究成果较为匮乏，也鲜有具体的优化对策和完善方案。故本文拟从资管产品增值税征收的实际难点出发，分析征管难点的根源所在以及现行资管增值税税制的合理性与局限性，探寻适合我国资管行业环境的解决对策和政策建议。

三、资管产品增值税纳税分析

（一）资管产品增值税政策梳理

资管业务的基本交易结构如图1所示。各交易主体之间，投资人拥有资管产品及其收益的所有权，管理人和托管人接受投资人委托、设立资管产品并拥有资管产品的管理权和处分权。

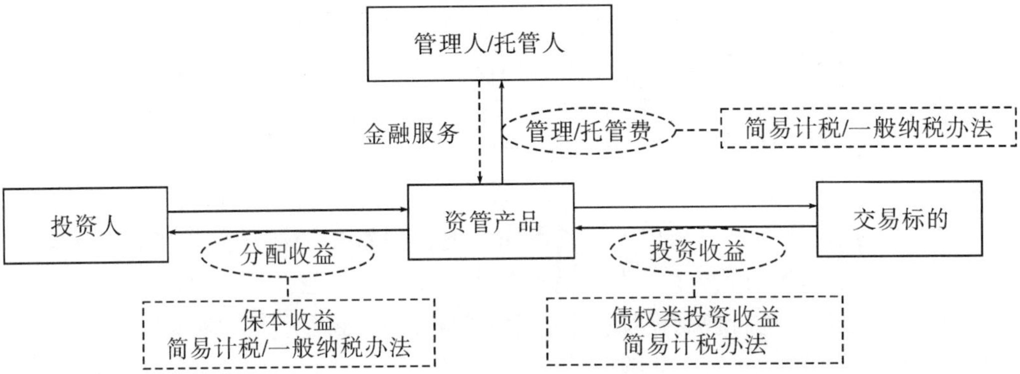

图1　资产管理业务基本交易结构和各交易环节涉税分析

根据财税〔2016〕36号、财税〔2016〕140号、财税〔2017〕2号以及财税〔2017〕56号文（以下分别简称为“36号文”“140号文”“2号文”和“56号文”）的相关内容，我国资管产品的增值税征收规定如表1所示。

表1　我国资管产品增值税征收规定

税制要素	相关规定
纳税主体	资管产品管理人①
征税范围	贷款服务、金融商品转让、直接收费金融服务

① 财政部、税务总局《关于资管产品增值税有关问题的通知》（财税〔2017〕56号）：资管产品管理人，包括银行、信托公司、公募基金管理公司及其子公司、证券公司及其子公司、期货公司及其子公司、私募基金管理人、保险资产管理公司、专业保险资产管理机构、养老保险公司。

表1(续)

税制要素	相关规定
计税方式	运营业务暂适用简易计税方法（3%的征收率） 其他业务采用一般计税方法（6%的征收税率）
纳税申报	分别/汇总核算运营业务；运营业务和其他业务汇总申报

（二）各交易主体增值税涉税分析

1. 投资人涉税分析

投资人在投资环节与管理人、托管人签订业务合同，由管理人设立资管产品主体、托管人保管资产并监督管理人运营，投资人根据产品运营情况获取投资收益。投资收益包括投资人持有资管产品而取得的收益，以及到期前转让资管产品所有权获得的买卖价差，如表2所示，二者均应缴纳增值税。

表2　投资人取得收益的增值税征收规定

收益种类	产品类型	征税规定
持有收益	保本①	一般纳税人6%的征收率；小规模纳税人3%的征收率
	非保本	免征增值税
转让收益	保本	一般纳税人6%的征收率；小规模纳税人3%的征收率
	非保本	一般纳税人6%的征收率；小规模纳税人3%的征收率

2. 管理人涉税分析

在管理环节，管理人根据与投资人签订的业务合同，提供资管产品运营、投资管理服务并收取管理费；托管人根据合同约定提供资产托管、资金结算服务并收取托管费。管理人作为资管产品增值税纳税人，其“代管”资管产品共涉及两类增值税应税行为：一是收取的上述服务费，按“直接收费的金融服务”缴纳增值税；二是运用资管产品投资交易标的所得的收益，属于“金融商品转让”或“贷款服务”范畴。具体划分见表3。

表3　资管业务中管理人的增值税应税行为

涉税环节	交易标的	征税对象	所属税目
日常运营管理资管产品	无	管理费	直接收费金融服务
运用资管产品进行投资	交易性金融资产	买卖价差	金融商品转让
	债权类投资	利息收入	贷款服务
	资管产品	保本收益	贷款服务

① 资管产品在合同中明确承诺投资人本金可到期全部收回即为“保本”，按“贷款服务”缴纳增值税。

3. 资管产品涉税分析

在投资管理环节，管理人运用资管产品进行债权类、权益类投资或资管产品嵌套投资，均属于资管产品运营业务。管理人运营资管产品所获投资收益的增值税暂适用简易征收方法，不同投资标的具体征税规则见表4。

表4 各类交易标的的投资收益增值税征免税规则①

交易标的类型及增值额		证券投资基金		其他资管产品	
		持有收益	转让收益	持有收益	转让收益
债权类投资	利率债；商业银行债（部分同业业务）	免税	免税	免税	3%的征收率
	信用债	3%的征收率	免税	3%的征收率	3%的征收率
权益类投资	股票	免税	免税	免税	3%的征收率
资管产品投资	保本型资管产品	3%的征收率	3%的征收率	3%的征收率	3%的征收率
	非保本型资管产品	免税	3%的征收率	免税	3%的征收率

证券投资基金和其他资管产品②在运营过程中产生的增值税纳税义务，应按底层资产（交易标的）的不同而分别适用不同的增值税征免税规则。与投资人的征税规则类似，保本型投资（包括债权类、保本资管产品嵌套投资）的持有收益按"贷款服务"征税；非保本型投资（包括权益类、非保本资管产品嵌套投资）的持有收益免征增值税；绝大部分底层资产的转让收益不论保本与否，均按"金融商品转让"差额计征。

四、增值税征管难点及税制剖析

（一）资管增值税征管难点

1. 税源跨地区转移及重复认定问题

本文以债权投资类资管产品中的通道委贷业务③为例。假设甲地的A银行要发放一笔贷款给当地D企业，有两种方式可供选择：一种是直接发放贷款，A银行就贷款利息收入按6%的税率缴纳增值税；另一种是通过银证合作开展通道委贷业务，即A银行通过购买乙地B证券公司的资管计划，定向对甲地的D企业进行通道贷款（见图2）。

① 根据财税〔2016〕36号、46号、70号文的特殊规定，证券投资基金管理人运用基金买卖股票、债券的转让收益，以及国债、地方政府债、政策性金融债、商业银行债券（同业）产生的利息收入均免缴增值税。

② 证券投资基金即公募基金；私募基金由于实质上是一种信托法律结构，不具有法律主体资格而属于资管产品。

③ 通道业务的特点在于管理人仅提供专项投融资的通道，资管产品资金的管理权、目标客户和交易标的的选择权归委托人所有，投资风险及风险损失全部由委托人承担。

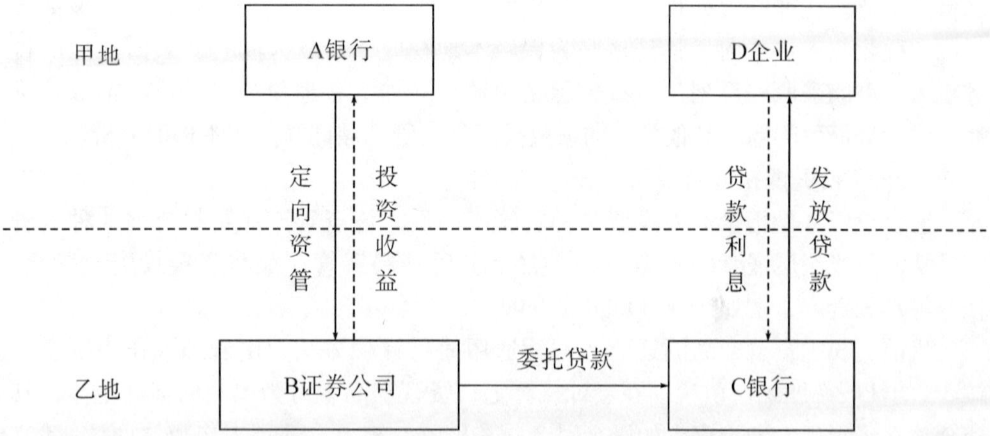

图2 通道委贷业务资金跨地区流动示意图

根据现行政策的规定，该通道委贷业务的增值税纳税人为B证券公司，B证券公司以C企业支付的贷款利息在乙地按3%的征收率缴纳增值税。如果A银行持有的资管产品为非保本型，则其持有收益还能在甲地免征增值税。从理论上说通道委贷业务收入的增值税税负不增反降，在实际征管过程中却面临重复征税的风险。

从银行的角度来看，通道委贷业务在形式上将贷款投资风险转移给了证券公司，满足将表内资产转移至表外的会计条件。但证券公司的定向资管计划仅仅是资产出表的一条通道或者一层外壳，银行资产只需在证券公司和委贷①行C银行履行一遍合同文件流程，即可按照银行的指令流向指定的企业或者项目。换言之，银行仍保有该部分信贷资产的实际控制权且自担风险，相当于银行间接发放贷款，对此应当按业务实质以贷款业务计入资产类科目。该部分信贷资产出表虽然符合会计准则，但不符合经济实质和会计信息质量要求。所以在“140号文”出台前，大部分银行为规避税务风险，会主动就其从资管计划取得的收益按贷款收入按6%的征收率向甲地税务机关缴纳增值税。

在现行政策规定下，本例的纳税人由A银行转变为B证券公司，税源由甲地流向乙地。但甲地税务机关完全可以继续根据业务实质，将A银行对资管产品的购买认定为“没有进入贷款科目”的贷款行为而不是投资行为，对应的会计核算记入“应收款项类投资”而不是出表，且无论A银行购买的资管产品是否保本都要以所获资管收益在甲地按6%的征收率缴纳增值税。案例结果是甲、乙两地税务机关对来自同一底层资产（D企业）的通道贷款业务收入征收了3%和6%两道增值税。

在现实情况中，提供资管产品通道的金融机构大多位于发达地区，如果银行

① 委托贷款，是由受托人（贷款人）根据委托人的委托要求，对其提供的资金以受托人（贷款人）自己的名义向借款人发放、监督使用并收回贷款的协议。在此过程中，受托人（贷款人）仅进行贷款管理，不承担贷款风险。

和借款企业所在地的税务机关不是根据业务实质对银行等资金方征税，则该部分税源和税收收入将流向发达地区。为保障本地税收，借款人和贷款人所在地的税务机关有可能采取一系列认定举措保留税源，再加上各地税务口径执行不一致进而造成重复征税问题。其他类似的债权投资类资管产品同样适用本例的分析。

2. 嵌套投资抵扣链断裂问题

嵌套投资，是指投资人投资某种资管产品后，该资管产品再投资另一种资管产品从而形成层层嵌套的投资链条，直至最后一层资管产品将资金投资至股票、债券等基础资产，例如 FOF（fund of fund）。

目前，我国资管产品的运营收益暂适用简易计税方法，由管理人作为纳税人按3%的征收率缴纳增值税。在会计核算上，资管产品本身为单独的会计主体，其资金独立于管理人和投资人的资金财产；在税收政策上，管理人作为“两位一体”的纳税人应分别核算自营业务和资管产品运营业务，资管产品支付自身审计费、验资费、律师费等费用的进项税额既不能抵扣运营收益的销项税额，也不能抵扣管理人其他业务的销项税额。所以，简易计税办法会使资管产品脱离增值税抵扣链条，并且导致嵌套保本型资管产品的重复征税问题，具体见图 3。

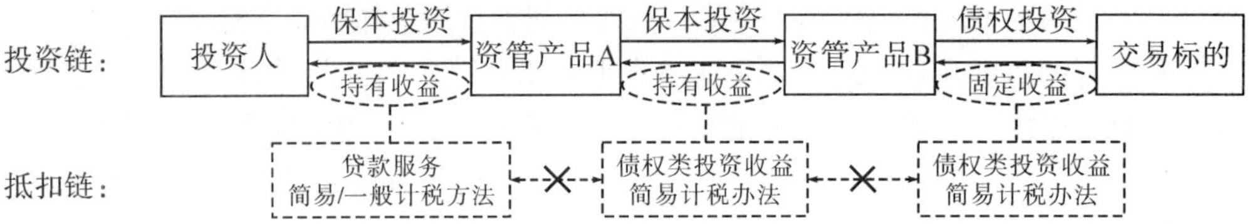

图 3 保本型资管产品的多层嵌套投资

在保本型多层嵌套投资链条中，每一层资管产品管理人都要为自己持有下一层资管产品所得收益缴纳增值税。例如，投资人直接购买甲证券公司的资管产品 A，资管产品 A 再嵌套乙证券公司的资管产品 B，最后资管产品 B 将资金用于投资公募证券基金或者其他有价证券。每一层资管产品均提供差额补足、担保安排等实质具有保本性质的增信措施，税务部门均按照“实质课税”原则将增信措施判定为保本承诺，则资管产品 A 和 B 的管理人、投资人应当分别就所得收益按照“贷款服务”缴纳增值税。具体而言，两位管理人按 3%的征收率的简易计税，投资人按 6%或 3%的增值税税率纳税。所以，在本例中，同一笔底层资产收益在保本型多层嵌套投资链条中，一共征收了三次增值税。虽然中间各层资管产品的收益均来源于相同的底层资产，但在简易计税办法不得进行进项抵扣的规定下，该笔收益随着它在投资链条中的层层传递而层层重复征税。

因此，在现行政策下，资金每增加一层嵌套相当于多流转一次，投资链条越长税负越重。如果这部分税收成本都向底层资产转嫁，将会极大增加底层融资费用，造成社会融资成本增加，不利于资金流转和社会经济发展。

3. 增信措施是否构成保本问题

不论是对投资人的投资收益还是资管产品运营收益征税，关键都在于该项投资是“保本”还是“非保本”类型的判定。目前，税收政策对保本的判定规则仅有一条，即“保本”是指合同中明确承诺到期本金可全部收回①。然而，基于合同字面形式的判定方法在大部分取消了“保本”字眼及其内涵表述、以增信措施作为降低投资风险主要手段的资管产品合同中已经不大适用。资管产品常见的增信措施详见表5。

表5　资管产品常见的增信措施

增信措施	具体内容
优先级/次级结构	将投资人划分为优先级和次级或更多级别，优先级在还本付息、损失分配等安排上享有优先权
差额补足承诺	对资金不足以支付预期收益和全部未偿本金的差额部分承担补足义务
回购承诺	以既定价格无条件进行回购
保证担保	对本息到期偿付提供无条件连带责任担保，对差额支付承诺义务提供无条件连带责任担保
保证保险承诺	保险人为被保险人本息提供一定额度的保证保险承诺

某些资管产品虽未在合同中明确承诺保本，其合同中提供的增信措施实质上可以保证投资人的本金到期全部收回，因此部分税务机关在征管实践中会根据其实质构成保本承诺对该部分“保本收益”征收增值税。

但以“增信措施实质构成保本承诺”为由征收增值税存在两大问题：第一，与目前资管行业规范相冲突。证券投资基金业协会认为，“保本”与否的判定仅与合同承诺相关，金融商品为降低违约风险所做的增信措施并不影响基于合同的“保本”判定②。第二，不同增信措施运用在不同合同中所形成的效果不一，资管行业和税务机关都难以一概而论。例如在业务实践中，形式多样的增信措施可以在信托合同、资金运用合同等不同的合同中，以优先级/次级结构、差额补足承诺、回购承诺等不同的方式进行约定。再加上增信措施存在对象指向性不明显和隐蔽性等特点，其是否形成保本承诺难以进行判定。

尽管征纳双方对“保本”收益在合同形式上的审查达成了共识，但目前税务机关并未对增信措施是否构成保本承诺的问题给出统一的判定细则和执行规范，使得各地税务机关和金融机构在实践中屡见分歧，导致多种资管产品的“保本”判定与增值税纳税义务存在较大争议。如何准确界定增信措施是否构成了保本收益，是征纳双方必须进一步明确的一大难题。

---

① 《关于明确金融 房地产开发 教育辅助服务等增值税政策的通知》（财税〔2016〕140号）：“保本收益、报酬、资金占用费、补偿金”，是指合同中明确承诺到期本金可全部收回的投资收益。

② 《证券投资基金增值税核算估值参考意见及释义》：“保本”指的是到期有无偿还本金的义务，并非有无偿还本金的能力。因此，金融商品违约风险的高低以及为降低违约风险所做的增信措施并不影响保本与否的认定。

（二）资管增值税税制要素分析

资管增值税征管难点的矛盾根源主要集中在以管理人为纳税主体且暂适用简易计税办法的政策规定上，再加上个别政策与资管行业的法律规范相违，导致征纳双方就资管产品增值税的征管产生较大的分歧。

1. 纳税人设置：是管理人还是投资人？

资管运营收益纳税人设置对比见表6。

表6 资管运营收益纳税人设置对比

纳税人设置	管理人	投资人
独立法人资格	有	有
资管行业规范	不符合	符合
纳税义务与实际收益	不匹配	匹配
是否需要穿透	不需要	需要
税收征管效率	高	低

（1）管理人作为纳税人

以管理人为资管产品运营收益的纳税人有利有弊，其最主要优势是保证了增值税的征管效率。考虑到一家金融机构往往管理多个资管产品，且不同资管产品之间相互嵌套、组合投资等错综复杂的交易结构，将管理若干个资管产品的管理人作为纳税主体从管理平台课税，是税收效率原则的极大体现，其在简化征管手续、便利纳税人的同时节约税务征管成本，提高税收征管效率。

但纳税人的设定与资管行业规定相背离。我国《证券投资基金法》和《信托法》明确规定，信托财产或基金财产应独立于管理人的固有财产，且资管产品的相关税收应该由投资人承担，管理人只履行代扣代缴义务①。假设管理人以自身固有财产承担资管产品运营收益的增值税税负，不符合行业监管要求；以资管产品的财产缴纳其运营收益的增值税，其代扣代缴行为与“资管产品纳税人”名不副实，也极易与拥有资管财产所有权的投资人产生利益纠纷。

（2）投资人作为纳税人

如果以投资人为资管产品运营收益的纳税人，既符合我国《证券投资基金法》和《信托法》的行业规定，也使得纳税人的税收成本与实际收益相匹配，但前提是必须要进行穿透处理。

穿透，即投资人穿透资管产品，根据实质所有权和最终受益原则把“投资人—资管产品—交易标的”的两环节投资视作投资人直接投资交易标的单环节投资。投资人根据其向底层交易对手提供金融服务的性质来判定该部分投资收益是否缴

① 《中华人民共和国证券投资基金法》第一章第八条：基金财产投资的相关税收，由基金份额持有人承担，基金管理人或者其他扣缴义务人按照国家有关税收征收的规定代扣代缴。

纳增值税；管理人只需为自己收取的管理报酬缴纳增值税，不再负有投资收益的增值税纳税义务。因此，对应的征收模式是投资人自行判定并申报缴纳增值税，或由管理人判定并代扣代缴增值税。

上述设计看似合理，但实际征管困难重重。第一，在投资人自行判定和申报增值税的情况下，如果投资人是借管理人开展通道业务还比较容易进行穿透；如果投资人是购买管理人设立的资管产品，由管理人进行投资管理，则投资人很难进行具体判断。如果管理人运用资金进行嵌套投资，投资人更是难以穿透至底层资产。第二，在管理人判定并代扣代缴增值税的情况下，虽然管理人直接接触底层资产可以代扣代缴，但在双方议价能力的权衡下，征管力度较弱。

所以，现行政策是将投资人投资资管产品和资管资金的投资运营分为两个环节，独立征税。投资人和管理人只需要判断各自所处业务环节的投资收益是否属于增值税应税范围即可，更具备可操作性。综上所述，将管理人设置为纳税人是介于资管行业规范与税收征管效率之间的折中选择。

2. 计税方式：是简易计税还是一般计税？

（1）简易计税方法

"56号文"专门规定了资管产品运营收益暂适用简易计税方法，并要求管理人将资管运营业务与其他业务分别核算。简易计税在资管产品增值税的征管实践中可以避免资管产品发生费用支出时的进项认证抵扣，并且管理人只需计算每期运营收益总账的增值税，而不用单独核算每一笔交易净价收益，简化纳税操作的同时也方便征收管理。

然而，进项无法抵扣是简易计税最主要的问题，上文提到的嵌套投资重复征税的问题在此处不再赘述。另外，征收率与增值税税率之间的税负差异还会导致金融机构避税套利的问题。对银行等金融机构而言，同样是"贷款服务"和"金融商品转让"的应税行为，其管理的资管产品运营收益按3%的征收率简易计税，而金融机构自营业务收益却要按6%的税率缴纳增值税。因法人主体不同产生的税收核算差异，再加上公募基金和非保本型资管产品的增值税税收优势，将进一步激励金融机构利用通道业务避税套利，扭曲金融行业的投融资行为。

（2）一般计税方法

相较于简易计税方法，一般计税方法可以解决资管产品抵扣链条断裂、嵌套投资重复征税问题。如果增值税税率设置为6%，可进一步避免因税收核算差异引发的避税套利问题，更符合税收中性原则。并且金融机构对其管理的每个资管产品，都是作为独立的会计主体核算，这为一般计税方法的采用提供了会计核算基础。

但税率和纳税成本较高是其劣势。资管业务作为一项金融服务，税收负担是其主要成本之一。另外，多个资管产品共同发生的费用支出需要在各个资管产品之间精确分配、合理抵扣，对管理人的增值税核算工作提出了更高的要求，也给税务机关的征管核查增加了难度。

总体来说，简易计税方法简便了资管产品的纳税核算与操作，3%的征收率可以为资管产品初征增值税提供一个良好的适应税率和过渡期。56号文对简易计税方法的选择是“暂适用”的，资管增值税想要打通抵扣链条并且保持税收中性，应在过渡期后选择一般计税方法并给予配套的税收优惠，解决重复征税问题的同时不过分增加资管产品税负。

3. 保本判定：是重形式还是重实质?

（1）合同形式的审查

在现行增值税政策中，“140号文”规定的“保本”是基于合同字面形式来审查该资管产品是否明确承诺到期本金可全部收回，判断其是否有到期偿还本金的义务。在实践中，关于“保本”的内涵表述有本金零风险、本金无忧、到期还本、保底收益等字样，都比较容易判断。

然而，“资管新规”① 对保本保收益、刚性兑付的明令禁止，让金融市场中大多数资管产品不再“保本”，至少不会在合同中出现“保本”的表述。除了小部分银行保本理财和公募基金的保本产品外，基于合同字面形式上的“保本”判定已经不适用于绝大多数的资管产品，但这并不意味着金融市场不再存在保本型资管产品。以金融产品中常见的增信措施为例，金融机构为防止保本偏好客户的流失，会通过信用增级措施使得资管产品接近或达到“保本”效果，税务机关必须透过实质才能去判断这类潜藏在合同字面下的保本产品。

（2）合同实质的判断

从合同的实质进行判断，要求“保本”不仅仅从字面意思上审查，还要从整个交易的实质来进行分析。其中争议最大的部分当属资管产品的增信措施，中国证券投资基金业协会明确将增信措施排除在“保本”义务范畴之外，但在各地税收征管过程中更注重增信措施在实质上是否构成了合同的保本承诺。本文以最常见的两种增信措施为例来分析如何对增信措施进行实质判断。

①优先级/次级结构

结构化产品的设计并不一定意味着优先级可以保本保收益，具体应当根据合同条款的具体情况具体分析。在“史利兴案件”中，史利兴公司认购融通公司3号资管计划中的进取级份额，该计划另设有优先级。进取级份额在运营过程中净值跌破预警线，产品清算时亏损48.42%；而优先级份额一直未突破风险警戒线，产品清算时的实际收益为7.3%，与合同预期收益一致。由于整个资管计划在终止清算结果中整体处于亏损状态，但优先级份额仍获取到本金及合同预期收益，因此史利兴公司主张该产品构成保本收益，不符合资管行业监管规定。

针对该案例，如果合同条款出现优先级可受偿固定收益的情况，但是实际能获得此收益仅限于损失未超过特定范围，并且优先级预期收益率仅为根据分级比例以及份额净值的未来表现而测算的预期收益率，没有承诺保证优先级能够按照

① 《关于规范金融机构资产管理业务的指导意见》（银发〔2018〕106号）。

该收益率取得预期收益，也没有保证优先级本金不受损失等类似约定，则该结构化安排仅属于“降低优先级风险但并没有消除优先级的风险”的风险管理措施，因而不满足保本收益的界定。法院认为史利兴公司的主张不成立①。

如果案例中优先级份额跌破风险警戒线并且在资管计划整体亏损的情况下，仍获取到本金及合同预期收益，则该结构化设计属于保本承诺。因此，结构化产品合同条款的设计为是否征收增值税的重要依据，不能一概而论。

②差额补足

判断差额补足是否构成保本承诺，应当判断第三方或者其他机构做出《差额补足函》（或其他形式差额补足承诺）时承担义务的情况。例如，国金证券管理的中安消 1 号资管产品设置了优先级 A、中间级 B 和风险级 C，中间级 B 以参与金额为限对优先级 A 的本金及预期收益承担有限补偿责任；风险级 C 与中恒汇志公司对优先级 A 和中间级 B 本金及预期收益承担补偿责任。

在本案例中，国金证券公司虽未在合同中直接对优先级 A 和中间级 B 保本保收益，但国金证券与中恒汇志签订的《差额补足合同》约定由中恒汇志对优先级 A 和中间级 B 的本金及预期收益的实现提供不可撤销的连带补偿责任，属于以“第三方机构差额补足优先级收益、计提风险准备金补足优先级收益”间接提供保本保收益的行为②。该差额补足承诺构成了优先级 A 和中间级 B 的实质保本，法院判决结果也与本文上述分析一致③。

所以，在差额补足条款中，如果以承担连带补偿责任的形式或者是连带责任担保形式，则可认为是提供了保本收益；但如果存在一定的豁免条件，则应该根据具体条款进行进一步的判定。

4. 资管产品增值税总结

第一，资管产品的增值税制主要以“平移”营业税制为主。其中“36 号文”作为“营改增”的纲领性文件，承继了财税〔2006〕5 号文的思路与征税范围，将征税对象从信贷资产证券化业务扩大至所有资管业务。在“36 号文”的思路下，“140 号文”和“56 号文”对实务中资管产品增值税的征收操作进一步规范和指导，选择不穿透的处理方式规定管理人为纳税主体，暂适用与营业税计税方式类似的简易计税办法。

第二，资管产品增值税的税制设计侧重税收征管效率，未能体现增值税原理和税收中性的要求。在金融产品不断创新变化、增值额难以准确核算的背景下，资管产品暂适用简易计税办法看似避开了这一难题，却没有达到税制中性的重要

① 《史利兴与深圳市融通资本管理股份有限公司委托理财合同纠纷二审民事判决书》（2017）粤 03 民终 7851 号。

② 《证券期货经营机构私募资产管理业务运作管理暂行规定》中国证券监督管理委员会公告〔2016〕13 号。

③ 《国金证券股份有限公司与深圳市中恒汇志投资有限公司合同纠纷一审民事判决书》（2017）川民初 64 号。

目标。由于资产管理业务原本就以中间业务的形式存在，税收负担也是其考虑的“成本”之一。而简易计税办法并没有让资管产品参与增值税的抵扣链条，税收制度也没有体现增值税“对商品流转过程中产生的增值额征税”的税收原理，其税负“成本”只能倚靠交易主体之间议价能力的强弱来转嫁。另外，增值税税制能否让不同的资管产品有相对平等的税收待遇、3%的征收率与6%的增值税税率的差异是否会对非资管融资方式产生挤出效应，都是税制设计必须考虑的问题。资管产品增值税仍需不断优化和完善，逐步消除重复征税与税收扭曲。

五、结论

（一）征管难点解决对策

1. 通道型资管产品以业务实质向投资人征税

通道型资管产品可以类比单一资金的定向资管产品，运用资管资金进行专项贷款投资且资金所有权、控制权均属于投资人。在现行增值税政策下，定向资管产品在运营管理环节的利息收入，均由管理人（通道机构）按3%的征收率缴纳增值税且无法进行进项抵扣；投资人持有该资管产品取得的收益不论是否保本都极易被当地税务机关根据贷款业务实质征收增值税。一般证券、信托公司等通道机构收取的通道费用比较微薄（通常为0.5‰~2‰），并且通道费用收入本身也要缴纳增值税，难以覆盖通道型资管产品运营收益的税收成本。

考虑到税源转移以及纳税人税负问题，本文建议通道型资管产品的运营收益以投资人（银行等资金方）为纳税人，按照其贷款业务的实质征收增值税，管理人作为中介机构不再负担该部分增值税。也就是指税务机关穿透通道型资管产品，将“通道”视作一个流转环节，仅对贷款利息收入在流转过程产生的增值额征收增值税，同时鼓励管理人主动向税务机关报备自己名下的通道业务，作为管理人申请免交该部分的增值税的前提。这样，不仅解决了税源转移和重复认定问题，一定程度上也降低了管理人税收成本，并且有助于提高税收征管效率及对资管行业的监督管理。

2. 对嵌套型资管产品采用差额征税

差额征税是营业税制下的一种征收方式，“营改增”后仍被多个行业包括金融商品转让、经纪代理服务、劳务派遣等采用。

如前文所述，重复征税问题在“双保本”① 嵌套型资管产品投资链条中会更为突出。考虑到简易计税办法可能只是资管产品“营改增”初期的过渡办法，本文建议在现行增值税政策下对资管业务的特定项目（如嵌套型资管产品）采用差额征税的方式，按照下层资管产品投资收益额扣除自身费用支出、分配给上层资管产品金额的余额为销售额征收增值税。在同资管行业明确“保本”判定原则、规范征管实践操作的前提下，采用差额征税不仅可以降低资管产品融资成本，并且

① 对投资人承诺到期本金可全部收回，并将资金投资至信用债或保本型资管产品。

减轻各层管理人和最底层资产投资收益的税收负担，一定程度上消除重复征税和经济扭曲以实现税收中性。

3. 增信措施按实质重于形式原则判定

资管产品增信措施并不一定构成保本承诺，具体应当遵循重形式原则，根据合同条款具体情况具体分析。第一步，判断资管产品合同层面的合规性，审查合同是否明确提示资管产品的投资风险。第二步，判断资管产品增信措施的合规性：首先分析投资人在运营亏损或者运营收益未达到预期的情况下，能否通过增信措施取得本金和预期/固定收益；其次分析该部分本金与收益是否与底层交易标的相关，投资人所持份额是否承担了对应的投资风险。

以优先级投资人和差额补足条款为例，优先级投资人相对于劣后级拥有资管资金的优先分配权和预期收益率，虽然合同明确强调了投资风险，但优先级投资人通过增信措施在资管计划整体亏损或者运营收益未达标的情况下仍然获得了本金和预期收益。如果合同条款以优先级的亏损未突破风险预警线为其优先分配本金收益的条件，则优先级投资人承担了对应的投资风险，该资管产品的结构化设计不构成保本承诺；如果劣后级或者第三方通过差额补足条款等其他增信措施，无条件满足优先级的本金与预期/固定收益，即可判定其构成了实质的保本承诺。

（二）资管增值税优化建议

1. 明确管理人以资管财产缴纳运营收益增值税

"140号文"将管理人规定为资管产品运营收益的纳税人，实质上是把资管产品这一会计主体的纳税义务转移给了管理人。不论是否对资管产品进行穿透，管理人都不应当承担资管产品运营收益的增值税税负，也不符合资管行业的法律规定。

在现行增值税政策以管理人为纳税主体的背景下，解决管理人义务与收入不匹配的最优办法，是在税收政策中明确资管财产独立于管理人固有财产。不仅资金管理独立，税款缴纳也要独立。换言之，管理人履行其运营业务的纳税义务时，是用资管产品的资金为其缴纳该部分增值税。虽然管理人的"代扣代缴行为"与"资管产品纳税人"名不副实，但在我国资管产品不具备纳税主体资格、无法进行税务登记的国情下，不仅符合纳税义务与收入相符的税收逻辑，满足资管行业的监管要求，也避免了因转嫁增值税税负与投资人产生的经济纠纷。

2. 调整计税方法和增值税税率

完善的增值税体系应当覆盖全社会各行各业，就其商品劳务在流转环节产生的增值额精准课税。打通各行各业的增值税抵扣链条是我国"营改增"的重要目标之一，虽然资管产品已纳入增值税征税范围，但其暂适用简易计税方法按3%的征收率征收增值税将其排除在抵扣链条之外，事实上并未完成"营改增"。

在不断深化完善增值税政策的进程中，变更资管产品的计税方法为一般纳税方法，同时将增值税税率调整为6%并给予配套的税收优惠很有必要。一方面，资管产品运营产生的成本费用支出可以参与增值税进项抵扣，减轻重复征税问题，符合增值税原理和征税逻辑；另一方面，资管产品运营收益的税率与金融机构自营业务的税率尽量保持一致，以避免税收套利和投融资行为扭曲，使资管产品增值税制更符合税收中性原则。

3. 同资管行业明确“保本”判定原则

“140号文”对“保本”的概念笼统解释为“合同中明确承诺到期本金可全部收回”，对于何为“明确承诺”以及何为“本金可全部收回”，文件没有给出具体的判定细则和操作规范。2018年出台的“资管新规”使“140号文”的实用性大打折扣，税务机关与资管行业在“增信措施是否实质构成保本承诺”问题上的分歧，导致实际征收过程中困难重重。由此，现阶段的增值税政策同资管行业规范进一步统一“保本”的判定细则尤为重要。

结合目前的征管实践，“保本”判定应该从以下三方面规范和明确：第一，“保本”判定应基于合同形式上的审查，合同字面上是否明确保证资管产品的本金和预期收益，即该承诺是否构成投资人的债权；第二，应当根据“实质重于形式”来判断增信措施是否构成“保本”或者“保收益”的承诺，若增信措施实质向投资人承诺本金和固定收益或最低收益，应按“贷款服务”征收增值税；第三，同资管行业细化增信措施是否构成保本承诺的判定细则和操作规范，尽量避免两法矛盾或冲突，保证资管行业的稳定发展和税收征管的合理有序。

参考文献：

万兴，2018. 资管产品增值税政策中保本概念的界定及在实务中的把握［J］. 税务研究（7）：55-60.

臧莹，2018. 我国金融资产管理产品税制问题研究［D］. 北京：中央财经大学.

邓若冰，邢天添，2018. 资管业务中的营改增：变革、问题与对策［J］. 税务研究（7）：48-54.

宋英华，2014. 金融业“营改增”难点分析［J］. 经济研究导刊（17）：219-220.

王莹，2013. 金融业增值税的现实考察和路径选择［J］. 税收经济研究，18（4）：15-24.

魏志华，夏永哲，2015. 金融业“营改增”的税负影响及政策选择：基于两种征税模式的对比研究［J］. 经济学动态（8）：71-83.

汤洁茵，2018. 资管产品增值税的纳税人之辨：兼论增值税的形式主义［J］. 法学（4）：139-149.

章君，2018. 资管产品增值税征税问题探讨［J］. 财务与会计（6）：54-55.

张英明，2017. 金融业“营改增”面临的挑战与风险应对策略［J］. 财会月刊（1）：38-42.

李伟，李卫平，2019. 资管产品增值税问题探讨［J］. 财务与会计（16）：47-49.

雷莉，2020. 信托业资管产品增值税涉税分析［J］. 中国集体经济（11）：108-109.

贺强，2017. 对当前几个新金融问题的研究与建议［J］. 价格理论与实践（4）：11-14.

付刚，2019. 信托产品净值化管理问题探讨［J］. 现代商业（22）：161-162.

叶姗，2018. 金融服务增值税课征规则何以创制［J］. 法学（7）：57-70.

高金平，2017. 契约型证券投资基金税收政策研究［J］. 税务研究（9）：64-69.

滕祥志，2017. 资管产品增值税新规的法律评析［J］. 银行家（10）：98-99.

黄电，2018. 金融业资管产品营改增核算争议点深层次评析：对财税〔2016〕140号和财税〔2017〕2号文件的解读［J］. 注册税务师（12）：37-39.

古成林，王贝贝，2017. 资管产品增值税纳税和开票相关问题的探讨［J］. 财务与会计（22）：38-39.

避税与投资效率：基于未来现金流量的中介效应

邓雨晴

内容提要：随着国内外学界对避税与企业价值关系的研究不断深入，近年来开始有文献从各种角度探讨避税影响企业价值的具体途径。由于投资活动是拉动宏观经济的“三驾马车”之一，又是企业扩大生产规模的重要途径，投资效率的高低直接影响企业价值和社会经济的增长，因此本文研究企业的避税行为对投资效率的影响。那么，企业的避税行为是否会对投资效率产生影响？如何从实证角度去分析二者的影响过程和作用机制？本文在大量的理论分析和实证研究的基础上对上述问题展开研究，并得出如下结论：企业避税会提高企业的非效率投资水平，其中对过度投资的影响尤为显著。采用逐步法（Baren & Kenny，1986）检验二者作用机制后，本文进一步发现未来自由现金流量对企业避税与非效率投资的关系起到了显著的部分中介作用。本文研究结论为企业加强内部控制制度和政府加强避税管理提供了实证证据。

关键词：企业避税；投资效率；中介效应；未来现金流量

一、引言

近年来，随着人口红利逐渐消失和国际贸易摩擦不断加剧，我国经济增速逐步放缓，经济发展模式亟须转型。为此，在党的十九大报告中，习近平总书记提出“我国经济由高速增长阶段转向高质量增长阶段”。投资活动作为拉动经济的“三驾马车”之一，提升投资效率，提高生产要素质量，使各项资源发挥经济效益最大化，可以在一定程度上实现经济的高质量增长。然而实际上，我国上市公司的投资效率却并不尽如人意。窦炜等（2016）通过研究在不同控制权配置模式下我国 A 股上市公司的投资效率，发现非效率投资现象广泛存在于我国上市公司中。因此，研究我国上市公司投资效率的影响因素对促进我国经济发展模型转型具有

作者简介：邓雨晴，硕士，成都市武侯区财政局。

一定的现实意义。

同时为配合我国经济发展模式转型，近年来我国不断加大税收优惠力度，试图从供给侧角度为企业减轻纳税压力，刺激企业创造的活力。目前，尽管各行各业都享受着税收优惠，但企业出于对“利润最大化”的考虑，还是想方设法进行税收筹划，试图将更多利润留存在自己手中。然而，避税是否真的能够提高公司价值进而实现企业利润最大化？关于这一问题，部分学者从避税代理观角度给出答案，认为避税不一定会提升公司价值，因为公司避税活动将加剧企业内外信息不对称，阻碍股东对职业经理人的有效监管和激励，从而加剧委托代理冲突（叶康涛、刘行，2014），至于避税通过何种途径影响企业价值，相关研究成果有待丰富。本文研究避税对投资效率的影响，有助于学界深入了解避税对企业价值的影响机制，进一步丰富学界关于避税经济后果的研究。

那么，企业避税与投资效率的关系究竟如何？二者之间的作用机制如何？如何用实证方法研究避税对投资效率的作用途径？基于这样的问题，本文在考察避税与投资效率关系的同时，采用温忠麟和叶宝娟（2014）的逐步检验法，进一步对企业避税与非效率投资的中介影响机制展开研究，这有助于学界进一步理解避税与投资效率的关系，为税务部门税收征管以及企业财务决策提供建议与启示。

二、文献回顾

（一）关于企业避税的相关研究

关于企业避税的相关研究主要分为企业避税经济效果研究和企业避税度量方法研究。

企业避税经济效果研究目前主要从代理观点、未来自由现金流量观点和信息不对称观点展开。从代理观点出发研究，传统理论认为避税行为增加了企业的留存收益进而会提升企业价值（Hanlon & Slemrod，2009），但是全面考虑避税的代理成本后，有学者表示避税弱化了对管理层的契约激励机制，加大了委托代理成本，因此避税不一定会提升企业价值（Desai & Dharmapala，2009；叶康涛、刘行，2014；李成等，2016）。从未来自由现金流量观点出发研究，刘行等（2017）通过分析2002年所得税征管体制改革前后企业避税程度变化，发现企业随着避税难度增加，其总体负债率显著上升，这一结果支持了避税的“现金流效应”假说。从信息不对称观点出发研究，廖歆欣和刘运国（2016）发现激进的避税活动会构造复杂且模糊的交易结构，从而加剧了股东与管理层之间信息不对称程度，为管理层的在职消费提供了庇护，类似的研究有蔡蕾和李心合（2016）。他们指出，企业避税与管理层在职消费呈显著正相关，最主要的原因是因为避税的不合法性质削弱了企业财务信息披露的透明度，扭曲了管理层的激励契约制度，从而导致管理层在职消费的现象频发。

目前，学界关于企业避税的度量方法主要有实际税率法和会计—税收差异法。实际税率法由吴联生（2009）首次采用。后来，刘行和叶康涛（2013）、廖歆欣和刘运国（2016）、后青松等（2016）考虑到我国各行各业享受着不同的税收优惠政策，各企业的名义税率并不相同，用企业当期所得税费用除以其税前利润总额来衡量企业的避税程度会造成较大误差。因此，为了更准确地衡量避税程度，他们将实际税率计算方法进行改良，用经名义税率调整的实际税率来衡量避税程度。其具体公式为：

$$经名义税率调整后的实际税率=\frac{当期所得税费用}{税前会计利润-递延所得税费用/名义税率}$$

为避免后期税收返还以及税收纠纷对当期实际税率的影响，国内外学者还对经名义税率调整后的实际税率进行了平滑处理，比如 Shevlin 和 Urcan（2019）在研究避税与债务成本的关系时使用了未来五年实际税率的平均值作为衡量避税指标的代理变量。

会计—税收差异法的核心在于使用账面的会计收入作为真实利润的代理变量，进而可以认为会计收入与实际应纳税所得额之间的差额反映了企业的避税程度。其具体衡量方法如下：

$$BTD=(税前会计利润-应纳税所得额)/期末总资产$$

一般来讲，BTD 越大，则企业的避税程度越大。考虑到会计与税收之间的差异可能是由于企业进行盈余管理所致，Desai & Dharmapala（2006）对上述公式进行了改进，他们将应计利润与会计税收差异回归得到的残差作为衡量企业避税程度的代理变量（DDBTD）。这种方法在国内外得到了广泛的使用，比如陈冬和唐建新（2012）、蔡宏标和饶品贵（2015）等。其具体方法如下：

$$BTD_{i,t}=\alpha TACC_{i,t}+\mu_i+\delta_{i,t}$$

其中，总应计利润 TACC =（净利润 - 经营活动产生的净现金流）/ 总资产，μ_i 表示公司 i 在样本期间内残差的平均值，$\delta_{i,t}$ 表示 t 年度残差与公司平均残差 μ_i 的偏离度。DDBTD = $\mu_i+\delta_{i,t}$ 代表 BTD 中不能被应计利润解释的部分。

（二）关于投资效率的相关研究

目前，国内外学界关于投资效率的影响因素研究已十分全面，研究发现无论是微观经济主体的财务制度、管理者特质、内部控制、产权性质，还是宏观市场中政府控制度、劳动力保护，都会对企业投资效率产生影响。具体来说，关于会计稳健性对投资效率的影响，张悦玫和张芳（2019）发现会计稳健性能够促使企业投资效率的改善；同时，会计稳健性会促使投资不足的企业偏向于选择债务融资方式来筹集资金，上述结论说明会计稳健性能提升企业的投资效率和融资效率。关于管理者背景特征对投资效率的影响，李焰等（2011）基于“完全理性人假设”，发现管理者的年龄、任期与投资效率呈负相关关系，管理者的财务工作经历与投资效率呈正相关关系，但是管理者的性别和教育背景对投资效率没有显著影响，同时上述关系的显著程度随企业产权性质的不同而发生变化。关于政府政策对投资效率的影响，何熙琼等（2016）认为产业政策会提高企业投资效率，银行信贷对二者的关系起到了中介作用；然而张新民等（2017）和王克敏等（2017）

却认为地方产业政策在民营企业和金融发展程度较低的企业中加剧了融资约束程度，降低了投资效率；除了研究产业政策对投资效率的影响，郑田丹等（2018）还发现投资效率对税收政策的冲击响应为负向，对财政支出政策的冲击响应为正向。这意味着在经济新常态下，宏观调控政策要对不同金融化水平的企业进行差别化的安排。

由于本文在实证研究部分需要对企业投资效率进行衡量，因此有必要对投资效率的衡量方法进行梳理。现行的投资效率度量模型主要分为3种，分别为托宾Q模型、投资效率—现金流量敏感度模型、Richardson残差模型。其中，Richardson残差模型基本思路为首先计算出企业实际投资水平，然后用模型回归得出预期最优投资水平，二者之间的偏离程度即为非效率投资水平。当公司实际投资水平小于预期最优投资水平时，则称为投资不足情形，相反则称为投资过度情形。该模型相较于其他两个模型的好处在于，它不仅可以检验投资过度情形，还可以检验投资不足情形，并且可以具体测算投资过度与投资不足指标的具体大小。因此，本文拟采用该方法衡量企业的非效率投资水平。表1详细列明了投资效率度量模型的优缺点。

表1　投资效率度量模型优缺点比较

模型名称	优点	缺点
托宾Q模型	可以比较投资效率高低	无法测算投资效率具体数值
投资效率—现金流量敏感度模型	可以测度投资过度和投资不足的情形	无法测算投资效率具体数值
Richardson残差模型	可以测算非效率投资具体数值	计算期望投资水平存在计量偏差

（三）关于避税与投资效率关系的研究

关于避税如何影响投资效率，目前学界主要从代理观点和信息不对称观点展开研究（Myers & Maijluf，1984；Jensen & Meekling，1976）。大多数学者认为信息不对称和委托代理冲突会导致职业经理人做出的投资决策偏离企业价值最大化这一目标，而企业避税行为会恶化内部治理环境，加剧信息不对称程度和委托代理冲突，从而影响企业的投资效率。为了从实证角度检验二者的关系，刘行和叶康涛（2013）采用我国沪深两市A股上市公司1999—2010年的数据，发现企业的避税程度会显著降低企业的投资效率，同时完善的公司治理机制可以抑制避税对投资效率的影响。至于第三种要素如何对上述关系产生影响，胡晓等（2017）指出，产品市场竞争所带来的掠夺风险不仅能减少避税所产生的代理问题，而且能强化避税所带来的融资效应，最终优化企业的资本投资。除此之外，还有学者研究税收征管、机构投资者异质性、高管薪酬对二者关系的影响，比如，唐运舒和张冰洁（2018）发现机构投资者持股能在一定程度上减弱避税程度对投资效率的影响。张玲和朱婷婷（2015）发现税收征管作为企业的外部监督力量，可以有效缓解代理冲突和信息不对称程度，进而减少企业避税对投资效率的影响。

三、理论分析与研究假设

根据委托代理理论、信息不对称理论、融资约束理论和自由现金流量假说，避税会加剧企业的委托代理冲突、信息不对称程度和未来现金流量波动，缓解企业的融资约束困境，进而导致企业进行非效率投资。具体来说：

在管理权与所有权分离的现代公司治理背景下，资产所有人与职业经理人的利益冲突导致代理成本。当资产所有人为追求利润最大化要求职业经理人实施避税行为时，避税活动的不合法性质使得经理人与所有人之间无法签订最优的薪酬激励契约，从而内部薪酬激励机制有效性会下降（叶康涛、刘行，2014；Chen & Chu，2005）。职业经理人为得到相应补偿，会利用避税的隐蔽性乘机做出利己行为，比如私吞避税资金，贿赂执法人员（Barile，2012）。同时，为了达到避税的不合法目的，企业原本的控制运行有效性也会降低，这同样为职业经理人实施损害公司利益的自利行为提供了条件（Jenson & Meckling，1976），比如在做投资决策时，管理层安于现状可能会放弃优质的投资项目，造成投资不足现象；或者管理者为了追求权力地位，急于构建“商业帝国”，进行盲目投资进而造成过度投资现象（金宇超等，2016）。

同时，信息不对称问题会加剧避税对投资效率的影响。Myers 和 Majluf（1984）、Biddle 和 Hilary（2006）和 Biddle 等（2009）认为信息不对称会导致经理人的逆向选择和道德风险进而影响企业的投资效率；吕伟等（2011）和 Kim 等（2011）认为避税会加剧企业内外信息不对称程度从而降低投资效率。具体来说，企业为了达到避税目的，通常会搭建复杂的交易结构，此类交易降低了财务报表的透明度，使得资本市场难以获取企业真实的经营状况，优良企业可能因此受市场误判而难以获得市场融资，从而错失投资良机（刘行、叶康涛，2014）。同时，企业管理层常常会以税收筹划为由，不向投资者公开交易细节，掩盖其他负面消息，加大股价崩盘的风险（Kim et al.，2011）。最后，避税一般涉及专业的纳税筹划知识，非专业人士难以对其有深入了解，因此掌握信息较少的股东常常处于劣势地位，这使得管理层有机会实施自利行为，而大部分股东却对此难以监管。

为了进一步说明避税通过恶化企业信息环境和加剧内部代理冲突进而导致企业投资效率降低，我们用“安然事件”加以佐证。2001 年，美国能源巨头安然深陷财务造假丑闻，一个月之内股价暴跌，最终向法院提出破产申请。美国税务审查委员在对安然进行税务审查后发现，安然公司为了获取税收优惠常常构造复杂的交易结构，这些交易复杂到除了公司高管，其他人很难通过合同理解具体条款目的和公司运行全貌。同时，安然公司还以税收筹划需要保密为由，不向投资者公开有关交易细节，这也阻止了公众了解真实的公司运行状况。由此可见，避税恶化了安然内部信息环境和治理环境，使得处于信息绝对优势的管理层有机会掩盖负面消息，疯狂实施自利行为，比如虚增营业收入、高层腐败、盲目扩张，最终使公司坠入深渊。

综上所述，当信息不对称和委托代理问题存在时，管理层会利用避税的隐匿性乘机做出损害公司的行为，进行非效率投资。因此，本文提出假设1。

H1：在其他条件不变的情况下，企业避税程度越高，投资效率越低。

从资金效益角度讲，企业避税会加剧未来现金流量的不确定性（Terry et al., 2019），一方面可能会为企业节省资金，加大未来的自由现金流量；另一方面也可能会使企业遭受税局的稽查罚款，使得企业未来陷入不利局面。但是在我国，即使企业需要承受巨额罚款和声誉扫地的风险，融资约束现象的普遍存在迫使管理层企图利用避税手段来寻求资金（刘树海，2019）。尤其目前资本市场尚不完善，中小企业常常面临融资困难的局面，大多数企业在避税的巨大利益驱使下，会聘请专业机构进行税收筹划并以此来降低风险。既然避税可以为企业节约现金资源，而手上过多的现金资源容易导致企业进行过度投资（Jenson，1986）。因此，本文提出假设2。

H2：在其他条件不变的情况下，企业避税通过影响未来现金流量状况进而影响投资效率（见图1）。

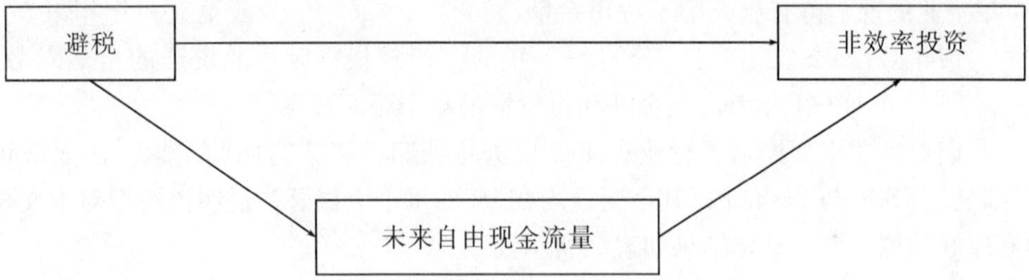

图1 企业避税与非效率投资关系图

四、实证分析

（一）模型构建

1. 样本选择

本文选取2010—2016年沪深两市A股上市公司作为研究样本。由于本文检验中介效应时会选用滞后两年的数据；计算非效率投资指标时会选用提前一年的数据，因此本文实际所用数据涉及2009—2018年。我国从2008年开始实施新的企业所得税法。经过上述改革后，企业的纳税压力明显下降，这可能会影响他们的税收遵从意愿，因此选取2008年以后的数据，可以保证同一公司不同年份数据的可比性。

本文样本还经过如下处理：①剔除金融类公司样本；②剔除ST、PT公司样本；③剔除数据缺失、数据异常的样本；④考虑Richardson投资模型需要$t-1$年数据，为保持数据完整性，剔除2009年后上市的公司样本；最终得到样本8 345家。本文研究数据除名义税率外均来自国泰安数据库，名义税率数据来源于Wind数据终端。为避免本文研究结果受样本数据的离群值干扰，文章在回归分析前将涉及的主要连续变量通过 Winsor 命令进行了 1%的水平的缩尾处理。数据处理使用 STATA14 软件。

2. 变量选取

第一，因变量。

Richardson（2006）首先通过计算得出企业的实际投资水平，然后用模型回归得到的残差来衡量企业的非效率投资水平，残差大于 0 表示投资过度，残差小于 0 表示投资不足。本文借鉴前人研究思路，亦采用该模型对非效率投资水平进行衡量。具体模型如下：

$$Inv_{i,t} = \partial_0 + \partial_1 MB_{i,t-1} + \partial_2 Lev_{i,t-1} + \partial_3 Cash_{i,t-1} + \partial_4 Age_{i,t-1} + \partial_5 Size_{i,t-1} + \partial_6 Ret_{i,t-1} + \partial_7 Inv_{i,t-1} + Year + Ind + \varepsilon_{i,t} \quad (1)$$

其中，$Inv_{i,t}$ 为 i 公司第 t 年的投资水平，等于（构建固定资产、无形资产和其他长期资产支付的现金 - 处置固定资产、无形资产和其他长期资产收回的现金）/期初资产总计；$MB_{i,t-1}$ 为 i 公司 $t-1$ 年企业的市值账面比，等于所有者权益总额/市值；$Lev_{i,t-1}$ 为 i 公司 $t-1$ 年企业的资产负债率，等于总负债/总资产；$Cash_{i,t-1}$ 为 i 公司 $t-1$ 年企业的现金持有额，等于货币余额/总资产；$Age_{i,t-1}$ 为截至上一年年末 i 公司的上市年龄；$Size_{i,t-1}$ 等于 i 公司 $t-1$ 年的资产规模，等于总资产的自然对数；$Ret_{i,t-1}$ 为 i 企业 $t-1$ 年考虑现金红利再投资的年个股回报率。

我们对上述模型控制了行业和年度后进行回归，表 2 为回归结果。由表 2 可知，除变量 Size 与 Cash 外，其余变量均在 1%的水平上显著，说明该模型对本文样本有较好的拟合性。具体结果如表 2 所示。

表 2 Richardson 投资模型回归结果

变量	LEV	SIZE	CASH	INVT	RET	MBA	AGE	Constant
系数	-0.014 7***	0.001*	-0.005 81*	0.587***	0.003 58***	-0.012***	-0.000 72***	0.025 5**
T 值	-4.54	1.93	-1.82	42.64	2.73	-3.87	-6.47	2.49

注：*** 代表 $p<0.01$，** 代表 $p<0.05$，* 代表 $p<0.1$

上述模型的残差 $\varepsilon_{i,t}$ 为企业的非效率投资水平，为了排除 $\varepsilon_{i,t}$ 符号对回归结果的影响，本文取 $\varepsilon_{i,t}$ 的绝对值来表示非效率投资 ININV。表 3 刻画了我国上市公司投资效率状况。由表 3 可知，我国 A 股上市公司均存在非效率投资现象，其中有 5 291 家样本的非效率投资行为表现为投资不足，占样本总数的 63.1%。

表 3 样本公司非效率投资行为描述性统计

	ININV	UNDER-INV	OVER-INV
MEAN	0.030 183	0.023 916	0.040 899
N	8 385	5 291	3 094

第二，自变量。

目前，国内外学界关于避税程度的衡量主要分为两类：

第一类指标采取会计—税收差异（BTD）来描述企业的避税程度。具体来说，BTD=（税前会计利润 - 应纳税所得额）/期末总资产，应纳税所得额=（所得税费用 - 递延所得税费用）/名义税率。BTD 越大，说明会计—税收差异越大，企业主观避税的可能性越大。同时，为了结果的稳健性，越来越多的学者在 BTD 的基础上借鉴 Desai 和 Dharmapal（2009）的方法，采用 DDBTD 来刻画企业的避税程度。具体而言，DDBTD 是扣除应计利润影响之后的会计—税收差异，通过以下模型可以求出 DDBTD：

$$BTD_{i,t} = \alpha TACC_{i,t} + \mu_i + \delta_{i,t} \tag{2}$$

其中，TACC 为总应计利润，等于“(净利润 - 经营活动产生的净现金流)/总资产”。μ_i 表示公司 i 在样本期间内残差的平均值，$\delta_{i,t}$ 表示 t 年度残差与公司平均残差 μ_i 的偏离度。$DDBTD = \mu_i + \delta_{i,t}$，它代表 BTD 中不能被应计利润解释的那一部分。与 BTD 相比，DDBTD 扣除了应计利润的影响，刻画出来的避税指标更加可靠，因此，本文选择 DDBTD 衡量避税程度。

第二类指标是使用企业实际所得税率及其变体。这种方法衡量避税程度在国外较为常见。但是我国由于税收优惠现象普遍存在，各公司的名义税率也不尽相同，因此用实际税率来衡量我国各公司避税程度的方法并不可取。近年来，各学者将实际税率法进行优化，用经名义税率调整的实际税率来衡量避税程度。借鉴这一思想，本文在稳健性检验中使用 ETR 作为避税指标，以确保实证结果的可靠性。

第三，控制变量。

本文的控制变量主要有：①董事会规模（BSIZE）。董事会规模等于“董事人数的自然对数”。鉴于董事会效率直接影响企业的投资效率，而目前学界对董事会规模与投资效率研究得到的结论不一（吕景胜、赵玉梅，2016；张逸杰等，2006），因此本文无法预测董事会规模与投资效率的关系。②管理层持股比例（MANHO）。姜付秀等（2009）认为持有股票的高管投资行为更加谨慎。但不少学者表示高管持股也可能助长他们的冒险心理，使得他们的投资行为更加冒险。因此本文无法预测管理层持股比例与非效率投资水平的关系。③现金持有量（CASH）。现金持有量等于“期末现金及现金等价物余额/资产总计”。现金资源是影响企业进行投资决策的重要因素之一，当手上现金资源过多时，管理层有过度投资的倾向（Jenson，1986），因此本文预测现金持有量与非效率投资水平呈正相关关系。④资产负债率（LEV）。一般来说，企业负债规模越大，债权人对管理层的监督越严格，管理层实施非效率投资的机会越少，因此本文预测资产负债率与非效率投资水平呈负相关关系。⑤公司规模（SIZE）。公司规模等于资产总计的自然对数。众多学者对企业规模与非效率投资水平之间的关系进行研究，但结论却出现分歧，形成政治影响假说和政治成本假说。政治影响假说认为规模越大的公司越有资源进行过度投资；而政治成本假说认为大公司进行非效率投资所产生的负面影响较大，比如资金套牢和股价下跌，因而大公司进行非效率投资的动机较小。因此，本文无法预测公司规模与非效率投资水平之间的关系。⑥净资产收益率（ROA）。净资产收益率等于“净利润/所有者权益”。学者普遍认为盈利能力越强的公司，越有能力和资源进行非效率投资，因此本文预测净资产收益率与非效率投资水平之间呈正相关关系。

最后，本文加入年度虚拟变量和行业虚拟变量，以控制年度和行业的固定效应，所有控制变量的选取和度量方式见表4。

表4 变量定义及说明

变量类型	变量符号	变量含义	度量方法
因变量	ININV	非效率投资	模型（1）中 $\varepsilon_{i,t}$ 的绝对值
自变量	DDBTD	避税程度	模型（2）中 $\mu_i + \delta_{i,t}$ 之和
中介变量	FCF	自由现金流量	经营活动产生的现金流量净额/资产总计
控制变量	BSIZE	董事会规模	董事人数取自然对数
	MANHO	管理层持股比例	管理层持股数量/股本总数
	LEV	资产负债率	资产总额/负债总额
	SIZE	公司规模	资产总计取自然对数
	ROA	净资产收益率	净利润/所有者权益
	CASH	现金持有量	期末现金及现金等价物余额/资产总计

第四，中介变量。

企业避税会增加企业未来现金流量，为企业过度投资提供现金资源（Jenson，1986）。刘行和叶康涛（2013）指出，在企业所有权和经营权分离的情形下，当职业经理人在物质与精神上得不到满足时，他们的决策会偏离股东利益最大化，尤其当企业发生避税行为时，部分避税行为的不合法性质导致经理人薪酬契约很难得到法律认可，他们常常会用避税节省下来的资金进行过度投资，以此牟取私利。当然，企业避税也增大了企业未来被税局稽查并遭受巨额罚款的可能性，进而企业可能面临未来自由现金流量减少的困境，从而诱发投资不足行为。总之，避税会加大企业未来现金流量的波动性（Terry et al.，2019）并随之影响企业的非效率投资行为，因此，本文选取未来两年企业的平均自由现金流量（FCF）作为中介变量。

3. 模型的构建

第一，避税与投资效率模型。

检验避税与非效率投资的直接关系，借鉴刘行和叶康涛（2013）、幸丽霞等（2017）的研究，构建如下模型：

$$In-inv_{i,\,t}=\alpha_1+\alpha_2\,\mathrm{DDBTD}_{i,\,t-1}+\alpha_3\,\mathrm{Bsize}_{i,\,t-1}+\alpha_4\,\mathrm{Manho}_{i,\,t-1}+\alpha_5\,\mathrm{Lev}_{i,\,t-1}+\alpha_6\,\mathrm{Size}_{i,\,t-1}+\alpha_7\,\mathrm{Roa}_{i,\,t-1}+\alpha_8\,\mathrm{Cash}_{i,\,t-1}+\mathrm{Ind}+\mathrm{Year}+\varepsilon_{i,\,t} \quad (3)$$

模型（3）中，$In-inv_{i,\,t}$ 表示非效率投资水平，$\mathrm{DDBTD}_{i,\,t-1}$ 表示企业的避税程度，$\mathrm{Bsize}_{i,\,t-1}$ 表示董事会的规模，$\mathrm{Manho}_{i,\,t-1}$ 表示管理层持股水平，$\mathrm{Lev}_{i,\,t-1}$ 表示企业资产负债水平，$\mathrm{Size}_{i,\,t-1}$ 表示公司规模，$\mathrm{Roa}_{i,\,t-1}$ 表示净资产收益率，$\mathrm{Cash}_{i,\,t-1}$ 表示企业现金持有水平，$\varepsilon_{i,\,t}$ 表示模型的残差，Year 和 Ind 分别表示年度效应和行业效应。

第二，中介效应模型。

中介效应检验可以分析自变量对因变量的作用过程和机制，能够让读者对变量之间的关系和作用过程有更深入的理解，因此近年来在社会科学研究中受到广泛运用。迄今为止，国内外有大量学者建立了中介效应模型来检验中介效应关系。假如说研究 X 通过 M 对 Y 产生影响，我们称 X 是自变量，Y 是因变量，M 是中介变量，如图 2 所示。

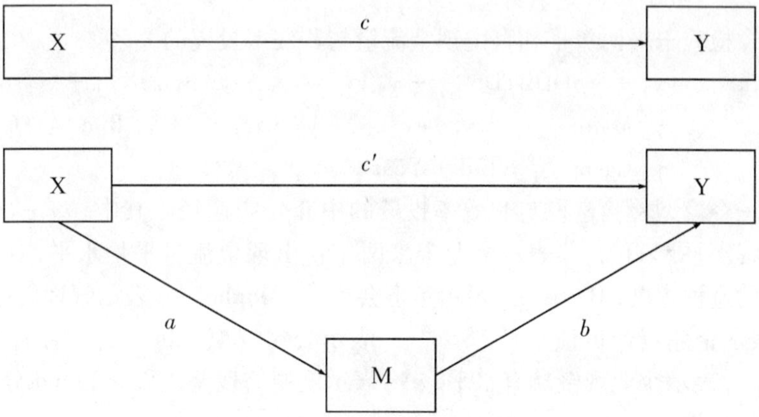

图 2　中介效应模型示意图

一般的中介效应模型如下：

方程 1：$Y=cX+e_1$

方程 2：$M=aX+e_2$

方程 3：$Y=c'X+bM+e_3$

检验中介效应的方法一般有 3 种，分别为逐步检验法、Sobel（1982）法、Bootstrap 法。其中，Sobel 法（1982）和 Bootstrap 法是针对联合显著检验提出的模拟研究方法。Sobel 法运用的前提需要系数 a、b 必须服从正态分布。Bootstrap 法在进行模拟实验时需要大规模抽样，因而这两种方法在实际运用中有一定限制。逐步法（Baron & Kenny，1986；Judd & Kenny，1981）是检验中介效应中最为常见的方法。近年来，谢获宝等（2019）、幸丽霞等（2018）、郭桂华和李园园（2019）等都选用该方法进行中介效应检验。具体方法为：第一步检验方程 1 的系数 c 是否显著，即 H0：c=0。第二步检验方程 2 的系数 a 和方程 3 的系数 b 是否显著，即 H0：ab=0；如果系数 a=0 且 b=0，进而推出 ab=0，检验效果更好。第三步检验是完全中介还是部分中介，如果系数 c、系数 a 和系数 b 都显著，则中介效应显著。若 c′不显著，则称该中介效应为完全中介效应；若 c′显著，则称该中介效应为部分中介效应。由于该方法操作简单且便于读者理解，并且检验结果具有说服力，因此，本文采用依次检验法检验避税与投资效率的中介效应。具体检验方法如下：

首先，检验避税与非效率投资的直接关系，模型（4）同模型（3）。

$$In-inv_{i,t}=\alpha_1+\alpha_2\,\mathrm{DDBTD}_{i,t-1}+\alpha_3\,\mathrm{Bsize}_{i,t-1}+\alpha_4\,\mathrm{Manho}_{i,t-1}+\alpha_5\,\mathrm{Lev}_{i,t-1}+\alpha_6\,\mathrm{Size}_{i,t-1}+\alpha_7\,\mathrm{Roa}_{i,t-1}+\alpha_8\,\mathrm{Cash}_{i,t-1}+\mathrm{Ind}+\mathrm{Year}+\varepsilon_{i,t} \tag{4}$$

然后，检验避税与未来两年平均自由现金流量的关系。

$$\mathrm{Fcf}_{i,ttot+2}=\beta_1+\beta_2\,\mathrm{DDBTD}_{i,t-1}+\beta_3\,\mathrm{Bsize}_{i,t-1}+\beta_4\,\mathrm{Manho}_{i,t-1}+\beta_5\,\mathrm{Lev}_{i,t-1}+\beta_6\,\mathrm{Size}_{i,t-1}+\beta_7\,\mathrm{Roa}_{i,t-1}+\beta_8\,\mathrm{Cash}_{i,t-1}+\mathrm{Ind}+\mathrm{Year}+\varepsilon_{i,ttot+2} \tag{5}$$

最后，检验未来两年平均自由现金流量与非效率投资的关系。

$$In-inv_{i,t}=\gamma_1+\gamma_2\,\mathrm{DDBTD}_{i,t-1}+\gamma_3\,\mathrm{Fcf}_{i,ttot+2}+\gamma_4\,\mathrm{Bsize}_{i,t-1}+\gamma_5\,\mathrm{Manho}_{i,t-1}+\gamma_6\,\mathrm{Lev}_{i,t-1}+\gamma_7\,\mathrm{Size}_{i,t-1}+\gamma_8\,\mathrm{Roa}_{i,t-1}+\gamma_9\,\mathrm{Cash}_{i,t-1}+\mathrm{Ind}+\mathrm{Year}+\varepsilon_{i,t} \tag{6}$$

以上三个模型检验避税与非效率投资的中介效应途径。其中，$In-inv_{i,t}$ 表示非效率投资水平，$\mathrm{Fcf}_{i,ttot+2}$ 表示企业未来两年自由现金流量平均水平，$\mathrm{DDBTD}_{i,t-1}$ 表示企业的避税程度，$\mathrm{Bsize}_{i,t-1}$ 表示董事会规模，$\mathrm{Manho}_{i,t-1}$ 表示管理层持股水平，$\mathrm{Lev}_{i,t-1}$ 表示企业资产负债水平，$\mathrm{Size}_{i,t-1}$ 表示公司规模，$\mathrm{Roa}_{i,t-1}$ 表示净资产收益率，$\mathrm{Cash}_{i,t-1}$ 表示企业现金持有水平，$\varepsilon_{i,t}$ 表示模型的残差，Year 和 Ind 分别表示年度效应和行业效应。

（二）实证分析过程

1. 避税与投资效率

第一，基本回归分析。

本文采用多元线性回归的方法来检验研究假设 1。为了使研究结果更可靠，本文采用逐步回归法，回归结果见表 5。我们发现无论加入怎样的控制变量，避税指标（DDBTD）的回归系数均在 1%或 5%的置信水平上显著为正，表明避税会加剧企业的非效率投资行为。以第 3 列为例，在控制了董事会规模（BSIZE）、管理层持股比例（MANHO）、资产负债水平（LEV）、公司规模（SIZE）、净资产收益率（ROA）和现金持有量（CASH）后，DDBTD 的回归系数为 0. 025 1，且在 5%的置信水平上显著，这说明 DDBTD 每增加一个单位，将导致非效率投资上升 0. 025 1 个单位。由此可见，避税行为对企业的非效率投资水平具有明显的正向作用，假设 1 得以验证。

同时，本文分析了控制变量与非效率投资之间的关系。以表5 PANEL3为例，董事会规模（BSIZE）的回归系数为0.003 62，且在5%的置信水平上显著。这表明董事会规模的增长会加剧企业的非效率投资水平，可能的原因是随着董事会规模的增加，内部协调和沟通成本加大，导致董事会投资决策质量降低。另外，管理层持股比例（MANHO）的回归系数为0.016，且在1%的置信水平上显著；这表明管理层持股比例会降低企业的投资效率，可能的原因是管理层持股比例越多，他们的自利动机越强，此时他们可能为了盲目追求业绩进行过度投资，也可能为了规避风险发生投资不足行为。最后，公司规模（SIZE）的回归系数为-0.003 15，且在1%的置信水平上显著。这表明随着公司规模的扩大，企业非效率投资行为逐渐减少，这是因为大公司往往具备健全的内部管理机制，这大大降低了代理成本、减少信息的不对称，从而使公司投资效率得以提升。

表5　避税与投资效率关系相关性回归结果

VARIABALES	ININV		
	PANEL1	PANEL2	PANEL3
DDBTD	0.025 80*** (0.009 86)	0.028 00*** (0.009 86)	0.025 10** (0.010 40)
BSIZE	−0.000 950 (0.001 79)	0.003 55* (0.001 84)	0.003 62** (0.001 84)
MANHO	0.021 00*** (0.002 83)	0.015 90*** (0.002 89)	0.016 00*** (0.002 89)
LEV		0.000 59 (0.002 16)	-0.002 21 (0.002 27)
SIZE		−0.003 08*** (0.000 34)	−0.003 15*** (0.000 34)
ROA			0.004 44 (0.004 40)
CASH			-0.014 00*** (0.003 32)
INDUSTRY	控制	控制	控制
YEAR	控制	控制	控制
Constant	0.038 70*** (0.004 98)	0.094 20*** (0.007 70)	0.099 30*** (0.007 81)
Observations	8，364	8，364	8，364
R-squared	0.071 00	0.082 00	0.084 00

注：*** 代表 p<0.01，** 代表 p<0.05，* 代表 p<0.1。

第二，稳健性检验。

上述基本回归分析验证了假设1成立。但由于本文未能完全对影响避税与非效率投资的变量进行控制，同时避税与非效率投资之间存在互为因果关系的内生性问题，因此需要对上述结论进行稳健性检验。本文稳健性检验主要采取以下 4 种方法：

（1）增加控制变量。

为了克服多元回归模型的局限性，本文在原有控制变量的基础上增加第一大股东持股比例（TOP1）和公司营业增长率（GROWTH）两大变量进一步回归。如果增加控制变量后解释变量相关系数依旧显著且稳定在某值，则说明上述研究结论可靠。检验结果如表 6 所示，在加入新控制变量后，避税指标（DDBTD）的相关系数为 0.023 8，且在 5%的置信水平上显著，说明企业避税会导致非效率投资行为的发生，结果与上述分析一致。

表 6　稳健性检验回归结果

变量	INANV			
	(1)	(2)	(3)	
	增加控制变量	替换避税指标	OVER_ INV	UNDER_ INV
	系数	系数	系数	系数
DDBTD	0.023 80** (0.010 50)		0.062 30*** (0.024 10)	−0.007 86 (0.008 62)
ETR		−0.004 94** (0.001 96)		
BSIZE	0.003 58* (0.001 84)	0.003 55* (0.001 84)	0.005 25 (0.004 32)	0.000 82 (0.001 52)
MANHO	0.015 90*** (0.002 90)	0.015 50*** (0.002 88)	0.014 50** (0.006 77)	0.014 50*** (0.002 39)
LEV	−0.002 30 (0.002 27)	−0.002 11 (0.002 27)	−0.000 56 (0.005 27)	−0.005 01*** (0.001 88)
SIZE	−0.003 06*** (0.000 35)	−0.003 13*** (0.000 34)	−0.006 18*** (0.000 77)	−0.001 69*** (0.000 28)
ROA	0.002 44 (0.004 83)	0.008 43** (0.004 16)	0.013 60 (0.010 90)	−0.006 11* (0.003 52)
CASH	−0.013 70*** (0.003 33)	−0.014 30*** (0.003 32)	−0.027 90*** (0.008 03)	−0.004 88* (0.002 68)
TOP1	−0.001 41 (0.002 40)			
GROWTH	0.000 12 (0.000 11)			
Industry	控制	控制	控制	控制
Year	控制	控制	控制	控制

表6(续)

变量	ININV			
	(1)	(2)	(3)	
	增加控制变量	替换避税指标	OVER_ INV	UNDER_ INV
	系数	系数	系数	系数
Constant	0.098 20*** (0.007 86)	0.099 90*** (0.007 80)	0.167 00*** (0.017 80)	0.070 40*** (0.006 52)
Observations	8 364	8 364	3 085	5 279
R-squared	0.084 00	0.084 00	0.085 00	0.106 00

注：*** 代表 $p<0.01$，** 代表 $p<0.05$，* 代表 $p<0.1$。

（2）替换避税指标。

为了使研究结论更加可靠，本文借鉴吴联生（2009）的研究，选取样本公司经名义税率调整后的实际税率（ETR）来代替原避税指标（DDBTD）。ETR 的具体计算方法如下：

$$\text{经名义税率调整的实际税率 } ETR = \frac{\text{当期所得税费用}}{\text{税前会计收益} - (\text{递延所得税费用} / \text{名义税率})}$$

值得关注的是，ETR 表示企业实际纳税程度，ETR 的数值越小，表明企业避税程度越低，与 DDBTD 相反。检验结果如表 6 所示，实际税率（ETR）的回归系数为-0.004 94，且在 5%的置信水平上显著，说明实际税率越低（即避税程度越高），非效率投资行为越明显，结果与上述分析一致。

（3）将非效率投资样本分类回归。

为了进一步研究企业避税对非效率投资的影响究竟表现为投资过度还是投资不足这一问题，本文将样本分为两部分：投资过度组和投资不足组。检验结果如表 6 所示。在过度投资组，避税指标 DDBTD 的回归系数为 0.062 3，且在 1%的置信水平上显著。这说明避税会导致企业进行过度投资，此结果与上述分析结果一致。然而，在投资不足组，避税指标 DDBTD 的回归系数不具有显著性。这说明避税对投资不足行为没有显著影响。

（4）选取工具变量。

基于避税与非效率投资之间存在互为因果的内生性问题，本文采用二阶段回归法（2SLS）对主要研究结论进行内生性分析。由于某企业所在行业的其他企业平均避税程度与行业性质密切相关，且该企业的避税水平很难对同行业其他企业平均避税程度产生影响，满足工具变量相关性与外生性的要求，因此本文选择样本企业所在行业的其他企业平均避税程度（mean_DDBTD）作为工具变量进行稳健性检验。结果如表 7 所示，避税指标（DDBTD）的回归系数在 1%的置信水平上显著为正，说明工具变量具有一定的解释力，避税会加剧公司的非效率投资行为。

表 7 工具变量法两阶段回归结果

VARIABLES	STAGE1		STAGE2	
	DDBTD		ININV	
	系数	T 值	系数	T 值
DDBTD			0.032 7***	(0.010 2)
Mean_DDBTD	-1.195***	(0.664 00)		
BSIZE	-0.000 120	(0.000 10)	0.006 52***	(0.001 82)
MANHO	-0.000 194	(0.000 16)	0.013 7***	(0.002 85)
LEV	0.000 169	(0.000 12)	-0.007 68***	(0.002 12)
SIZE	0.000 01	(0.000 02)	-0.003 16***	(0.000 33)
ROA	-0.001 62***	(0.000 24)	0.003 99	(0.004 38)
CASH	0.000 273	(0.000 18)	-0.018 9***	(0.003 23)
YEAR	控制	控制	控制	控制
INDUSTRY	控制	控制	控制	控制
Constant	0.032 6***	(0.000 388)	0.101***	(0.007 08)
Observations	8 364		8 364	
R-squared	0.998		0.998	

注：*** 代表 $p<0.01$，** 代表 $p<0.05$，* 代表 $p<0.1$。

2. 中介效应分析

第一，中介效应回归分析。

本文采用逐步检验法（Baron & Kenny，1986；温忠麟、叶宝娟，2014）对上文结论进一步分析，研究避税对非效率投资的影响途径。对模型（4）、模型（5）、模型（6）进行回归，得出如下结论：

（1）模型四：检验避税与非效率投资的直接关系。

回归结果如表 8 第一列所示，避税指标（DDBTD）的回归系数 α_2 为 0.025 1，且在 10%的置信水平上显著，这说明避税与非效率投资存在显著的正相关关系，避税程度越大，企业的投资效率越低。

（2）模型五：检验避税与未来两年自由现金流量之间的关系。

回归结果如表 8 第二列所示，避税指标 DDBTD 的回归系数 β_2 为 0.150，且在 1%的置信水平上显著，即企业的避税行为能够为企业未来带来丰富的自由现金流量。这个结论也侧面说明我国税收执法力度不强，税局对企业偷逃税行为识别和惩罚措施不到位，从而为企业避税提供了空间。

（3）模型六：检验自由现金流量与投资效率之间的关系。

回归结果如表 8 第三列所示，自由现金流量的回归系数 γ_3 为 0.024 9，且在 1%的置信水平上显著。引入中介变量 FCF 后，避税指标 DDBTD 的回归系数 γ_2 为 0.018 5，且在 10%的置信水平上显著。

根据逐步法检验规则，上述模型四中避税与非效率投资之间的相关系数 α_2 显著，模型五中避税与未来自由现金流量之间的相关系数 β_2 显著，模型六中未来自由现金流量与非效率投资之间的相关系数 γ_3 显著，则表明自由现金流量对避税与非效率投资的中介作用显著。另外，模型六中 γ_2 显著，表明未来自由现金流量在避税与非效率投资的关系中起到部分中介作用，企业避税通过影响未来自由现金流量进而影响企业的投资效率，假设 2 得到验证。

表 8 逐步检验法回归结果

VARIABLES	ININV 模型（4）	FCF 模型（5）	ININV 模型（6）
DDBTD	0.025 10** （0.010 40）	0.150 00*** （0.017 80）	0.018 50* （0.009 96）
FCF			0.024 90*** （0.005 05）
BSIZE	0.003 62** （0.001 84）	0.004 70 （0.003 32）	0.001 65 （0.001 85）
MANHO	0.016 00*** （0.002 89）	0.002 53 （0.004 92）	0.014 60*** （0.002 74）
LEV	−0.002 21 （0.002 27）	−0.042 00*** （0.004 21）	−0.000 56 （0.002 35）
SIZE	−0.003 15*** （0.000 34）	0.005 59*** （0.000 61）	−0.003 22*** （0.000 34）
ROA	0.004 44 （0.004 40）	0.143 00*** （0.009 10）	0.009 44* （0.005 25）
CASH	−0.014 00*** （0.003 32）	0.003 18 （0.005 72）	−0.010 10*** （0.003 22）
INDUSTRY	控制	控制	控制
YEAR	控制	控制	控制
CONSTANT	0.099 30*** （0.007 81）	−0.087 30*** （0.014 00）	0.101 00*** （0.007 76）
Observations	8 364	8 364	8 364
R-squared	0.084 00	0.158 00	0.086 00

注：*** 代表 p<0.01，** 代表 p<0.05，* 代表 p<0.1。

第二，中介效应稳健性检验。

为了使中介效应检验结果更加可靠，本文采用增加控制变量和替换避税指标两种方法进行稳健性检验。具体如下：

（1）增加控制变量。选取第一大股东持股比例（TOP1）和营业收入增长率（GROWTH）作为新增控制变量，对模型（4）、模型（5）、模型（6）重新回归。回归结果如表 9 所示，避税指标（DDBTD）与非效率投资（ININV）呈正相关，系数为 0.023 8，且在 5%的置信水平上显著。避税指标（DDBTD）与未来自由现金流量（FCF）呈正相关，系数为 0.185，且在 1%的置信水平上显著。未来自由现金流量（FCF）与非效率投资（ININV）呈正相关，系数为 0.037 4，且在 1%的置信水平上显著。稳健性检验结果未发生实质性改变，再一次证明未来自由现金流量在避税与非效率投资关系中起到显著的中介作用。

表 9　中介效应稳健性检验之增加控制变量

VARIABLES	模型（4） ININV	模型（5） FCF	模型（6） ININV
DDBTD	0.023 80** (0.010 50)	0.185 00*** (0.018 40)	0.015 40 (0.010 10)
FCF			0.037 40*** (0.004 90)
BSIZE	0.003 58* (0.001 84)	0.015 40*** (0.003 36)	0.007 17*** (0.001 84)
MANHO	0.015 90*** (0.002 90)	0.002 22 (0.005 02)	0.012 90*** (0.002 75)
LEV	−0.002 30 (0.002 27)	−0.068 40*** (0.003 98)	−0.000 67 (0.002 21)
SIZE	−0.003 06*** (0.000 35)	0.003 72*** (0.000 60)	−0.004 39*** (0.000 33)
ROA	0.002 44 (0.004 83)	0.143 00*** (0.009 29)	0.013 00** (0.005 25)
CASH	−0.013 70*** (0.003 33)	−0.018 60*** (0.005 63)	−0.009 82*** (0.003 10)
TOP1	−0.001 41 (0.002 40)	0.030 00*** (0.004 37)	0.001 82 (0.002 39)
GROWTH	0.000 12 (0.000 11)	−0.000 05 (0.000 19)	0.000 22** (0.000 10)
Constant	0.098 20*** (0.007 86)	−0.059 00*** (0.013 00)	0.109 00*** (0.007 12)
Observations	8 364	8 364	8 364
R-squared	0.084 00	0.092 00	0.044 00

注：*** 代表 p<0.01，** 代表 p<0.05，* 代表 p<0.1。

（2）替换避税指标（DDBTD）。选取样本公司经名义税率调整后的实际税率（ETR）来代替原避税指标（DDBTD）。由表 10 回归结果可知，实际税率（ETR）与非效率投资（ININV）的回归系数在 5%的置信水平上显著为负，说明企业避税会加剧非效率投资行为。实际税率（ETR）与未来自由现金流量（FCF）的回归系数在 10%的置信水平上显著为负，说明企业避税会显著增加企业未来自由现金流量。未来自由现金流量指标（FCF）与非效率投资（ININV）的回归系数在 1%的置信水平上显著为正，说明自由现金流增加会显著加剧企业的非效率投资行为，以上稳健性检验结果没有发生实质性改变。

表 10　中介效应稳健性检验之替换避税指标

VARIABLES	模型（4） ININV	模型（5） FCF	模型（6） ININV
ETR	-0.004 94** (0.001 96)	-0.004 86* (0.003 61)	-0.004 79** (0.001 96)
FCF			0.038 90*** (0.004 87)
LEV	-0.002 11 (0.002 27)	-0.075 00*** (0.004 00)	-0.000 39 (0.002 21)
SIZE	-0.003 13*** (0.000 34)	0.004 97*** (0.000 59)	-0.004 31*** (0.000 32)
ROA	0.008 43** (0.004 16)	0.155 00*** (0.009 32)	0.013 30** (0.005 24)
CASH	-0.014 30*** (0.003 32)	-0.021 30*** (0.005 66)	-0.009 86*** (0.003 09)
BSIZE	0.003 55* (0.001 84)	0.015 60*** (0.003 39)	0.007 00*** (0.001 84)
MANHO	0.015 50*** (0.002 88)	-0.004 20 (0.005 03)	0.012 40*** (0.002 74)
Constant	0.107 00*** (0.007 12)	-0.072 50*** (0.013 00)	0.109 00*** (0.007 07)
Observations	8 364	8 364	8 364
R-squared	0.039 00	0.076 00	0.044 00

注：*** 代表 p<0.01，** 代表 p<0.05，* 代表 p<0.1。

五、研究结论与政策建议

本文在实证分析的基础上得出以下结论：①企业的避税行为会显著加剧企业进行非效率投资，采取替换避税指标，增加控制变量、选取工具变量的方法对实证结果进行稳健性检验，研究结果没有发生实质性改变；②将企业的非效率投资行为按投资过度和投资不足分类后，发现避税行为会显著加剧企业过度投资的行为。③中介效应检验证实未来现金流量在企业避税行为与非效率投资的关系中起到显著的部分中介作用，避税通过增加未来自由现金流量进而造成企业的过度投资行为。

基于以上研究结论，本文围绕企业避税和投资行为，提出以下建议：

第一，企业应完善内部控制制度。

企业建立完善的内部控制制度有利于加强信息沟通，增加员工之间的权利制衡，降低委托代理成本。在建立内部控制制度时，本文认为政府和企业应关注以下几点：首先，政府需要因地制宜，针对不同行业不同商业模式的企业，政府应进行内部控制重大风险点把控，为企业内控制度的建立提供智力和财力支持。政府尤其应该关注高科技企业和国有企业的内控建设。一般来说，新兴科技企业成长风险高且管理资金投入有限，帮助新兴科技企业建立内控制度有助于公司稳定发展。而国有企业一般掌握国家重要经济命脉，加强国有企业内控监督能有效防止出现“大股东掏空”的局面。其次，企业在建立内控系统时需要注重信息化平台的建设。这是因为设计完善的信息化流程有利于明确员工之间的“权、责、利”划分，提高公司的内部管理效率；同时，搭建企业信息共享平台有助于加强管理层与员工、股东与管理层之间的信息沟通，降低不必要的代理成本、减少信息的不对称。最后，企业在建立内控系统时需要设计完善的重大决策审批制度。完善的决策审批制度能有效杜绝“一言堂”情况发生，尤其当企业涉及重大投融资决策时，可以聘请专业第三方机构对投融资项目进行评估，同时提请独立董事发表意见。这样可以有效减少企业的非效率投资行为，将公司资源效益发挥最大化。

第二，税收征管部门应加大反避税管理力度，不断完善反避税条款。

加强外部环境制约可以有效减少企业的避税行为，这不仅有利于保障国家财政收入，而且有利于企业健康长远发展。监管部门在加强反避税管理时，应从以下几方面入手：首先，监管部门之间需加强信息共享，避免多头管理。建议海关、税局和证券部门等建立统一的信息收集共享平台，这样不仅可以减少重复的信息收集流程，有效为纳税人减轻行政报批负担，也可以防止纳税人在不同部门之间报送虚假信息。其次，税务部门应注重大数据平台的建立，并利用大数据平台对企业重大风险点进行识别。在进行纳税人数据采集时，税务部门特别需要注重保护企业的数据隐私并加强不同部门之间企业数据的共享，这样可以有效避免纳税人在政府部门之间重复报送资料。最后，税务部门应继续推进国际反避税合作，努力营造公平自由的营商环境。随着跨国交易的日益频繁，各国都面临税基侵蚀的巨大压力，虽然国际税收协定的签订和跨国涉税信息交换在一定程度上有效打击了跨国交易的避税行为，但是各国税局在合作的深度和广度上还有待挖掘。尤其是目前国际反避税合作绝大多数仅涉及所得税，对于其他税种的管理处于停滞状态。

第三，政府应主动为企业投融资决策提供智力和财力支持。

在经营权和所有权分离的公司治理背景下，委托代理成本和信息不对称问题成为企业高效运营的绊脚石。管理层在制定重大决策时，或出于自身利益考虑，或信息分析偏差，常常做出错误的决定。此时，政府作为掌握信息和资源的优势方，有必要为企业投融资决策提供智力和财力支持。比如，政府可以牵头成立专家智库，聚集学界和商界专业人士，为企业重大决策提供智力支持；同时，政府也可以贡献部分财政收入，成立专项基金，为企业建立内部控制制度、聘请专业第三方机构和独立董事提供必要的财力支持。

参考文献：

DESAI M, DHARMAPALA D, 2009. Corporate Tax Avoidance and Firm Value [J]. The Review of Economics and Statistics, 91 (3): 537-546.

DESAI M A, DHARMAPALA D, 2006. Corporate Tax Avoidance and High-powered Incentives [J]. Journal of Financial Economics, 79 (1): 145-179.

MYERS S, MAJLUF N, 1984. Corporate Financing and Investment Decisions When Firms Have Information that Investors Do Not Have [J]. Journal of Financial Economics (13): 187-221.

JENSEN M C, MECKLING W H, 1976. The Theory of the Firm: Managerial Behavior, Agency Costs and Ownership Structure [J]. Journal of Financial Economics (3): 305-306.

BARON R M, KENNY D A, 1986. The Mediator Variable Distinction in Social Psychological Research: Conceptual, Strategic and Statistical Considerations [J]. Journal of Personality and Social Psychology (51): 1173-1182.

JUDD C M, KENNY D A, 1981. Process Analysis: Estimating Mediation in Treatment Evaluations [J]. Evaluation Review (5): 602-619.

SOBEL M E, 1982. Asymptotic Confidence Intervals for Indirect Effects in Structural Equation Models [J]. Sociological Methodology (6): 290-312.

SOBEL M E, 1982. Asymptotic Confidence Intervals for Indirect Effects in Structural Equation Models [J]. Sociological Methodology (6): 290-312.

窦炜，马莉莉，刘星，2016. 控制权配置、权利制衡与公司非效率投资行为［J］. 管理评论（12）：101-115.

叶康涛，刘行，2014. 公司避税活动与内部代理成本［J］. 金融研究（9）：158-176.

温忠麟，叶宝娟，2014. 中介效应分析：方法与模型发展［J］. 心理与科学进展（5）：731-745.

李成，吴育辉，胡文骏，2016. 董事会内部联结、税收规避与企业价值［J］. 会计研究（7）：50-57，97.

刘行，赵健宇，叶康涛，2017. 企业避税、债券融资与债券融资来源：基于所得税征管体制改革的断点回归分析［J］. 管理世界（1）：113-130.

廖歆欣，刘运国，2016. 企业避税、信息不对称与管理层在职消费［J］. 南开管理评论（4）：87-99.

蔡蕾，李心合，2016. 税率调整、公司避税与管理层在职消费［J］. 财经科学（9）：68-80.

吴联生，2009. 国有股权、税收优惠与公司税负［J］. 经济研究（10）：109-120.

刘航，叶康涛，2013. 企业的避税活动会影响投资效率吗？［J］. 会计研究（6）：47-96.

后青松，袁建国，张鹏，2016. 企业避税行为影响其银行债务契约吗：基于A股上市公司的考察［J］. 南开管理评论（8）：122-134.

陈冬，唐建新，2012. 避税寻租、税率敏感度与企业价值［C］. 中国会计学会2012年学术年会.

蔡宏标，饶品贵，2015. 机构投资者、税收征管与企业避税［J］. 会计研究（10）：59-65，97.

张悦玫，张芳，2019. 会计稳健性、投资效率与外部融资方式的实证研究［J］. 管理评论（4）：175-186.

李焰，秦义虎，黄继承，2010. 在职消费、员工工资与企业绩效［J］. 财贸经济（7）：60-68.

何熙琼，尹长萍，毛洪涛，2016. 产业政策对企业投资效率的影响及其作用机制研究：基于银行信贷的中介作用与市场竞争的调节作用［J］. 南开管理评论（10）：161-170.

张新民，张婷婷，陈德球，2017. 产业政策、融资约束与企业投资效率［J］. 会计研究（4）：12-18，95.

王克敏，刘静，李晓溪，2017. 产业政策、政府支持与公司投资效率研究［J］. 管理世界（3）：113-124，145，188.

郑田丹，付文林，莫东序，2018. 财政政策与企业投资效率：基于不同金融化水平的比较分析［J］. 财政研究（9）：65-80.

胡晓，刘斌，蒋水全，2017. 产品市场竞争、税收规避与资本投资：基于资金压力和代理成本视角的实证考察［J］. 经济评论（1）：90-105.

唐运舒，张冰洁，2018. 机构投资者在公司治理中发挥作用了吗?：基于企业避税与投资效率视角［J］. 财会通讯（11）：37-40.

张玲，朱婷婷，2015. 税收征管、企业避税与企业投资效率［J］. 审计与经济研究（12）：83-92.

金宇超，靳庆鲁，宣扬，2016. "不作为"或"急于表现"：企业投资中的政治动机［J］. 经济研究（10）：126-139.

刘树海，2019. 货币政策冲击、存货持有行为与企业避税程度：基于融资约束视角的经验证据［J］. 税务研究（1）：86-93.

谢获宝，丁龙飞，廖珂，2019. 海外背景董事与债务融资成本：基于董事会咨询和监督职能的中介效应［J］. 管理评论（11）：202-211.

幸丽霞，陈冬，林晚发，2017. 企业避税行为与债券信用评级关系研究：基于避税风险观的中介效应视角［J］. 中国软科学（12）：169-177.

郭桂华，李圆圆，2019. 高管外部薪酬差距与企业社会责任研究：基于内部控制的中介效应［J］. 财会通讯（33）：20-25.

温忠麟，叶宝娟，2014. 中介效应分析：方法与模型发展［J］. 心理与科学进展（5）：731-745.

柔性税收征管与企业逃税
——来自纳税信用评级披露的自然实验

赵双　袁晨　李玫洁

内容提要： 税收征管对国家治理发挥着重要的作用。短期来看，强制性税收征管有利于降低企业避税活动频率，但长期则会削减纳税人自愿遵从，增加企业逃税。理论上，柔性税收征管以其柔软性和灵活性的优势特征，通过增加税收优惠、降低企业遵从成本以及提升企业形象等方式，能够弥补强制性税收征管缺陷，更好地激励并约束企业，规避企业逃税。本文选取2011—2016年中小板非ST、非金融上市企业为样本，针对2014年国家税务总局和相关部门联合实施的纳税信用评级政策为依托刻画柔性税收征管，并以此作为自然实验，采用倾向匹配得分双重差分法（PSM-DID）分离出纳税信用评级披露对企业逃税的政策影响净效应。研究发现，柔性税收征管显著降低了企业逃税水平；同时，柔性税收征管对企业逃税的影响在不同产权性质公司间有显著差异，对民营企业的影响更大。结论为我国税收征管改革以及践行政府"推进诚信建设"具有重要的政策启示，对稳步实现国家治理能力和治理体系现代化具有重要的现实意义。

关键词： 柔性税收征管；纳税信用评级披露；企业逃税

一、引言

财政是国家治理的基础和重要支柱。北宋哲学家苏辙曾说："财者，为国之命而万世之本。国之所以存亡，事之所以成败，常必由之。"①党的十九大会议召开为我国现代财政制度构建指明了"国家视角"：现代化财政制度通过汲取现代化经济体系养料充分滋养现代化国家治理体系沃土，成为支撑中国特色社会主义国家制度和中国现代化强国的"第三支柱"（付敏杰，2020）。税收作为财政的坚实内核，不仅是国家发展市场经济的重要杠杆，也是社会多维度反向塑造政府的机会。由于税收属于私人财产无偿性与强制性的让渡，在保障财政收入，提供社会公共产

作者简介： 赵双、袁晨、李玫洁，西南财经大学财政税务学院。

① 苏辙. 上皇帝书［M］//苏轼全集. 北京：中华书局，2008.

品发挥政府职能的同时，却不同程度上减少了私人部门盈余资金并缩减与阻碍企业发展空间，这为企业避税提供了最基本动机，由此看来，企业与政府部门之间难免进行长期博弈（张利娟，2020）。

纳税意识对社会群体将私人财产权益让渡于公共需要的行为具有能动作用，在稳定税源、保障财政收入、维持国家权益等方面迸射举足轻重的力量。回顾我国，2009 年国家税务总局在《全国税务系统 2010—2012 年纳税服务工作规划》[①]中提出纳税服务应“始于纳税人需求、基于纳税人满意、终于纳税人遵从”，并于 2013 年将“构建优质便捷的服务体系”作为 2020 年基本实现税收现代化的目标之一。因此，如何设计与构建合理有效的税收制度来提高纳税人税收遵从与义务觉悟，以降低企业非法避税行为是各国税收征管体系关注的核心，也是各理论界探讨的焦点。

二、既有文献回顾

（一）关于柔性税收征管的研究

为避免税款流失，政府一般会采用各种手段实施税收征管，保证财政收入。现有的税收征管主要有两种：一是传统的税收征管，又称强制性税收征管，即税务机关通过税务检查、征税、处置等系列强制性征管活动规范企业纳税行为；二是现代税收征管，本文称为柔性税收征管，即税务机关利用纳税信用评级政策等非强制性征管活动鼓励企业纳税（孙雪娇等，2019）。

强制性税收征管是基于传统税收征管理论和实践指导，各税务机关以韦伯官僚体制中的“人性恶”假设作为管理起点，以严查与重罚来威慑纳税人以打击其违法避税，强制式地促使其履行纳税义务（Allingham et al.，1972）。例如法律赋予税收征管部门一系列税务检查权，通过检查企业财务账目看其是否存在危害税源行为，同时将涉税犯罪偷逃税收视为严重的经济犯罪纳入刑法，从而对企业避税活动给予一定强有力的监控和震慑，保障税收经济来源的安全。

相比于传统的税收征管模式，现代税收征管日益重视服务，即税务机关向纳税人提供各类纳税服务以提升纳税人服务体验与评价，继而提高征税客体的税收遵从度与忠诚度，避免铤而走险涉税犯罪。美国 20 世纪中叶启动首次正式性的援助纳税人计划，使纳税服务逐渐具有现实意义。到 20 世纪 70 年代末 80 年代初，新公共管理思想迅速发展，各发达国家税务机关普遍为纳税人提供相关服务引导其纳税活动，标志着税收管理规制导向向服务导向过渡，纳税人角色由可能的“罪犯”转变为服务对象，纳税服务的社会化属性日趋明显。柔性税收征管是政府在肯定与发挥市场对经济的调节地位的基础之上，辅以灵活、非强制性的政策手段，将纳税人视为服务对象，尊重其权利并提供纳税服务。这种服务范式的税收征管

---

① 国家税务总局关于印发《全国税务系统 2010—2012 年纳税服务工作规划》的通知（国税发〔2009〕131 号）。

思想通过将市场与服务融入税收管理体系，通过市场这只“看不见的手”引导并实现征纳税双方利益共通，从而使税收这一颇有行政色彩的资源财富筹集过程逐步实现市场化，利于提高纳税人税收遵从度（蒋建湘、李沫，2013）。

（二）关于企业逃税的研究

理论上，避税（Tax Avoidance）和逃税（Tax Evasion）可以严格区分，其本质是减少应纳税额，差异在于手段是否合法。在实证研究中，避税和逃税一般交替使用（Slemrod & Yitzhaki，2002），但也有较多学者不区分避税和逃税（田彬彬、范子英，2016）。Agell 和 Persson（2000）将个人和企业的避税、逃税行为统一定义为税收套利行为（Taxarbitrage），并高度评价税收套利行为，认为其有利于抵消高利率的消极行为，提高个人和企业积极性。但是，逃税也会对社会经济造成消极影响，逃税不仅会使得收入分配出现失控、社会资源配置扭曲，同时也会降低政府财政收入，影响经济健康发展（马光荣、李力行，2012）。

关于企业逃税的影响因素研究，主要集中于以下几个方面：第一，基于遵从成本视角，Slemrod（2004）发现税收遵从成本与企业逃税之间存在正相关性，遵从成本越高，企业逃税水平越高。Allingham 等（1972）提出的 A-S 逃税模型也表明，减少企业逃税行为可以从提高逃税的成本或者降低逃税的预期收益入手。第二，基于道德因素视角，杨得前（2007）认为纳税人通过自我意识的激励，能提高纳税遵从，减少企业逃税。吴建和孙莉（2012）认为纳税人的纳税心理对纳税人的纳税遵从有重要的影响。第三，基于公共物品和信息对称视角。综合孙玉霞（2008）、何晖（2014）、李生巍（2010）等论文观点，信息不对称包括税务机关与企业之间的信息不对称以及企业与外部利益相关者之间存在的信息不对称。前者是由于税务机关对企业的财务状况了解不充分、企业对税收法律规章和税款用途了解不充分。Spicer 和 Lundestedt（1976）认为如果纳税人认为缴纳的税款超过政府提供的公共物品，那么纳税人就会拒绝诚实地履行纳税义务，获得的公共物品越多，纳税遵从意愿越高。而现实问题是政府公共产品供给不透明，税收征管受人力、财力等因素制约造成税务机关掌握全部税源信息的可能性较小，征纳双方信息不对称，部分纳税人税收遵从较低，会本能地进行避税。第四，基于金融领域视角，相关学者认为企业财务指标是影响企业逃税的重要因素。财务杠杆率越高，企业负债率越高，即财务风险越高，可能会采用逃税等措施（刘行等，2014）。企业成长性越高，逃税水平越高（田高良等，2016）。企业盈利能力越低，经营现金流越低，则风险越高，逃税节流的可能性越高（孙雪娇等，2019）。第五，基于制度构建视角，研究表明，税制结构、税收征管也是影响企业逃税的重要因素。孙玉霞（2008）认为如果税制过于复杂，企业会进行逃税。田彬彬和范子英（2018）发现征税机关的税收努力程度是影响企业逃税的重要因素。张克中等（2020）以“金税三期”工程表示涉税信息的监管能力分析其对企业纳税行为的影响，发现涉税信息监管能力会规范企业纳税行为。

（三）关于柔性税收征管与企业逃税的研究

税收征管与逃税是政府与企业长期博弈的结果。强制性税收征管政策对逃税漏税的企业实施“黑名单”管理，并联合多部门实施惩戒措施，本质是通过加大税务稽查与处罚力度来提高企业逃税的成本，减少企业逃税行为的发生。大量文献表明，税收征管力度加大会显著降低企业避税程度（范子英、田彬彬，2013；李维安、徐业坤，2013；刘春、孙亮，2015；陈晓光，2016）。但由于税收会减少企业现金流，强制税收征管使得企业不寻求避税不会获得激励，而寻求避税可能获得收益（孙雪娇等，2019）；同时，现阶段各种盈余管理方式更为隐蔽，不易被税务机关发现。出于追求自身经济利益最大化的目的，企业有天然的避税动机，强制性税收征管甚至会提高税收遵从成本（陶东杰等，2019）。短期来看，虽然强制性税收征管有利于降低企业避税活动频率，但长此以往会形成社会对稽查和处罚的过度依赖，削减纳税人自愿遵从的内在动机（Kirchler，2007）。同时，征纳双方也可能基于共同利益的形成合谋损害税源，降低税制强制性惩罚效果，造成无谓损失（田彬彬、范子英，2018）。

研究发现，柔性税收管理能显著抑制企业的盈余管理程度，产生对企业有效的约束并增强规范纳税的动机，引导企业积极通过信用纳税评级获得机会与资源的同时保障国家税收安全（张利娟，2020）；同时柔性税收征管发挥了对强制性税收征管的“补充效应”，体现了治理的合法性，能强化税收遵从的激励效应（孙雪娇等，2019）。研究表明，激励政策对个体行为的引导与其遵从率的积极效果相比惩罚机制更为显著。白彦锋和郝晓婧（2018）提出税收征管体系可以将“互联网+税务”模式下与“纳税信用”制度相结合，充分利用大数据、云计算的技术优势深度分析数据，准确对纳税人的信用识别并给予评价，对处在不同信用等级的纳税人实行差异化管理，可进一步增强纳税客体的风险厌恶，将税收行为规范在法律框架内。此外，肖春明（2017）发现柔性税收征管以纳税信用评级披露为载体通过对纳税人差别化管理，不仅有利于降低守信纳税人纳税成本，提高税收遵从，同时能让社会成员体会到国家对诚信纳税人的信任，主动参与税收征管。陶东杰等（2019）基于“A-S逃税模型”，发现柔性税收征管弱化了信息不对称，提高了企业税收遵从，并利用双重差分实证检验证明发现柔性税收征管通过纳税信用评级披露显著提高了企业税收遵从。

（四）既有研究简评

在党的十九大报告提及的“创新监管方式”“深化税收制度改革”“推进诚信建设”思想的指导下，国家税务总局自2014年10月1日起实施了《纳税信用管理办法（试行）》①，规范纳税信用管理，促进纳税人诚信自律依法纳税，这也是国家税务总局在税收征管方式上的重要创新。回顾国内外相关文献，学术界针对税

① 国家税务总局公告2014年第40号，国家税务总局关于发布《纳税信用管理办法（试行）》的公告。

收征管与企业逃税两个主题展开了深入的研究，并得出了丰富的理论成果。税收征管与企业逃税的研究大体上可以从两个视角出发。第一，基于强制性税收征管视角，研究强制性税收征管对企业逃税的影响。短期来看，强制性税收征管凭借其征税效应，能够降低企业避税活动频率，减少企业逃税行为的发生。但长期会削减纳税人自愿遵从，增加企业逃税。第二，基于柔性税收征管视角，研究柔性税收征管对企业逃税的影响。柔性税收征管以其柔软性和灵活性，能够激励并约束企业，提高企业税收遵从。进一步整理发现，柔性税收征管与企业逃税实证研究存在以下不足：①样本选择均为 A 股上市企业，未涉及中小板企业。中小企业规模较小，面临的财务风险和经营风险更大，因而其普遍税收遵从度较低（田和荣，2017），发生逃税行为的概率越大；②研究内容缺少对不同所有权性质的企业异质性分析；③实证方法多为传统双重差分（DID）法，存在不能克服样本选择偏误带来的内生性问题。

综上，本文的主要贡献体现在：①基于柔性税收征管视角，探讨柔性税收征管对企业逃税的影响，并以企业逃税为切入点，选择中小板非 ST、非金融上市企业作为样本，探讨柔性税收征管对中小企业逃税的影响，结论为考察柔性税收征管活动的政策效应提供了新的微观证据，丰富和发展现有研究。②本文首次实证分析了柔性税收征管对不同所有权性质的企业（民营与国有）异质性影响。民营企业在吸纳就业、创造税收、促进经济发展等方面具有重要作用，特别是在我国经济新常态下，民营企业成为近年来经济发展领域的亮点。探讨柔性税收征管对上市企业的纳税激励效应，特别是民营企业具有重要的理论与现实意义。③纳税信用评级政策所具有的自然实验性质，能够避免因果关系带来的内生性问题。采用倾向匹配得分（PSM）选择样本，运用双重差分（DID）能够分离出柔性税收征管对企业逃税的政策影响净效应，诸多稳健性检验提高结论可信度。

三、理论分析与研究假说

随着 2014 年 10 月 1 日起实施的《纳税信用管理办法（试行）》不断推进，税收管理由单一传统的强制性税收征管转变为强制与柔性两种税收征管政策。柔性税收征管凭借其自身柔软性和灵活性的优势，能弥补强制性税收征管存在的不足，从而更好地约束企业，规避逃税行为。柔性税收征管的目的是实现征纳双方共赢，进而提高税收遵从。不同于强制性税收征管，柔性税收征管的征管活动并不依赖国家强制执行。纳税信用评级政策给予纳税人一定的空间，纳税人可以主动向税务机关提供评级佐证材料，对评级结果有异议的可以书面申请复评，通过系列协商和激励机制，引导纳税人主动反馈信息，参与税收征管，这正体现了柔性税收征管的柔软性。此外，柔性税收征管通过纳税信用评级披露对评级为 A、B、C、D 的企业实施不同的管理策略，具体情况具体分析，提高征管适应性。分级管理体现柔性税收管理的灵活性。

纳税信用评级政策体现柔性税收征管的优势特征并具备以下激励效应：

第一，《纳税信用管理办法（试行）》提到，对于纳税信用被评为A级的一般纳税人单次可领取3个月的增值税发票用量，连续3年被评为A级的纳税人可以由税务机关提供绿色通道或专门人员帮助办理涉税事项。并且，国税总局连同其他部委对纳税信用A级纳税人实施联合激励措施，从项目审批、税收服务、财政资金使用、融资等方面给予41项政策优惠和绿色通道，企业纳税信用状况可以作为实施财政性资金项目安排的参考条件，也可以作为银行授信融资的重要参考条件。可以看出，企业纳税信用若被评为A级，可以从政府手中获得更多的优质发展资源、享受更大空间的税收优惠。同时，纳税信用评级一年一评，更新时间短，企业出于获得更高纳税信用评级的动机，会主动减少逃税行为。

第二，“A-S逃税模型”表明，企业通过衡量边际成本（税收惩罚边际成本）和边际收益，进而选择是否遵从税法。如果强制性税收征管政策的违规成本低，那么企业会选择逃税，强制税收征管反而增加企业逃税的动机。柔性税收征管，通过纳税信用评级披露只向社会公众披露评为A级的企业名单，并不会披露有违规行为的黑名单，理论上不存在违规成本。相反，比起强制性税收征管，其提供了更大的税收优惠，增加了税收激励，进而降低税收遵从成本，对企业实现正面引导。因此，实行柔性税收征管会规范企业纳税行为，减少企业逃税的动机。

第三，在纳税信用评级披露的过程中，税务机关不仅会对企业的账目、税务信息等进行检查，还会检查企业在工商、质检、环保、银行等部门的信用记录等信息。纳税信用评级结果为A说明企业的会计信息质量以及信用水平较高，进而向外界传递积极信号，提升企业形象。根据声誉理论，良好的企业声誉能帮助企业提升财务绩效、降低融资约束。同时，纳税信用评为A级的企业能获得社会舆论和公众支持。企业为维护声誉，会进一步规范纳税行为，提高纳税遵从，降低逃税水平。

此外，纳税信用评级披露具有传统税收征管的征税效应，并能显著降低信息不对称程度。纳税信用评级政策作为税收征管的创新机制，同样具有传统税收征管的征税效应。研究表明，征管活动中的反避税活动会抑制企业的避税行为。在纳税信用评级的众多指标中，不仅财务杠杆率、成长性、盈利能力、经营活动净现金流、融资约束、企业年龄、企业规模是税务机关关心的指标（孙雪娇等，2019），反避税调查信息也是评级是否为A的重要指标。反避税作为严肃税收法纪的重要税收征管活动，出于财务管理与公司治理等相关因素的影响，企业选择降低避税程度。同时，在进行纳税信用评级时，税务机关会对企业的账目、信用历史信息、税务内部信息等进行检查，相较于一般的税务检查，纳税信用评级中的税收征管力度更大。其效果能够显著提高企业的会计信息质量，弱化企业与税务机关和外部利益相关者的信息不对称程度，较高的税收征管力度也会规范企业纳税行为，减少逃税行为。

基于以上分析，本文提出假设1。

H1：柔性税收征管有利于降低企业逃税水平。

相比于民营企业，国有企业本身就具有许多天然优势，银行和政府会倾向于为国有企业提供贷款（Claessens 等，2008）、财政补贴（余明桂等，2010）、税收优惠（李维安等，2013）。因此，纳税评级带来的好处对国有企业的吸引力不如民营企业，因此国有企业在追求 A 级上可能动力不足。另外，吴联生（2009）研究发现国有股权比例越高，所得税实际税率也越高。国有企业由政府控制，会更倾向于保守的税收筹划行为以迎合政府。而民营企业的经营目标是企业利润最大化，它会更有动力寻求税收筹划、合理避税等降税费方法节省企业开支（郑红霞和韩梅芳，2008）。因此，国有企业的避税程度相较于民营企业来说更小，柔性税收征管使国有企业避税程度减小的空间更小。基于以上分析，本文提出假设 2。

H2：柔性税收征管对企业逃税的影响在不同产权性质公司间有显著差异，对民营企业的影响更大。

四、研究设计

（一）数据来源

选取 2011—2016[①] 年中小板非 ST、非金融上市企业为初始样本[②]，并按以下步骤进行筛选：首先，为确保实证分析结果准确无误，对数据进行基本清理，即剔除含缺失值的样本；其次，实证检验是为了比较分析纳税信用评级披露前后的企业逃税水平的差异，因此样本必须至少含有政策披露前后的数据；最后，由于双重差分（DID）识别策略要求实验组和对照组观测不能发生组间转移，因此参考孙雪娇等（2019）的做法，剔除所有 2016 年才被评为 A 级的样本，只保留 2015 年政策披露后被评为 A 级的样本，以确保下文能实证检验纳税信用评级披露作为一次外生冲击对企业逃税的影响。最终得到 2011—2016 年中小板非 ST、非金融上市企业 2550 组观测值[③]。此外，为尽可能消除极端值对研究结论的稳健性影响，对连续型变量进行在 1%和 99%分位上的 Winsorize 处理。

（二）模型设定

柔性税收管理通过纳税信用评级披露对企业不再实施“一刀切”的征管政策，研究表明纳税信用评为 A 级的企业能够显著降低其融资约束，抑制盈余管理程度（张利娟，2020）。基于实现上述目的动机，A 级信用纳税人会进一步规范并增强企业纳税动机，以获得更多资源，促进企业发展。

本文参考孙雪娇等（2019）的做法，采用倾向匹配得分（PSM）方法为纳税信用被评为 A 级的企业匹配条件相当的样本作为对照组，并进一步构建双重差分

① 企业纳税信用评级每年调整，双重差分（DID）要求实验组和对照组可严格区分，即实验组企业必须满足 2015 年、2016 年、2017 年、2018 年、2019 年均被评为 A 级。使用 2017 年、2018 年、2019 年数据损失样本量较大，因此本文选取数据截至 2016 年。

② 企业纳税信用评级数据来源于国家税务总局官方网站，根据其年报中披露的统一社会信用代码为检索关键词，采用爬虫技术收集整理，其他变量数据均来源于国泰安数据库。

③ 原始样本 4 122 组，根据上述步骤剔除样本 1 572 组，最终得到样本 2 550 组。

（DID）研究柔性税收征管和企业逃税的关系。基于倾向匹配得分（PSM）方法的基础采用双重差分（DID）不仅可以抵消由于不可观测的扰动项对模型估计造成的偏误，而且能避免样本选择偏误造成的内生性问题，解决倾向匹配得分（PSM）及双重差分（DID）方法本身的局限性，运用该方法得出来的结论更加科学。模型形式设定如下：

$$ETR_{it} = \beta_0 + \beta_1 A_i + \beta_2 POST_t + \beta_3(A_i \times POST_t) + \Phi\, Control_{it} + r_t + \varepsilon_{it} \quad (1)$$

$$Evasion_{it} = \beta_0 + \beta_1 A_i + \beta_2 POST_t + \beta_3(A_i \times POST_t) + \Phi\, Control_{it} + r_t + \varepsilon_{it} \quad (2)$$

其中，下标 i 表示对应的上市企业，t 表示相应的年份，ETR_{it} 与 $Evasion_{it}$ 作为评判企业逃税水平的指标，分别指企业实际税率（ETR）和税会差异（Evasion），交互项 $A_i \times POST_t$ 前系数表示政策影响的净效应。若模型（1）结果中交互项 $A_i \times POST_t$ 对 ETR_{it} 呈现显著正相关，模型（2）结果中交互项 $A_i \times POST_t$ 对 ETR_{it} 呈现显著负相关，则表明纳税评级政策披露有利于减少企业逃税行为。

（三）变量定义

被解释变量（企业逃税测度）：由于企业所得税逃税普遍、征管难度大，本文采用企业所得税作为企业逃税水平数据。同时考虑企业逃税是隐蔽的，无法准确判断，而学术一般常用的衡量企业逃税水平的指标为实际税率（ETR）（田彬彬、范子英，2016）。实际税率（ETR）是企业所得税额除以利润总额。理论上，在其他条件不变的前提下，企业税收遵从越低，则逃税水平越高，实际税率越低。因此本文采用实际税率作为衡量企业逃税的第一个指标①。

考虑企业所得税受税收优惠政策的影响，使得实际税率小于法定税率，直接使用实际税率反映企业逃税得出的结论可能有误（陈冬等，2016）。此外，鉴于企业可操纵税前收入与利润，保持实际税率与法定税率相等。同时，实际税率存在无法衡量不同规模企业逃税差异。因此本文沿用已有文献思路，采用税会差异法（book-tax difference）作为衡量企业逃税的第二个指标②。由于会计与税务之间存在客观制度差异，使得会计利润和应纳税所得额总不相同，相比于单纯使用实际税率，加入税会差异（Evasion）能增加模型结论的准确性。参考陶东杰等（2019）的研究，对上述二者差异进行标准化处理，即除以企业年末总资产以消除企业规模影响。该值与实际税率表达效果相反，在其他条件不变的前提下，企业逃税水平越高则税会差异应越大，企业逃税水平越低则税会差异越小。

解释变量：本文使用符号 A 区分实验组和对照组，如果 2015 年纳税信用评级披露，企业纳税信用被评为 A 级则取 1，否则取 0；用符号 POST 表示纳税信用评级披露，评级披露后取 1，即 2015 年、2016 年取 1，其他取 0。

控制变量：为对主要解释变量进行更好的解释，本文引进企业金融领域常用

① 使用实际税率（ETR）作为衡量企业逃税的指标 1。

② 使用税会差异法（book-tax difference）作为衡量企业逃税的指标 2。

的变量（包括企业财务指标和治理层面指标）以及年度哑变量、行业哑变量作为模型控制变量。变量详细说明如表 1 所示。

表 1 变量定义

变量名称	符号说明	解释说明
实际利率	ETR	实际税率=企业所得税额/利润总额
税会差异	Evasion	税会差异=（利润总额 - 应纳税所得额）/企业规模
纳税信用被评为 A 级的企业	A	虚拟变量，当 2015 年纳税信用评级披露，企业被评为 A 级取 1，否则取 0
纳税评级政策披露	POST	虚拟变量，纳税信用评级披露后（2015—2016 年）取 1，否则取 0
财务杠杆率	LEV	财务杠杆率=负债总额/资产总额
成长性	GROWTH	营业收入增长率=(本年营业收入 - 上年营业收入)/上年营业收入
盈利能力	ROA	盈利能力=息税前利润/总资产
经营活动净现金流	CF	经营活动净现金流=经营活动产生的现金净流量÷期初总资产
融资约束	SA	SA 指数，$\vert -0.737\times SIZE+0.43\times SIZE^2-0.04\times AGE\vert$
企业年龄	AGE	企业成立至观测之间的年数
企业规模	SIZE	年初总资产自然对数
董事长与总经理两职合一	DUAL	虚拟变量，董事长和总经理为同一人取 1，否则取 0
独立董事比例	INDEP	独立董事比例=独立董事人数/董事会人数
管理层持股比例	MSH	管理层持股比例=管理层持股数/年末总股数
年份哑变量	YEAR	虚拟变量，对应年份取 1，否则取 0
行业哑变量	IND	虚拟变量，对应行业取 1，否则取 0

五、实证分析及稳健性检验

（一）描述性统计

表 2 列示了所有变量的描述性统计结果，有助于从整体层面了解样本，便于实证分析。其中，企业逃税指标（实际利率和税会差异）均值分别为 0.149、-0.005，与现有研究的描述性基本一致（陶东杰等，2019）。实际税率的最大值为 0.641、最小值为-0.559，说明企业逃税水平在个体上存在较大差异，而税会差异相对较小，引入税会差异替换实际利率有利于提高模型结论的准确度。此外，评级为 A 的企业样本均值为 0.579，说明纳税信用被评为 A 级的企业占 57.9%。

表 2 描述性统计（全样本）

变量名称	观测值	平均值	标准误差	最小值	最大值
ETR	2 550	0. 149	0. 139	-0. 559	0. 641
Evasion		-0. 005	0. 040	-0. 182	0. 092
A		0. 579	0. 494	0	1
POST		0. 333	0. 471	0	1
LEV		0. 359	0. 190	0. 033	0. 802
GROWTH		0. 182	0. 372	-0. 478	2. 300
ROA		0. 058	0. 052	-0. 140	0. 219
CF		0. 051	0. 084	-0. 218	0. 295
SA		3. 143	0. 066	2. 896	3. 206
AGE		12. 684	5. 161	3	41
SIZE		21. 496	0. 813	19. 736	23. 727
DUAL		0. 331	0. 471	0	1
INDEP		0. 373	0. 051	0. 333	0. 571
MSH		0. 214	0. 224	0	0. 705

注：***、**、*分别表示在 1%、5%、10%的水平下显著。

表 3 报告了纳税信用被评为 A 级和非 A 级企业的比较，均值 t 检验结果表明，两组样本在财务杠杆率、成长性、盈利能力、经营活动净现金流、融资约束存在显著差异。

表 3 描述性统计及均值 t 检验（样本区分是否评级为 A 级）

变量名称	A 级		非 A 级		均值 t 检验
	样本量	均值	样本	均值	
LEV	1 476	0. 342 074 5	1 074	0. 381 828 6	5. 252 4***
GROWTH		0. 159 743 7		0. 212 989 8	3. 530 9***
ROA		0. 062 246 7		0. 053 347 6	-4. 251 6***
CF		0. 055 917 3		0. 044 320 6	-3. 452 2***
SA		3. 146 645		3. 137 034	-3. 650 7***
AGE		12. 573 17		12. 835 2	1. 265 9
SIZE		21. 504 55		21. 484 18	-0. 624 6

注：***、**、*分别表示在 1%、5%、10%的水平下显著。

（二）相关性分析

表 4 报告了所有变量 Pearson 的相关性，结果表明各变量间相关系数较低，因此各变量间可能并不存在多重共线性，能够使用 OLS 线性回归对模型对各变量进行解释和分析。

表 4　Pearson 相关系数表

变量名称	ETR	Evasion	A	POST	LEV	GROWTH	ROA	CF	SA	AGE	SIZE	DUAL	INDEP	MSH
ETR	1. 000													
Evasion	−0. 004	1. 000												
A	−0. 055 ***	0. 091 ***	1. 000											
POST	−0. 018	0. 001	0. 000	1. 000										
LEV	0. 010	−0. 186 ***	−0. 103 ***	0. 092 ***	1. 000									
GROWTH	−0. 002	0. 128 ***	−0. 071 ***	0. 025	0. 092 ***	1. 000								
ROA	−0. 009	0. 273 ***	0. 084 ***	−0. 108 ***	−0. 216 ***	0. 275 ***	1. 000							
CF	0. 025	0. 083 ***	0. 068 ***	0. 078 ***	−0. 180 ***	0. 052 ***	0. 397 ***	1. 000						
SA	−0. 028	−0. 066 ***	0. 072 ***	0. 239 ***	0. 391 ***	0. 049 **	0. 017	−0. 034 *	1. 000					
AGE	−0. 035 *	−0. 061 ***	−0. 025	0. 274 ***	0. 070 ***	−0. 026	−0. 073 ***	0. 047 **	0. 041 **	1. 000				
SIZE	−0. 002	−0. 109 ***	0. 012	0. 294 ***	0. 542 ***	0. 059 ***	0. 028	−0. 006	0. 753 ***	0. 042 **	1. 000			
DUAL	−0. 009	0. 027	−0. 056 ***	−0. 010	−0. 062 ***	0. 030	0. 012	0. 026	−0. 021	−0. 019	−0. 066 ***	1. 000		
INDEP	−0. 026	0. 001	−0. 047 **	0. 041 **	−0. 027	−0. 006	0. 002	0. 016	−0. 029	−0. 001	0. 009	0. 167 ***	1. 000	
MSH	−0. 023	0. 089 ***	−0. 016	−0. 115 ***	−0. 226 ***	0. 022	0. 035 *	−0. 076 ***	−0. 133 ***	−0. 081 ***	−0. 189 ***	0. 083 ***	0. 064 ***	1. 000

注：*** 、** 、* 分别表示在 1%、5%、10%的水平下显著。

（三）倾向得分匹配（PSM）方法

采用倾向得分匹配（PSM）方法，找出评级为 A 且与对照组最有可比性的企业。理论上，纳税评级披露后，财务杠杆率（LEV）、成长性（GROWTH）、盈利能力（ROA）、经营活动净现金流（CF）、融资约束（SA）、企业年龄（AGE）、企业规模（SIZE）均是税务机关评定企业能否评级为 A 纳税人重要指标（孙雪娇等，2019）。结合描述性表 3 发现，A 级企业和非 A 级企业的比较，二者在财务杠杆率、成长性、盈利能力、经营活动净现金流、融资约束在 1%的统计水平上存在显著差异。考虑样本选取的是中小板非 ST、非金融上市企业，其企业年龄、企业规模相差较小，因此结合检验结果判断本文中企业年龄及企业规模不是影响纳税评级为 A 级的重要因素。

综上所述，选择财务杠杆率（LEV）、成长性（GROWTH）、盈利能力（ROA）、经营活动净现金流（CF）、融资约束（SA）作为协变量，采用倾向得分匹配（PSM）方法按照 1∶1 的比例进行有放回的近邻匹配，以重新选择实验组和对照组。表 5 为倾向得分匹配（PSM）方法的平衡性检验结果。结果显示，实验组和对照组重新匹配后以上 5 个协变量均在 10%的统计水平上不拒绝原假设，即无显著差异。同时，经过倾向匹配得分后，各变量两组偏差显著降低，偏差绝对值均未超过 4%。平衡性检验表明，倾向得分匹配效果较好。

表 5　倾向得分匹配（PSM）平稳性检验

变量名称	是否匹配	均值		%偏差	t 值	P>|t|
		实验组	对照组			
LEV	U	0.345 17	0.384 36	−20.6	−5.11	0.000
	M	0.346 19	0.345 16	0.5	0.15	0.883
GROWTH	U	0.159 74	0.212 99	−13.9	−3.53	0.000
	M	0.158 78	0.144 76	3.7	1.20	0.231
ROA	U	0.061 47	0.052 24	17.6	4.35	0.000
	M	0.060 79	0.060 00	1.5	0.41	0.680
CF	U	0.056 35	0.043 85	15.0	3.73	0.000
	M	0.055 77	0.054 55	1.5	0.40	0.688
SA	U	3.150 20	3.139 70	16.8	4.18	0.000
	M	3.150 00	3.148 90	1.8	0.51	0.610

（四）双重差分（DID）回归结果

1. 基本回归结果

表 6 给出了模型（1）和模型（2）的 OLS 回归结果，其中（1）（2）（3）列分别为仅含解释变量的基准回归结果、加入企业财务指标的回归结果、加入企业治理层面指标的回归结果。当逐步加入控制变量时，模型（1）和模型（2）的 R^2 逐渐提高，说明随着控制变量的增加，模型不断优化；模型（1）三组回归结果显

示，交互项 A × POST 的回归系数 β_3 分别在 1%、5%、10%的统计水平上显著为正，表明纳税信用评级披露后，被评为 A 级的企业实际税率（ETR）提高。模型（2）三组回归结果显示，交互项 A × POST 的回归系数 β_3 分别在 5%、5%、1%的统计水平上显著为负，表明纳税信用评级披露后，被评为 A 级的企业税会差异（Evasion）减少，同时交互项系数 β_3 接近税会差异（Evasion）平均值，具有显著的经济意义。上述结果表明，柔性税收征管有利于降低企业逃税水平，提高企业税收遵从。纳税评级政策披露后，被评为 A 级的企业能够获得更多的资源，有利于企业发展。由于纳税评级每年涉及调整，出于为保持享受更多政策资源的现状，并尽可能实现利润最大化动机，被评为 A 级的企业会尽量降低逃税水平，提高税收遵从。以上结论验证了本文的假设 1，柔性税收征管有利于降低企业逃税水平。

表 6　柔性税收征管对企业逃税的影响

变量名称	模型（1）			模型（2）		
	(1) ETR	(2) ETR	(3) ETR	(4) Evasion	(5) Evasion	(6) Evasion
A	-0.015 9** (-13.87)	-0.015 8 (-5.46)	-0.017 0* (-11.05)	0.003 91* (8.02)	0.001 55 (1.37)	0.001 56 (2.41)
POST	-0.012 4 (-3.81)	-0.013 0 (-1.32)	-0.012 9 (-1.40)	0.004 38** (36.52)	0.016 7 (5.24)	0.016 8 (4.76)
A×POST	0.011 1** (42.52)	0.011 6* (9.91)	0.012 3* (6.48)	-0.007 14** (-15.77)	-0.005 25** (-14.32)	-0.005 25*** (-186.31)
LEV		0.039 7 (1.44)	0.034 7 (1.38)		-0.008 12 (-1.00)	-0.006 82 (-1.35)
GROWTH		-0.006 79 (-0.84)	-0.006 29 (-0.74)		0.003 66 (1.18)	0.003 54 (1.00)
ROA		0.010 2 (0.14)	0.013 3 (0.22)		0.264 (6.19)	0.264* (6.60)
CF		0.068 9 (3.90)	0.066 5 (4.15)		-0.024 2 (-2.21)	-0.023 1 (-1.80)
SA		-0.100 (-1.45)	-0.098 4 (-1.76)		-0.022 2 (-0.74)	-0.021 7 (-0.67)
AGE		-0.000 943 (-6.08)	-0.000 979* (-6.56)		-0.000 521* (-7.61)	-0.000 511* (-11.02)
SIZE		0.006 90 (1.12)	0.006 52 (1.29)		-0.001 67 (-1.78)	-0.001 66 (-1.40)
DUAL			-0.006 16 (-0.75)			-0.000 930 (-0.40)
INDEP			-0.072 3 (-1.14)			0.006 01 (0.54)
MSH			-0.014 3 (-2.88)			0.004 54 (0.45)

表6(续)

变量名称	模型（1）			模型（2）		
	（1）	（2）	（3）	（4）	（5）	（6）
	ETR	ETR	ETR	Evasion	Evasion	Evasion
C	0.231** (54.99)	0.392 (4.87)	0.424 (4.97)	0.072 4** (52.78)	0.148 (2.14)	0.143 (2.17)
YEAR	控制			控制		
IND	控制			控制		
R^2	0.061 0	0.066 1	0.067 9	0.182 7	0.288 6	0.289 2
N	2 475	2 475	2 475	2 475	2 475	2 475

注：***、**、* 分别表示在 1%、5%、10%的水平下显著；括号内数值为 t 统计量；标准误差通过组别 cluster 调整。

2. 企业所有权性质异质性分析

表 7 中的结果证明，柔性税收征管对企业逃税的影响在企业所有权性质间具有显著差异。民营企业样本回归结果显示，交互项 A×POST 的回归系数 β_3 对实际税率（ETR）在 5%的统计水平上显著为正，对税会差异（Evasion）在 5%的统计水平上显著为正，两组回归均表明纳税信用评级披露后，评级为 A 的民营企业逃税水平降低，税收遵从提高。而国有企业样本回归结果其对应交互项 A×POST 的回归系数 β_3 对实际税率（ETR）和税会差异（Evasion）均不显著，统计学意义不拒绝原假设，故无法得出纳税信用评级披露有利于降低评级为 A 的国有企业的逃税水平，提高纳税遵从的结论。剖析原因，一方面由于国有企业会计核算等其他条件相对健全，其评级为 A 后逃税水平降低程度有限；另一方面相比于民营企业，国有企业本身就具有许多天然优势，因此柔性税收征管所带来的相同的税收优惠和政策资源为其带来的激励效应较弱，使得纳税信用评级披露调整其税收遵从不显著。异质性分析验证了本文的假设 2，柔性税收征管对企业逃税的影响在不同产权性质公司间具有显著差异，对民营企业的影响更大。

表 7　柔性税收征管对企业逃税的影响（区分民营与国有）

变量名称	民营	国有	民营	国有
	ETR	ETR	Evasion	Evasion
A	−0.018 9** (−34.93)	−0.033 0 (−5.96)	0.002 44 (6.30)	0.029 4** (40.70)
POST	−0.009 81 (−1.03)	−0.014 6** (−45.22)	0.018 6*** (1 695.30)	0.022 5 (1.15)
A×POST	0.019 3** (19.14)	−0.007 55 (−2.06)	−0.004 83** (−49.66)	−0.005 70 (−1.66)

表7(续)

变量名称	民营	国有	民营	国有
	ETR	ETR	Evasion	Evasion
C	0.345 (5.25)	0.663 (1.91)	0.091 4*** (70.89)	0.020 4 (0.53)
Control	控制		控制	
YEAR/IND	控制		控制	
R^2	0.135 91	0.145 54	0.036 73	0.038 68
N	1 999	476	1 999	476

注：***、**、*分别表示在1%、5%、10%的水平下显著；括号内数值为t统计量；标准误差通过组别cluster调整。

（五）模型稳健性检验

1. 双重差分（DID）平稳趋势检验

为估计政策影响的净效应而采用双重差分（DID）必须满足重要的前提假设，即平行趋势假定。本文中，应满足实验组和对照组企业在纳税评级披露前其避税水平必须有共同的趋势。参考石华军等（2017）的做法，采用回归法进行平行趋势检验，模型设定如下：

$$ETR_{it} = \beta_0 + \beta_1 A_i + \beta_j \sum_{j=2011}^{2014} POST_{tj} + \beta_k A_i \sum_{k=2011}^{2014} POST_{tk} + \Phi\, Control_{it} + \varepsilon_{it} \quad (3)$$

$$Evasion_{it} = \beta_0 + \beta_1 A_i + \beta_j \sum_{j=2011}^{2014} POST_{tj} + \beta_k A_i \sum_{k=2011}^{2014} POST_{tk} + \Phi\, Control_{it} + \varepsilon_{it} \quad (4)$$

其中，A_i 为分组变量，$POST_t$ 为年份虚拟变量，如当年份为2011年时，$POST_t$ 取1，否则取0；当年份为2012年时，$POST_t$ 取1，否则取0，以此类推至2014年。交互项系数反映的是：对于政策实施前某一年，实验组和对照组的差异。表8中的回归结果显示，模型（3）所有交互项系数均不显著，模型（4）除交互项A×YEAR2011在10%的统计水平上显著外，其余均不显著。由于采用该办法验证平行趋势，可以适当放松显著条件，即所有交互项联合不显著可以认为政策实施前实验组和对照组不存在明显差别，结果证明满足平行趋势假定。

表8　双重差分（DID）平行趋势检验

变量名称	(1) ETR	(2) Evasion
A	-0.004 66 (-0.49)	-0.003 68 (-1.20)
YEAR2011	0.012 9 (0.97)	-0.017 6*** (-3.86)

表8(续)

变量名称	(1) ETR	(2) Evasion
YEAR2012	0.019 7* (1.89)	−0.010 6*** (−3.12)
YEAR2013	0.020 7* (1.84)	−0.007 69*** (−2.62)
YEAR2014	0.001 52 (0.12)	−0.004 64 (−1.61)
A×YEAR2011	−0.004 54 (−0.27)	0.009 40* (1.84)
A×YEAR2012	−0.012 9 (−0.98)	0.005 53 (1.47)
A×YEAR2013	−0.025 9 (−1.59)	0.002 30 (0.66)
A×YEAR2014	−0.005 03 (−0.30)	0.004 39 (1.24)
C	0.401** (2.17)	0.156** (2.09)
Control	控制	控制
IND	控制	控制
R^2	0.068 2	0.289 4
N	2 475	2 475

注：***、**、*分别表示在1%、5%、10%的水平下显著；括号内数值为t统计量；标准误差通过组别cluster调整。

2. 其他稳健性检验

（1）安慰剂检验（Placebo test）。参考许年行、李哲等（2016）对模型进行稳健性检验的方法，本文将纳税信用被评为A级的随机分配给上市公司，并生成新的实验组和对照组，利用stata15.0对模型（1）和模型（2）重复回归1 000次。模型（1）中的结果见表9及图1，模型（2）中的结果见表10和图2。两组回归中，系数均接近0，显著为负和显著为正的占比较小，进一步可以理解其显著关系或特征不存在。结果表明，企业逃税水平降低，税收遵从提高是由于纳税信用评级披露导致，而并非时间因素或其他偶然因素及噪音所致。

表9 模型（1）安慰剂检验（Placebo test）回归结果

变量名称	N	均值	标准误差	5%分位	25%分位	50%分位	75%分位	95%分位
系数	1 000	−0.000 271 7	0.012 116 1	−0.020 870 7	−0.008 208 3	−0.000 091 3	0.007 888 6	0.019 261 4
T值		−0.023 752 3	1.056 562	−1.819 304	−0.715 242 3	−0.007 959 7	0.687 914 6	1.680 602

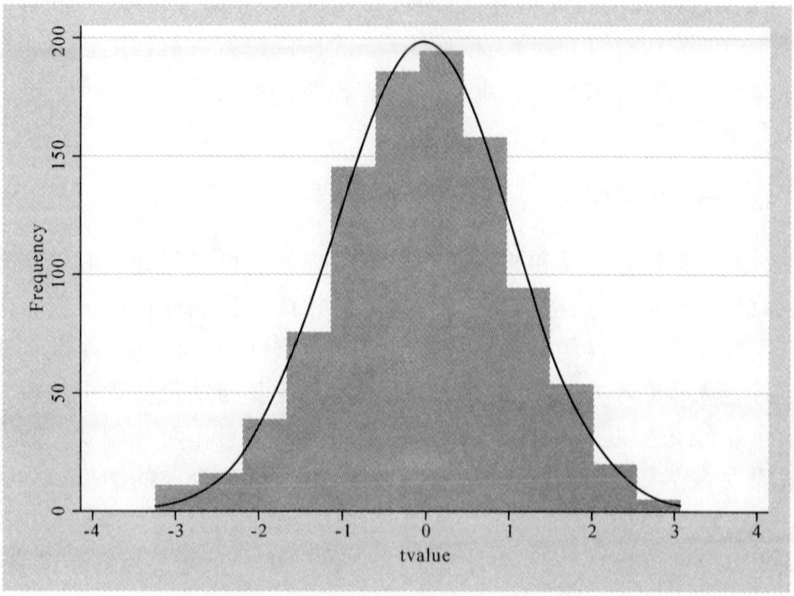

图 1　模型（1）安慰剂检验（Placebo test）

表 10　模型（2）安慰剂检验（Placebo test）回归结果

变量名称	N	均值	标准误差	5%分位	25%分位	50%分位	75%分位	95%分位
T 值	1 000	−0. 000 045 3	0. 003 453 2	−0. 005 750 6	−0. 002 289	0. 000 019 7	0. 002 220 4	0. 005 677
		−. 0 141 548	1. 074 188	−1. 789 106	−0. 711 990 7	0. 006 125 5	0. 690 104 6	1. 764 236

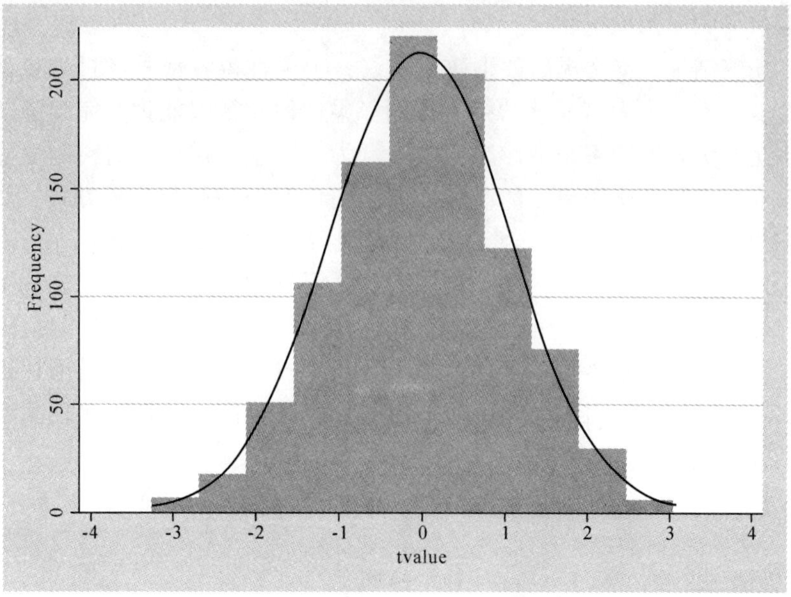

图 2　模型（2）安慰剂检验（Placebo test）

（2）重新进行倾向匹配得分（PSM）处理。参考孙雪娇等（2019）的做法，重新进行倾向匹配得分（PSM），按照 1∶2 的比例进行有放回的近邻匹配，以检验模型稳健性。回归结果显示，重要变量显著性，参数符号均一致，进一步表明与上述研究结论一致①。

六、结论与政策建议

本文针对国家税务总局和相关部门联合实施的纳税信用评级政策，实证研究了柔性税收征管对企业逃税的影响。理论上，相比于强制性税收征管，柔性税收征管以其柔软性和灵活性的优势特征，能够通过增加税收优惠、降低企业遵从成本以及提升企业形象等方式，极大程度地调动企业参与纳税征管中的积极性，并显著降低企业与税务机关和外部利益相关者之间的信息不对称程度，为企业带来更多的优质发展资源。纳税信用评级披露，会不断规范企业的纳税行为，降低逃税水平。通过以上分析，选择 2011—2016 年中小板上市公司为样本，利用倾向得分匹配双重差分法（PSM-DID）考察柔性税收征管对企业逃税行为的具体影响，并进一步分析国有企业与民营企业样本的差异。主要结论如下：柔性税收征管通过纳税评级政策能显著降低企业的逃税水平；比起国有企业，这一关系在民营企业中表现得更为明显。系列的稳健性检验均证明本文的实证结果是可靠的。

本文的不足之处在于：①受税收优惠影响，实际税率本身可能小于法定税率；②导致企业出现税会差异的影响因素较多，并非只受逃税影响，客观制度差异也会导致税会差异。因此采用实际税率与税会差异均不能准确无误地衡量企业逃税。未来研究建议选择更为合适的逃税指标代替。此外，可进一步研究柔性税收征管影响企业逃税的作用机制。

基于研究结论，本文提出如下政策建议：①柔性税收征管通过纳税信用评级政策对企业的逃税行为有显著的抑制作用。柔性税收征管能弥补完善强制性税收征管的不足，更好地约束企业，减少逃税行为的发生。在现代财税制度建立的过程中，政府可以尝试使用更多的激励性与惩罚性互补的税收管理方式。②定期公布企业纳税信用状况，逐步向全社会公布评级为 B、C、D 企业的名单，对于初始纳税信用评级处于低等级的企业，应同时加强引导和激励。③逐步完善纳税信用评级指标体系。可将其纳入企业内部控制等指标，并合理确定各项指标所占分值，确保纳税信用评级政策客观、全面及公正。④进一步加强对纳税信用评级政策的宣传，完善激励机制，引起更多企业的重视，应政企同心；稳步实现国家治理能力与治理体系现代化。

---

① 由于回归结果一致，出于文章篇幅考虑，本文未列出按照 1∶2 的比例进行有放回的近邻匹配后进行双重差分（DID）回归结果。若读者有需要，可向笔者索取。

参考文献：

AGELL J, PERSSON M, 1990. Tax Arbitrage and flie Redistributive Properties of Progressive Income Taxation [J]. Economics Letters, 34: 357-361.

SPICER M W, LUNDSTEDT S B, 1976. Understanding Tax Evasion [J]. Finances Publiques, 31 (2): 295-305.

KIRCHLER E, 2007. The Economic Psychology of Tax Behaviour [M]. Cambridge: Cambridge University Press.

陈晓光，2016. 财政压力、税收征管与地区不平等 [J]. 中国社会科学 (4): 53-70, 206.

范子英，田彬彬，2013. 税收竞争、税收执法与企业避税 [J]. 经济研究，48 (9): 99-111.

付敏杰，2020. 现代财政制度的国家视角：兼论中国全面建设现代化强国的财政治理框架 [J]. 财政研究 (2): 55-68;

何晖，2014. 对我国税收遵从行为的研究 [D]. 成都：西南财经大学.

蒋建湘，李沫，2013. 治理理念下的柔性监管论 [J]. 法学 (10): 29-37.

李生巍，2010. 公共品提供与税收遵从相关性研究 [D]. 南昌：江西财经大学.

李维安，徐业坤，2013. 政治身份的避税效应 [J]. 金融研究 (3): 114-129.

刘春，孙亮，2015. 税收征管能降低股价暴跌风险吗？[J]. 金融研究 (8): 159-174.

刘行，叶康涛，2014. 金融发展、产权与企业税负 [J]. 管理世界 (3): 41-52.

马光荣，李力行，2012. 政府规模、地方治理与企业逃税 [J]. 世界经济，35 (6): 93-114.

石华军，楚尔鸣，2017. 政策效果评估的双重差分方法 [J]. 统计与决策 (17): 80-83.

孙雪娇，翟淑萍，于苏，2019. 柔性税收征管能否缓解企业融资约束：来自纳税信用评级披露自然实验的证据 [J]. 中国工业经济 (3): 81-99.

孙玉霞，2008. 税收遵从：理论与实证 [M]. 北京：社会科学文献出版社.

陶东杰，李成，蔡红英，2019. 纳税信用评级披露与企业税收遵从：来自上市公司的证据 [J]. 税务研究 (9): 101-108.

田彬彬，范子英，2018. 征纳合谋、寻租与企业逃税 [J]. 经济研究，53 (5).

田和荣，2017. 中小企业所得税征管问题与对策研究 [D]. 北京：中国财政科学研究院.

吴建，孙莉，2012. 西方纳税遵从理论历史沿革与中国研究进展：纳税遵从理论研究评论与未来研究方向 [J]. 现代财经 (天津财经大学学报)，32 (2): 13-21.

吴联生，2009. 国有股权、税收优惠与公司税负 [J]. 经济研究，44 (10): 109-120.

许年行，李哲，2016. 高管贫困经历与企业慈善捐赠 [J]. 经济研究，51 (12): 133-146.

杨得前，2009. 自愿税收遵从影响因素的实证分析 [J]. 税务研究，10: 74-77

余明桂，回雅甫，潘红波，2010. 政治联系、寻租与地方政府财政补贴有效性 [J]. 经济研究，45 (03): 65-77.

张克中，欧阳洁，李文健，2020. 缘何“减税难降负”：信息技术、征税能力与企业逃税［J］. 经济研究，55（03）：116-132.

张利娟，2020. 融资约束、柔性税收管理与盈余管理［J］. 财会通讯（6）：57-61.

郑红霞，韩梅芳，2008. 基于不同股权结构的上市公司税收筹划行为研究：来自中国国有上市公司和民营上市公司的经验证据［J］. 中国软科学（9）：122-131.

我国环境税对制造业绿色创新影响的实证研究

李瑞　彭邦军　沈佳豪

内容提要：作为绿色发展与创新驱动的结合点，绿色创新是改善资源环境问题和提升国家综合实力的重要手段。税收政策对于经济社会发展具有直接调控作用，制造业对于国民经济发展具有基础作用，而环境税对于制造业绿色创新也存在客观影响。在梳理我国环境相关税收政策及制造业绿色创新现状及相关数据的基础上，运用Stata软件对制造业绿色创新面板数据进行了多元回归分析。实证结果表明：①环境税显著地促进了制造业企业绿色创新，环境税税负越大，企业绿色创新水平越高；②环境税显著地促进了制造业企业后一期和后两期的绿色创新水平的提高，并且这种促进作用比当期的影响程度更大、显著性更高。

关键词：环境税；绿色创新；制造业；实证研究

一、文献综述

（一）背景意义

一直以来，各个国家都很注重创新发展，在创新发展过程中，生态环境问题越来越受到广泛关注。绿色创新作为创新驱动和绿色发展的结合点，是改善环境问题、提升国家创新能力的关键手段。在我国，党的十八届五中全会提出“创新、协调、绿色、开放、共享”的五大发展理念，要求必须把创新摆在国家发展全局的核心位置，推动大众创业、万众创新；要坚持绿色发展，加快建设资源节约型、环境友好型社会。党的十九大要求必须树立和践行“绿水青山就是金山银山”的理念，坚持节约资源和保护环境的基本国策，像对待生命一样对待生态环境，建设美丽中国；同时还做出创新“是引领发展的第一动力，是建设现代化经济体系的战略支撑”的重要论断。

税收政策是国家宏观调控的主要手段之一，资源环境相关税收政策有利于促

作者简介：李瑞、沈佳豪，西南财经大学财政税务学院；彭邦军，中国电建集团成都勘测设计研究院有限公司。

进绿色创新的发展。我国制定了很多与节约资源、保护环境相关的税收政策，积极推动我国环保事业的发展和生态文明的建设。制造业作为国民经济的主体，是立国之本、兴国之器、强国之基，但其发展也带来了一系列环境问题。“十三五”规划明确提出实施绿色发展与创新驱动发展战略，《中国制造 2025》要求坚持把创新摆在制造业发展全局的核心位置，着力构建绿色制造体系，坚持走生态文明的发展道路①。相对而言，制造业具有高投入、高消耗、高排放的特点，对环境税的反应较其他行业更为敏感。由此，在制造业领域内考察环境税体系对于绿色创新的影响，不仅有利于促进我国环境税体系进一步完善，也有利于促进我国制造业绿色创新实践，进而为制造业可持续发展和生态优化做出一定的贡献。

（二）环境税对绿色创新的影响

关于环境税对绿色创新的影响，基于不同的角度以及采用的不同方法，学者们的结论也不尽相同，大致有三种观点。

第一，环境税促进绿色创新。Pearce（1991）提出的双重红利理论认为，环境税能够促使企业提高生产技术水平、促使企业节能减排和绿色创新。Chintrakarn（2008）用面板数据研究了环境监管对美国各州制造业技术效率的影响，发现环境税的征收程度越高，企业绿色创新的技术效率越高。周鹏（2012）、赵爱武等（2016）、毕茜和于连超（2016）运用不同的方法，通过不同方向的分析研究，表明环境税对绿色创新有正向作用。朱媛媛（2018）建立了一个两阶段排污费的面板回归模型，研究发现环境税对绿色创新能够产生显著的正向作用，并且，滞后一期的环境税对绿色创新的作用比当期的要更大。我国的绿色创新仍然要靠政府环境税制度来实现，应不断加以监督和管控。

第二，环境税抑制绿色创新。Gray（2011）研究表明，环境税负越重或者环境规制强度越大，会使得企业无法承担增加的环境税成本，从而降低企业生产效率，阻碍企业进行绿色创新。Leeuen（2017）从“制度阻碍论”出发，认为在面对环境规制政策时，由于绿色创新无法为企业带来直接的经济效益，企业宁愿采取末端治理等污染治理方式也不愿意投资于绿色创新。

第三，环境税与企业绿色创新的关系不是简单线性关系。蒋伏心等（2013）运用江苏省 28 个制造业行业的面板数据，采用两步 GMM 法实证分析了环境税对企业绿色创新的直接效应和间接效应，结果表明：环境税强度与企业绿色创新之间呈现先下降后提升的 U 形关系。张倩和曲世友（2014）通过构建理论模型分析了企业采纳绿色技术的动机，得出环境税强度与企业采纳绿色技术的程度呈现倒 U 形特征的结论。

关于绿色创新的研究，现有文献较多关注了利益相关者、政府监管、环境规

① 国务院关于印发《中国制造 2025》的通知（国发〔2015〕28 号）。

制、税收政策、内部因素等对绿色创新的影响，但对环境税体系如何影响制造业绿色创新的关注比较缺乏。从理论上分析，大部分文献围绕“双重红利”理论和“波特假说”展开，但对于环境税和绿色创新的概念界定不同，分析的出发点和视角也不相同；从实证上分析，学者们采用的实证模型以及企业绿色创新评价体系的指标选取不同，所得结论不尽相同。

本文从广义的环境税视角出发，在环境税体系对绿色创新的影响理论分析的基础上，以制造业为研究样本，实证研究环境税对制造业绿色创新的具体影响，并根据实证研究结果提出相应的结论。

二、我国环境税与制造业绿色创新现状分析

（一）我国环境税现状分析

2018年开征的环境保护税，为我国环境税体系增添了一个独立型税种，对于增强国民节约资源和保护环境的意识具有良好的引导作用。根据我国目前的税收政策，借鉴学者们对于广义环境税的定义，本文梳理了消费税、资源税、城市维护建设税、城镇土地使用税、耕地占用税、土地增值税、车辆购置税、车船税八个税种，它们都与节约资源和保护环境密切相关，共同构成了我国现行的环境税收体系（详见表1）。

表1　我国现行环境税相关政策一览表

文件名称	政策内容	政策解读
《中华人民共和国环境保护税法》（中华人民共和国主席令第六十一号）	在中华人民共和国领域和中华人民共和国管辖的其他海域，直接向环境排放应税污染物的企业事业单位和其他生产经营者为环境保护税的纳税人	为了保护和改善环境，减少污染物排放，推进生态文明建设
《中华人民共和国消费税暂行条例》（国务院令2008年第539号）	在中华人民共和国境内生产、委托加工和进口应税消费品的单位和个人，以及国务院确定的销售应税消费品的其他单位和个人，为消费税的纳税人	消费税与资源税的征税对象中包含着与环境和资源相关的产品，体现了它们对节约资源和保护环境具有良好的导向作用
《中华人民共和国资源税法》（中华人民共和国主席令第三十三号）	在中华人民共和国领域和管辖的其他海域开发应税资源的单位和个人，为资源税的纳税人	
《中华人民共和国城市维护建设税暂行条例》（国发〔1985〕19号）	在中华人民共和国境内缴纳增值税、消费税的单位和个人，为城市维护建设税的纳税人	城市维护建设税作为一种附加税，并且专款专用，也能在一定程度上体现环境保护的导向作用

表1(续)

文件名称	政策内容	政策解读
《中华人民共和国城镇土地使用税暂行条例》(国务院令2006年第483号)	在城市、县城、建制镇、工矿区范围内使用土地的单位和个人,为城镇土地使用税的纳税人	它们都是为了合理利用土地,加强土地管理;对于保护耕地、提高土地资源使用效益具有重要意义
《中华人民共和国耕地占用税法》(中华人民共和国主席令13届第18号)	在中华人民共和国境内占用耕地建设建筑物、构筑物或者从事非农业建设的单位和个人,为耕地占用税的纳税人	
《中华人民共和国土地增值税暂行条例》(国务院令1993年第138号)	转让国有土地使用权、地上的建筑物及其附着物并取得收入的单位和个人,为土地增值税的纳税义务人	
《中华人民共和国车辆购置税法》(主席令13届第19号)	在中华人民共和国境内购置汽车、有轨电车、汽车挂车、排气量超过一百五十毫升的摩托车的单位和个人,为车辆购置税的纳税人	由于车辆、船舶等对环境也会产生较大程度污染,因此,车辆购置税和车船税也具有引导保护环境的作用
《中华人民共和国车船税法》(主席令2011年第43号)	在中华人民共和国境内属于本法所附《车船税税目税额表》规定的车辆、船舶的所有人或者管理人,为车船税的纳税人	

近年来我国环境税收入稳定增加(见图1),从2011年的17 018.59亿元增长到2017年的28 918.54亿元,增长了69.9%①。“十二五”期间,环境税收入占税收总收入的比重在不断提高,从2011年的19.0%提高到2015年的21.6%,2015年后环境税收入占比有所下降,但大体维持在20%左右的水平。

(二)我国制造业绿色创新现状分析

根据相关学者的研究,绿色专利数量能够较好地衡量绿色创新水平。我国绿色创新活动非常活跃,绿色专利申请数也在稳步增长,根据《中国绿色专利统计报告》,绿色专利拥有量逐步提升,特别是2014年以来,绿色专利申请量年均增速达到21.5%②;在绿色专利主要技术领域申请方面,污染控制与治理和环境材料领域是我国绿色创新的热点领域,替代能源和节能减排次之③。近年来,我国制造业整体绿色创新能力不断提高,呈现出比较良好的发展态势。

① 数据来源:国家统计局网站(http://www.stats.gov.cn/),借鉴学者们对于广义环境税的定义,本文统计了消费税、资源税、城市维护建设税、城镇土地使用税、耕地占用税、土地增值税、车辆购置税、车船税八个税种。

② 数据来源:根据《中国绿色专利统计报告》的相关数据计算得出。

③ 数据来源:国家知识产权局(http://www.cnipa.gov.cn/)。

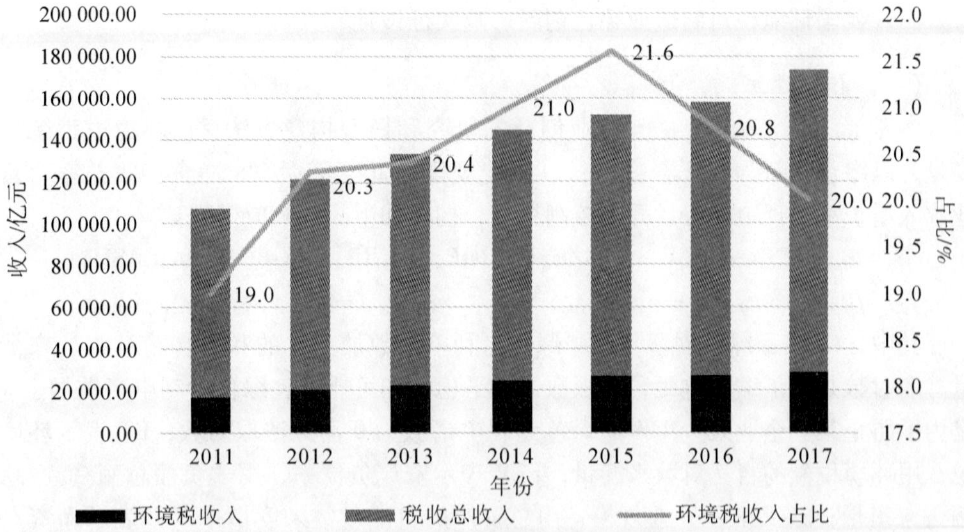

图1　我国环境税收入情况①

关于制造业绿色创新的研究，闫娜娜（2019）通过构建模型测算了近年来我国制造业整体绿色创新能力指数（见图2）。2011年我国制造业整体绿色创新能力指数为1.15，之后呈现先下降后上升的趋势，从2012年的1.0提高到2015年的1.39，此后有所下降，但2016年后又开始提高，从1.30提高到2017年的1.37。总体来看，近年来我国制造业整体绿色创新能力是不断提高的，呈现出比较良好的发展态势。

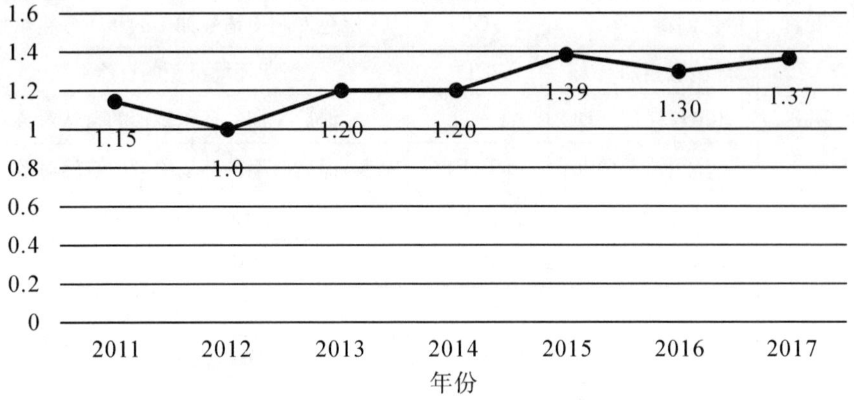

图2　我国制造业整体绿色创新能力指数概况②

① 数据来源：国家统计局网站（http://www.stats.gov.cn/）。

② 闫娜娜. 绿色技术创新能力对制造业价值链攀升的影响研究［D］. 太原：太原理工大学，2019.

三、我国环境税对制造业绿色创新影响实证设计

（一）模型设立

参考邹洋等（2016）关于企业创新的研究和模型构建方法，以环境税为解释变量，以绿色创新为被解释变量，以企业规模、资产负债率、净资产收益率、营业收入增长率、现金持有量等为控制变量，构建如下固定效应模型：

$$GI_{it}=\alpha_0+\alpha_1 ET_{it}+\alpha_2 LEV_{it}+\alpha_3 SIZE_{it}+\alpha_4 ROE_{it}+\alpha_5 NIR_{it}+\alpha_6 GROW_{it}+\alpha_7 CASH_{it}+\beta_m YEAR+\gamma_n IND+\varepsilon_{it}$$

其中，GI 表示绿色创新，用“绿色专利申请数加上 1 的和取自然对数”来衡量，取对数是为了缩小差距，增强数据的平稳性和可比性，绿色专利申请数加上 1 是为了防止某些企业某些年份的绿色专利申请数为 0 而无法取对数；ET 表示环境税，用环境税额的自然对数来衡量；LEV 表示资产负债率，用“负债总额/资产总额”来衡量；SIZE 表示企业规模，用总资产的自然对数来度量；ROE 表示净资产收益率，用“税后利润/所有者权益”来衡量；NIR 表示净利润率，用“净利润/营业收入”来衡量；GROW 表示营业收入增长率，用“本年营业收入增加额/上年营业收入总额”来衡量；CASH 表示现金持有量，用“货币资金/总资产”来衡量；YEAR 表示年度效应；IND 表示行业效应。下标 i 表示个体企业，下标 t 表示年份，ε_{it}代表随企业和年份变化的随机扰动项。

其中，相关变量的具体信息详见表 2。

表 2 变量说明表

变量类型	变量名称	变量符号	量化指标
被解释变量	绿色创新	GI	绿色专利申请数加 1 的和取自然对数
解释变量	环境税当期	ET	当期环境税额的自然对数
	环境税滞后一期	L. ET	滞后一期的环境税额的自然对数
	环境税滞后两期	L2. ET	滞后两期的环境税额的自然对数
控制变量	资产负债率	LEV	负债总额/资产总额
	企业规模	SIZE	总资产的自然对数
	净资产收益率	ROE	税后利润/所有者权益
	净利润率	NIR	净利润/营业收入
	营业收入增长率	GROW	本年营业收入增加额/上年营业收入总额
	现金持有量	CASH	货币资金/总资产
	年度效应	YEAR	年度虚拟变量
	行业效应	IND	行业虚拟变量

（二）数据情况

基于数据的可靠性和可获得性，本文选取 2011—2017 年中国沪深股上市制造业企业为研究对象①，同时进行了如下筛选：①剔除被标记为 ST 或 PT 的企业②；②剔除变量数据严重缺失的企业；③剔除财务指标明显异常的企业。本文最终选取了 146 家制造业上市企业为研究样本，涵盖食品制造业、家具制造业、石油加工业、汽车制造业等。其中，环境税的数据来源于企业年度报告，绿色创新的数据来源于国家知识产权局的专利检索网站，根据 2010 年世界知识产权组织（WIPO）推出的《国际专利分类绿色清单》③，查看专利相关文献，并结合绿色专利的内涵对绿色专利进一步识别后整理所得，控制变量的数据来源于国泰安数据库。相关数据均由笔者手工搜集与整理而得，部分数据经由计算而得。同时，为了消除极端值的影响，对所有连续变量进行 1%分位数和 99%分位数的 Winsorize 缩尾处理。

对环境税、绿色创新、企业规模、资产负债率、净资产收益率、净利润率、营业收入增长率、现金持有量做描述性统计，结果如表 3 所示。

表 3　描述性统计结果表

变量名称	Mean	Median	St. Dev	min	max	N
GI	2. 909	2. 944	1. 137	0. 000	5. 106	1 022
ET	6. 104	5. 967	1. 944	2. 277	11. 771	1 022
SIZE	9. 463	9. 173	1. 769	6. 415	14. 188	1 022
LEV	0. 518	0. 526	0. 189	0. 061	0. 863	1 022
ROE	0. 087	0. 082	0. 093	−0. 280	0. 316	1 022
NIR	0. 065	0. 051	0. 096	−0. 359	0. 400	1 022
GROW	0. 260	0. 169	0. 410	−0. 374	2. 158	1 022
CASH	0. 174	0. 148	0. 114	0. 011	0. 549	1 022

从表 3 可以看出，企业绿色创新的最小值为 0，最大值为 5. 106，标准差为 1. 137，说明企业绿色创新呈现不均衡的状态。环境税的均值为 6. 104，中位数为 5. 967，最小值为 2. 277，最大值为 11. 771，极差比较大，标准差为 1. 944，说明企业环境税不均衡且差异程度比较大。在控制变量方面，企业规模的均值为 9. 463，

① “十二五”规划中明确提出了实施绿色发展与创新驱动发展战略，绿色创新得到前所未有的重视。在这一时期，我国企业创新能力也不断提高。因此，本文选取“十二五”规划的开端之年 2011 年作为研究的起始年份，但是样本中 2018 年环境税与绿色创新的数据缺失较多，因此数据截至 2017 年。

② ST 股票：1998 年 4 月 22 日，沪深证券交易所宣布将对财务状况和其他状况异常的上市公司的股票交易进行特别处理（英文为“special treatment”，缩写为“ST”）。PT 股票：沪深证券交易所从 1999 年 7 月 9 日起，对暂停上市的股票实施特别转让服务（英文为“particular transfer”，缩写为“PT”）。

③ 2010 年世界知识产权组织（WIPO）推出《国际专利分类绿色清单》，该专利分类清单依据《联合国气候变化框架公约》将绿色专利划分了七个大类：交通运输类、废弃物管理类、能源节约类、替代能源生产类、行政监管与设计类、农林类和核电类。它为国内外学者识别和研究绿色专利提供了宝贵的参考价值。

最小值为6.415，最大值为14.188，标准差为1.769，说明企业规模也存在较大程度差异，而资产负债率、净资产收益率、净利润率、营业收入增长率、现金持有量的标准差比较小。

（三）相关性分析

为了分析变量间的两两线性相关关系，对环境税、绿色创新、企业规模、资产负债率、净资产收益率、净利润率、营业收入增长率、现金持有量进行相关分析，结果见表4。

表4 相关性分析结果表

变量名称	GI	ET	SIZE	LEV	ROE	NIR	GROW	CASH
GI	1.000							
ET	0.302***	1.000						
SIZE	0.044***	0.435***	1.000					
LEV	-0.138**	0.408***	0.418***	1.000				
ROE	0.083*	0.189**	0.131***	-0.116***	1.000			
NIR	0.082	-0.128	-0.043	-0.462	0.335***	1.000		
GROW	0.133***	-0.153**	-0.158**	-0.104***	0.201***	0.196**	1.000	
CASH	-0.047**	-0.197***	-0.197	-0.352	0.281**	0.334	0.064**	1.000

注：***、**、*分别表示在1%、5%、10%的显著性水平上显著。

从表4可以看出，环境税与企业绿色创新的相关系数为0.302，且在1%的显著性水平上显著，表明环境税与企业绿色创新显著正相关。在控制变量方面，企业规模、净资产收益率、营业收入增长率均与企业绿色创新呈显著正相关关系；资产负债率、现金持有量均与企业绿色创新显著负相关，且在5%的显著性水平上显著。企业规模、净资产收益率、营业收入增长率增加，企业绿色创新增加；资产负债率、现金持有量增加，企业绿色创新减少。净利润率与企业绿色创新的相关系数不显著，说明净利润率的变化不会引起企业绿色创新的显著变化。

四、我国环境税对制造业绿色创新影响数据分析与实证结果

（一）多元回归分析

为了研究环境税对企业绿色创新的影响，对模型进行多元回归分析，结果见表5。其中，模型（1）的解释变量为企业当期缴纳的环境税，模型（2）的解释变量为滞后一期的环境税，模型（3）的解释变量为滞后两期的环境税。

表 5　环境税对企业绿色创新影响的回归结果

变量	(1) GI	(2) GI	(3) GI
ET	0.168** (0.068)		
L. ET		0.241*** (0.053)	
L2. ET			0.258*** (0.044)
SIZE	0.693*** (0.062)	0.467*** (0.047)	0.385*** (0.035)
LEV	−0.696** (0.285)	−0.900*** (0.237)	−0.599*** (0.216)
ROE	0.741** (0.457)	0.245** (0.360)	0.147** (0.308)
NIR	0.438 (0.496)	0.562 (0.391)	0.420 (0.337)
GROW	0.173*** (0.060)	0.088* (0.054)	0.046** (0.043)
CASH	−1.573*** (0.321)	−1.104*** (0.287)	−0.558** (0.279)
_cons	−3.899*** (0.352)	−2.138*** (0.278)	−1.432*** (0.268)
YEAR	control	control	control
IND	control	control	control
N	1 022	876	730
R-squared	0.423	0.406	0.371

注：***、**、*分别表示在1%、5%、10%的显著性水平上显著；括号内代表t值。

从回归结果可以看出，当期环境税的系数为0.168，在5%的显著性水平上显著，滞后一期的环境税的系数为0.241，在1%的显著性水平上显著，滞后两期的环境税的系数为0.258，在1%的显著性水平上显著，结果说明环境税显著地促进企业绿色创新，并且滞后一期和滞后两期的环境税对企业绿色创新影响的程度更大、显著性更高。根据模型（1）的回归结果，环境税与企业绿色创新显著正相关，环境税增加1个单位，企业绿色创新增加0.168个单位。

在控制变量中，企业规模的系数为0.693，在1%的显著性水平上显著，说明企业规模与企业绿色创新显著正相关，企业规模增加1个单位，企业绿色创新增加0.693个单位。通常来说，企业资产规模越大，企业拥有更高的行业地位，能获得更多的资源与技术支持，企业用于研发创新的资金和人员也更为充足，从而使企业有能力进行更多的绿色创新活动。

资产负债率的系数为-0.696，在5%的显著性水平上显著，说明资产负债率与企业绿色创新显著负相关，资产负债率增加1个单位，企业绿色创新降低0.696个单位。由于企业研发创新存在风险，资产负债率能够在一定程度上衡量企业研发所面临的风险程度（黄国良，2010），因此，企业的资产负债率越高，企业研发所面临的风险也就越大，从而企业的绿色创新活动会减少。

净资产收益率的系数为0.741，在5%的显著性水平上显著，说明净资产收益率与企业绿色创新显著正相关，净资产收益率增加1个单位，企业绿色创新增加0.741个单位。净资产收益率越高，企业有充足的资金进行研发投入，同时企业还会争取行业内更大的技术优势，提升企业竞争力，给企业创造更大的利润。因此，净资产收益率越高，企业绿色创新水平越高。

营业收入增长率的系数为0.173，在1%的显著性水平上显著，说明营业收入增长率与企业绿色创新显著正相关，营业收入增长率增加1个单位，企业绿色创新提高0.173个单位。通常来说，企业的营业收入增长率越高，企业的经营业绩越好，其对未来盈利的预期更加乐观。为增加收入和利润，企业将会进行更多的研发创新活动。

现金持有量的系数为-1.573，在1%的显著性水平上显著，说明现金持有量与企业绿色创新显著负相关，现金持有量增加1个单位，企业绿色创新降低1.573个单位。企业研发创新通常需要大量的资金投入，包括购买大量的材料、仪器、设备等固定资产，企业现金持有量越多，可能会挤占企业用于研发创新的资金投入，从而使企业绿色创新活动减少。

净利润率的系数不显著，说明净利润率的变化对企业绿色创新没有显著影响，可能是因为企业将收益更多地用于了其他方面，比如向投资者分配利润、提取盈余公积、购置其他生产设备等。

（二）稳健性检验

（1）内生性讨论。在实证分析中我们考虑了将滞后一期和滞后两期的环境税作为解释变量，原因在于：第一，企业面临的环境税成本的压力会随着时间的推移而逐渐增加；第二，企业对于环境税成本压力的反应需要一定的时间，即存在滞后性；第三，滞后一期和滞后两期的环境税对当期企业绿色创新的影响能够缓解双向因果导致的内生性问题。本文考虑由于遗漏变量导致的内生性问题，根据学者们的相关研究，企业年龄对企业创新也具有一定影响。为缓解内生性问题，考虑增加企业年龄的变量重新进行回归，回归结果如表6所示。

表 6　环境税对企业绿色创新影响的稳健性检验

变量名称	(1) GI	(2) GI	(3) GI
ET	0.137** (0.045)		
L. ET		0.197** (0.035)	
L2. ET			0.226*** (0.034)
SIZE	0.016*** (0.045)	0.004*** (0.033)	0.020*** (0.028)
LEV	-0.287** (0.188)	0.046** (0.154)	0.078** (0.152)
ROE	0.191** (0.298)	0.223** (0.230)	-0.026** (0.213)
NIR	0.161 (0.323)	0.029 (0.251)	0.018 (0.235)
GROW	0.017*** (0.040)	-0.029** (0.034)	-0.034** (0.030)
CASH	-0.017** (0.214)	-0.006** (0.186)	0.007* (0.195)
AGE	0.358*** (0.010)	0.289*** (0.009)	0.255*** (0.010)
_cons	0.449* (0.262)	0.813*** (0.200)	1.190*** (0.214)
YEAR	control	control	control
IND	control	control	control
N	1 022	876	730
R-squared	0.756	0.758	0.698

注：***、**、*分别表示在1%、5%、10%的显著性水平上显著；括号内代表t值。

回归结果显示：当期环境税的系数为0.137，在5%的显著性水平上显著，滞后一期的环境税的系数为0.197，在5%的显著性水平上显著，滞后两期的环境税的系数为0.226，在1%的显著性水平上显著。结果说明环境税显著地促进企业绿色创新，并且滞后一期和滞后两期的环境税对企业绿色创新的影响程度更大、显著性更高。根据模型（1）的回归结果，环境税与企业绿色创新显著正相关，环境税增加1个单位，企业绿色创新增加0.137个单位。

在控制变量方面，企业规模的系数为0.016，在1%的显著性水平上显著，说明企业规模与企业绿色创新显著正相关，企业规模增加1个单位，企业绿色创新增加0.016个单位。资产负债率的系数为-0.287，在5%的显著性水平上显著，说明资产负债率与企业绿色创新显著负相关，资产负债率增加 1 个单位，企业绿色创新降低 0.287 个单位。净资产收益率的系数为 0.191，在 5%的显著性水平上显著，说明净资产收益率与企业绿色创新显著正相关，净资产收益率增加 1 个单位，企业绿色创新增加 0.191 个单位。营业收入增长率的系数为 0.017，在 1%的显著性水平上显著，说明营业收入增长率与企业绿色创新显著正相关，营业收入增长率增加 1 个单位，企业绿色创新增加 0.017 个单位。现金持有量的系数为-0.017，在 5%的显著性水平上显著，说明现金持有量与企业绿色创新显著负相关，现金持有量增加 1 个单位，企业绿色创新减少 0.017 个单位。企业年龄的系数为 0.358，在 1%的显著性水平上显著，说明企业年龄与企业绿色创新显著正相关，企业年龄增加 1 个单位，企业绿色创新增加 0.358 个单位。净利润率的系数不显著，说明净利润率的变化对企业绿色创新没有显著影响。

（2）更换被解释变量。在实证分析中，采用绿色专利申请数来衡量企业绿色创新，能够较好地反映企业的绿色创新产出结果，但同时可能存在尚处于研发过程中的绿色专利，它们也应该纳入企业绿色创新的评价体系之中。由于从企业研发投入中剥离出绿色研发投入比较难以实现，本文使用单位研发投入的绿色专利申请数替代原来的绿色专利申请数，重新进行回归，结果如表 7 所示。

表 7　环境税对单位研发投入的绿色创新影响的回归结果

变量名称	(1) GI/R&D	(2) GI/R&D	(3) GI/R&D
ET	0.017** (0.001)		
L. ET		0.019*** (0.001)	
L2. ET			0.028*** (0.001)
SIZE	0.009*** (0.001)	0.007*** (0.001)	-0.001 (0.001)
LEV	-0.019*** (0.006)	-0.030*** (0.006)	-0.032*** (0.007)
ROE	0.019** (0.010)	0.020** (0.010)	-0.009 (0.010)
NIR	-0.052* (0.010)	-0.052*** (0.010)	-0.035*** (0.011)
GROW	0.001** (0.001)	0.013*** (0.001)	-0.006*** (0.001)
CASH	-0.004** (0.007)	0.006** (0.008)	0.011 (0.009)

表7(续)

变量名称	(1) GI/R&D	(2) GI/R&D	(3) GI/R&D
_cons	0.052*** (0.007)	0.067*** (0.007)	0.089*** (0.009)
YEAR	control	control	control
IND	control	control	control
N	1 022	876	730
R-squared	0.272	0.317	0.220

注：***、**、*分别表示在1%、5%、10%的显著性水平上显著；括号内代表t值。

回归结果显示：当期环境税的系数为0.017，在5%的显著性水平上显著，滞后一期的环境税的系数为0.019，在1%的显著性水平上显著，滞后两期的环境税的系数为0.028，在1%的显著性水平上显著。结果说明环境税显著地促进企业单位研发投入的绿色创新，并且滞后一期和滞后两期的环境税对企业单位研发投入的绿色创新的影响程度更大、显著性更高。根据模型（1）的回归结果，环境税与企业单位研发投入的绿色创新显著正相关，环境税增加1个单位，企业单位研发投入的绿色创新增加0.017个单位。

在控制变量方面，企业规模的系数为0.009，在1%的显著性水平上显著，说明企业规模与企业单位研发投入的绿色创新显著正相关，企业规模增加1个单位，企业单位研发投入的绿色创新增加0.009个单位。资产负债率的系数为-0.019，在1%的显著性水平上显著，说明资产负债率与企业单位研发投入的绿色创新显著负相关，资产负债率增加1个单位，企业单位研发投入的绿色创新减少0.019个单位。净资产收益率的系数为0.019，在5%的显著性水平上显著，说明净资产收益率与企业单位研发投入的绿色创新显著正相关，净资产收益率增加1个单位，企业单位研发投入的绿色创新增加0.019个单位。净利润率的系数为-0.052，在10%的显著性水平上显著，说明净利润率与企业单位研发投入的绿色创新显著负相关，净利润率增加1个单位，企业单位研发投入的绿色创新减少0.052个单位。营业收入增长率的系数为0.001，在5%的显著性水平上显著，说明营业收入增长率与企业单位研发投入的绿色创新显著正相关，营业收入增长率增加1个单位，企业单位研发投入的绿色创新增加0.001个单位。现金持有量的系数为-0.004，在5%的显著性水平上显著，说明现金持有量与企业单位研发投入的绿色创新显著负相关，现金持有量增加1个单位，企业单位研发投入的绿色创新减少0.004个单位。

总体来说，由于滞后的环境税对当期企业绿色创新的影响能够缓解双向因果导致的内生性问题，本文考虑了增加企业年龄变量进一步缓解由于遗漏变量导致的内生性问题，并使用单位研发投入的绿色专利申请数替代原来的绿色创新指标重新进行了回归。两种方法的检验结果与原实证结果相比，主要变量的符号和显著性没有发生太大的改变，环境税显著地促进制造业企业绿色创新的假设通过了稳健性检验。

（三）影响机制

基于前文的分析，环境税对企业绿色创新的影响，通过企业成本、资本投入和对其施加合规性压力产生。第一，环境税通过影响企业成本，从而影响企业绿色创业。征收环境税会增加企业的成本，企业不得不为其排污行为付出“代价”，这会迫使企业将生产造成的外部成本内部化，从而促使企业采取改进生产工艺、更新生产设备、提升环保技术水平等创新手段，从而抵消增加的环境税成本。第二，环境税通过影响企业资本投入，从而影响企业绿色创新。企业为了内化成本、追求利润，会加大资本投入进行技术创新。第三，环境税会给企业带来合规性压力，从而影响企业绿色创新。企业为维护和提升企业形象，获得外部利益相关者的资源与支持，追求企业长久稳定发展，也会进行绿色创新。由于环境税成本的压力随着时间的推移不断增加，企业对环境税的反应需要一定时间，以及企业研发创新通常需要经历较长的过程，因此，滞后一期和滞后两期的环境税对企业绿色创新影响的程度更大，效果更为显著。

五、研究结论

本文主要研究了我国环境税对制造业企业绿色创新的影响。首先对国内外学界关于环境税与绿色创新的相关研究进行了梳理与分析，然后对我国现行环境税相关政策和我国绿色创新现状进行了介绍和评价，最后选取了146家上市制造业企业2011—2017年的数据，对环境税对制造业企业绿色创新的影响进行了实证分析。通过本文的研究，得出了以下结论：①环境税显著地促进了制造业企业绿色创新，环境税税额越大，企业绿色创新水平越高；②滞后一期和滞后两期的环境税对企业绿色创新影响的程度更大、显著性更高。即环境税显著地促进了制造业企业后一期和后两期的绿色创新水平，并且这种促进作用比当期的影响程度更大。这可能是因为环境税压力随着时间的推移不断增大，企业对环境税的反应需要一定时间，以及企业研发创新通常需要一个较长的过程。为了充分发挥环境税的“刺激”作用，在充分考虑企业的承受能力的同时，我国应进一步优化和完善环境税体系以提高环境税收入，更好地发挥环境税促进企业绿色创新的作用，为我国生态文明和科技强国的建设做出贡献。

参考文献：

A. C. PIGOU, 1932. The Economics of Welfare (4th Edition). London: Macmillan.

OECD, 1997. Environmental Taxes and Tax Reform [M]. Paris.

LAWRENCE H. GOULDER, 1995. Environmental Taxation and the Double Dividend: A Reader's Guide. International Tax and Public Finance, 2 (2): 157-183.

CARLO CARRARO, MARZIO GALEOTTI, MASSIMO GALLO, 1996. Environmental taxation and unemployment: Some evidence on the ‘double dividend hypothesis’ in Europe [J]. Journal of

Public Economics, 62 (1).

TOMAS HELLSTRÖM, 2007. Dimensions of environmentally sustainable innovation: the structure of eco-innovation concepts [J]. Sustainable Development, 15 (3): 148-159.

VANESSA OLTRA, MAïDER SAINT JEAN, 2009. Sectoral systems of environmental innovation: An application to the French automotive industry [J]. Technological Forecasting & Social Change, 76 (4): 567-583.

VALENTINA DE MARCHI, 2012. Environmental innovation and R&P; D cooperation: Empirical evidence from Spanish manufacturing firms [J]. Research Policy, 41 (3): 614-623.

PASCUAL BERRONE, ANDREA FOSFURI, LILIANA GELABERT, LUIS R, 2013. Gomez-Mejia. Necessity as the mother of 'green' inventions: Institutional pressures and environmental innovations [J]. Strategic Management Journal, 34 (8): 891-909.

PANDEJ CHINTRAKARN, 2008. Environmental regulation and U. S. states' technical inefficiency [J]. Economics Letters, 100 (3): 363-365.

毕茜，于连超，2016. 环境税的企业绿色投资效应研究：基于面板分位数回归的实证研究 [J]. 中国人口·资源与环境，26 (3): 76-82.

彭小雅，2017. 对于完善我国绿色税制的思考 [J]. 经济研究参考 (41): 31-33.

张倩，2019. 企业绿色创新动机和创新效应的再审视 [J]. 统计与决策，35 (14): 178-182.

王班班，赵程，2019. 中国的绿色技术创新：专利统计和影响因素 [J]. 工业技术经济，38 (7): 53-66.

于连超，张卫国，毕茜，2019. 环境税对企业绿色转型的倒逼效应研究 [J]. 中国人口·资源与环境，29 (7): 112-120.

赵爱武，杜建国，关洪军，2016. 环境税情景下企业环境技术创新模拟 [J]. 管理科学，29 (1): 40-52.

朱媛媛，2018. 环境税开征对绿色技术创新的效应分析 [D]. 南昌：南昌航空大学.

开放经济环境下政府税收政策对外贸商品结构变迁的影响分析

王焱霞　肖育才

内容提要：40 多年的改革开放取得了举世瞩目的成就，对外开放是我国的基本国策，党的十九届四中全会通过的《中共中央关于坚持和完善中国特色社会制度、推进国家治理体系和治理能力现代化若干重大问题的决定》（简称《决定》）提出，建设更高水平开放型经济新体制，实施更大范围、更宽领域、更深层次的全面开放。然而，当今世界正经历百年未有之变局，外部发展环境和条件正在发生深刻变化，单边主义和贸易保护主义导致全球贸易摩擦加剧，新型冠状病毒肺炎疫情肆虐给世界经济发展蒙上阴影，全球政策不确定性显著提高，世界动荡，调整变革不断加剧。如果继续采取过去的进出口商品结构，对外贸易将难以实现更高水平的开放。历史证明，政府税收政策可以对企业行为加以引导，并进而实现对外贸易商品结构的调整。本文将我国改革开放以来的税收政策按其特征分为 4 个阶段，分析不同的税收政策对我国的对外贸易商品结构变迁的影响，希望能够对未来调整税收政策以适应建设开放经济新体制的需要有所助益。

关键词：税收政策；对外贸易；商品结构；开放经济

税收政策与对外贸易之间是一种紧密相关并互相影响的关系，合理的税收政策能促使一个经济体充分发挥其比较优势，增强其优势产业在国际市场上的竞争能力，而不断发展的对外贸易又能带动该经济体资源的合理利用、经济结构的持续改善，从而使得税基有效增长，实现税源的扩大。学界普遍认可的是，进出口关税在对一国的对外贸易量造成比较直接的影响的同时，对外贸易量的变化也会影响该经济体的关税收入。提高进口关税率会提高进口商品的成本和价格，从而达到抑制进口的目的；提高出口关税率会提高出口商品的成本，从而削弱出口商

基金项目：本文受到西南民族大学中央高校基本科研业务费专项资金的资助（项目编号：2020SZQH07）。

作者简介：王焱霞，西南民族大学经济学院；肖育才，西南民族大学经济学院。

家的利润和积极性。进出口关税率的提高会使政府的财政税收在短期内得以提升，但长期的影响却会因为贸易量的减少而陷入不确定性，即也符合马歇尔-勒纳条件①的论断。

目前的理论主要侧重研究以关税为手段实现自由贸易或保护贸易的目的，强调关税对对外贸易的影响，默认为关税可以调整一国的进出口商品结构，但是除关税以外的其他国内税收政策是否也会对外贸商品结构造成影响，却鲜有涉及。然而，在建设开放型经济新体制的实践过程中，包括关税在内的税收政策作为一个有机的整体，是调控和指导经济运行非常重要的指挥棒，在一定程度上甚至能左右一国的对外贸易商品结构，并继而影响整体的经济开放格局。

一、1980—1992 年税收政策对外贸商品结构的影响

1978 年召开的党的十一届三中全会提出要把全党的工作重心转移到社会主义现代化建设中，确立的经济目标是：发展社会经济，提高社会生产力，改善人民生活水平。受 1973 年税制改革的影响，1978 年我国的税目有 44 个，虽然税率有 82 个，但实际使用的仅有 17 个，多数企业简化到仅适用一个税率。单一税制虽然管理方便，但是不适合发挥税收对经济的指导作用，不利于发挥税收作为财政政策对国家宏观经济发展的指挥棒的作用，不利于市场合理进行资源配置，也不利于调动企业生产的积极性。

1980—1992 年我国税收政策调整的目标是，建立内外有别的税收体制以适应有计划商品经济的新要求。我国政府对具体税收政策进行的调整包括：确立涉外税收优惠政策、国营企业利润分配方式以税代利。对不同类型的企业制定不同的税收政策：大中型国营企业首先按所得利润的 55%缴纳所得税，剩余的利润，一部分上缴国家（递增包干）一部分留给企业，1984 年后大中型国营企业仍按 55%的税率缴纳所得税，但剩余利润不用上交国家，只有利润超过规定水平的才缴纳调节税。小型国营企业按八级超额累进税率缴纳所得税，1984 年后小型企业实行的还是八级超额累进税率，但提高了税率的起征点，扩大了级距，税率较原先平均降低了 3%~5%，税后利润由企业支配，自负盈亏。合资和外资企业所得税享受优惠税率 30%，对某些特殊地区和行业还给予特殊优惠；对在经济特区和经济开发区的外国企业，按 15%的税率征收；对沿海经济特区等地老城区投资的生产性外商投资企业，按 24%的税率征收；对属于能源、交通、港口、码头或者国家鼓励的其他项目的地区投资的外商企业，按 15%的税率征收。

1980 年后，进出口商品的分类方法与国际接轨，统计标准发生变更，将进出

① 马歇尔-勒纳条件是西方汇率理论中的一项重要内容，它所要表明的是：如果一国处于贸易逆差中，即 Vx<Vm，或 Vx/Vm<1（Vx，Vm 分别代表出口总值和进口总值），会引起本币贬值。本币贬值会改善贸易逆差，但需要的具体条件是进出口需求弹性之和必须大于 1，即（Dx+Dm）>1（Dx，Dm 分别代表出口和进口的需求弹性）。

口商品按照十级进行分类。为了实现前后年份研究口径的一致性，研究数据以1980年作为起始年份，根据历年的统计年鉴作图研究。从各类商品的出口量来看（见图1），轻工杂品、轻纺产品、橡胶制品、矿冶产品及其制品是这个时间段出口增长最为迅速的商品，而矿物燃料、润滑油及有关原料却处于明显的跌势。1980—1992年的中国是世界上公认的劳动充裕的国家，在国际市场中具有比较优势的是轻工杂品、轻纺产品、橡胶制品、矿冶产品及其制品这样一些劳动密集型的产品。伴随着轻工业发展的是能耗的加大，所以矿物燃料、润滑油及有关原料的出口明显下跌。

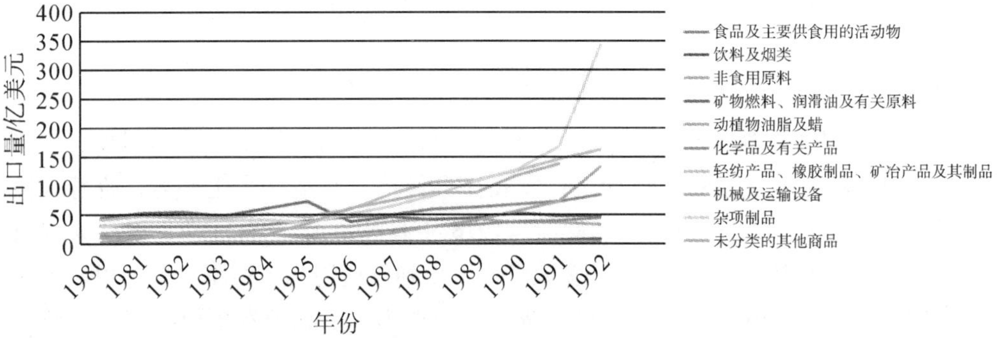

图1 1980—1992年各类商品出口量图

数据来源：1981—1993年统计年鉴。

从各类商品的进口量来看（见图2），机械及运输设备、轻纺产品、橡胶制品、矿冶产品及其制品总体处于较快的升势，并且占比较高。其中，机械及运输设备的大幅增长是因为我国发展工业需要大量购进生产设施以及运输设施，而轻纺产品、橡胶制品、矿冶产品及其制品的大量进口则是与出口的增长息息相关，因为出口造成相关原材料、零部件的进口需求。

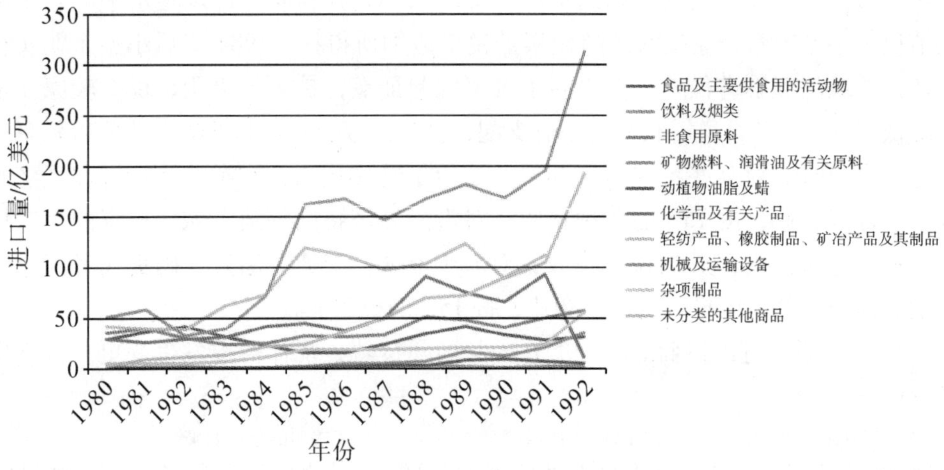

图2 1980—1992年各类商品进口量图

数据来源：1981—1993年统计年鉴。

为了迅速恢复经济并促进生产力的发展，1980—1991年，我国税收政策由“统收统支”转变为“以税代利”，企业获得自主生产权，生产积极性得到极大提高；给予外商外资企业额外的税收优惠待遇，鼓励外资企业在我国投资设厂。有了税收政策的支持，作为世界上劳动力充裕的国家，为了稳定发展，增收增利，企业理性的选择是充分利用比较优势生产并出口劳动力密集型的轻工杂品、轻纺和金属制品等产品。生产规模的扩张需要加大进口生产设备及运输设备。与此同时轻纺产品、橡胶制品、矿冶产品及其制品所需的原材料、零配件的进口也大幅增长。

涉外税收优惠政策的建立和国营企业利改税的推行，为我国充分发挥国家的比较优势，在吸引外资、提高国营企业生产积极性等方面发挥了积极作用。相较于1978年而言，1992年的进出口商品种类更多，金额更大，贸易方式更灵活，贸易伙伴更多样。

二、1993—2002年税收政策对外贸商品结构的影响

1992年邓小平南方谈话提出我国要建立社会主义市场经济体制，同年底党的十四大正式将建立市场经济体制确立为我国的发展目标。市场经济就是使市场在资源配置中起基础性的作用，以行政命令为主的分配模式需要让位于以税收政策进行指导的方法。

1994年的税制改革以“统一税法，公平税负，简化税制，合理分权，理顺分配关系，保障财政收入，建立符合社会主义市场经济要求的税制体系”为指导思想。首先将税收划分为中央税、地方税和共享税，大幅提高中央的占比的同时，中央可以向有需要的地方返还，从而解决“弱政府”的问题。其次，全面对流转税进行改革，增值税、消费税和营业税三税并存，但以增值税为主体。再次，内资企业不分所有制形式，全部按33%征收所得税，外资企业所得税统一为外商投资企业和外国企业所得税，外国居民和本国居民的个人所得税统一，并提高个税起征点，扩大各层级距离，降低税率。最后是取消了12个税种，比如盐税、集市交易税，但开征土地增值税。

税收政策的变革造成出口格局的调整。由图3可见，机械及运输设备从1993年的152.8亿美元上升到2002年的1 269.76亿美元，并在2001年以后成为出口量最大的商品，这充分展示了我国出口产业结构由劳动密集型向资本密集型的转变。轻纺产品、橡胶制品、矿冶产品及其制品虽然在出口中占比较大，但增长速度却比较平缓；杂项制品在2001年以后占比居于第二的位置。所以，1993—2002年，我国的出口产品结构开始逐渐由劳动密集型向资本密集型转换。

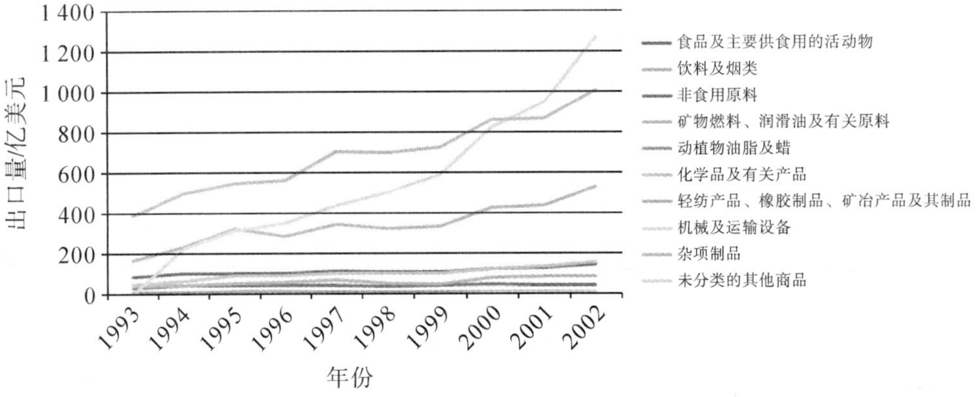

图 3　1993—2002 年各类商品出口量图

数据来源：1994—2003 年统计年鉴。

由图 4 可见，进口量最大且增长速度最快的是机械及运输设备，就机械及运输设备来讲，进出口几乎保持同步的快速上升态势，一方面是因为出口成品需要大量进口零部件，比如进口发动机，出口奥拓车；另一方面这类产品存在高度的差异性，即奥拓车与奥迪车的区别，基于人们多样性的需求，所以进出口规模都很大。轻纺产品、橡胶制品、矿冶产品及其制品在进口中的占比较大，但增长速度并不突出，主要原因是中国的劳动力成本优势依然存在，但是随着国家资本充裕度的提高，劳动密集型产品的国际竞争力开始减弱。化学品及有关产品的进口虽然比较大，但增长平稳，符合正常的经济发展要求。

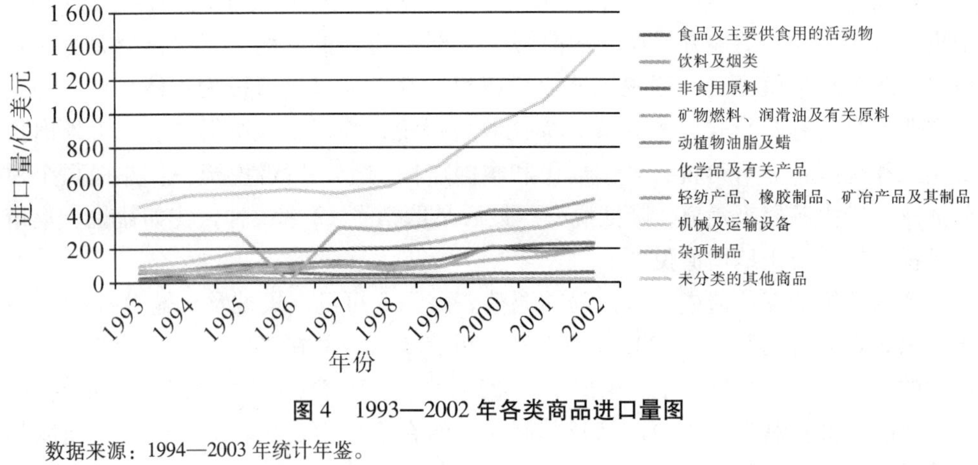

图 4　1993—2002 年各类商品进口量图

数据来源：1994—2003 年统计年鉴。

1993—2002 年的税收政策由于规范了税制，为财政体制的分税制改革提供了明确的税收分项；税制改革调整了国家和企业的分配关系，那种交错的分配状态和各种各样的承包制都代之以统一的税制，纠正和避免了分配领域的混乱。税制改革规范了分配关系，优化了税制结构，加强了税收征收管理。具体表现为税率大幅降低，所得税税率由 55%降至 33%；税负趋于公平，内资企业适用相同税率，外资企业适用相同税率，个人适用相同税率。税收政策提高了中央政府宏观调控能力，促进了社会公平，这大大提高了企业生产经营的积极性。

为了推进“复关”进程，1992 年 1 月，经国务院批准，海关总署修订发布了《进出口税则》，大幅度降低关税税率，并多次进行下调。1992 年我国平均关税水平为 43.2%，2002 年下降到 12%。此时的中国，经过改革开放十多年的积累，国家的资产相对于改革开放初期已经有较大幅度的增长。在合理的税制的影响下，不同所有制的企业为了做“能抓住耗子的好猫”，想尽一切办法充分利用资源，提高劳动生产率。不断下调的进口关税率，降低了企业的生产成本，公平的税收政策提高企业劳动生产的积极性，合理的出口退税政策大大刺激企业参与对外贸易的热情。

三、2003—2011 年税收政策对外贸商品结构的影响

进入 21 世纪后，中国改革开放发展进入深水区，社会主义市场经济进一步发展需要充分发挥税收政策作为经济指挥棒的调整作用。根据国际国内环境的新变化，这一阶段税收政策调整的原则是“简税制、宽税基、低税率、严征管”。

这一时期税收政策调整包括：一是增值税改革，将外购固定资产的费用设定为一次性抵扣的消费型增值税；二是消费税改革，对大排量小汽车、一次性筷子等资源消耗品提高税率水平，对高档消费品征收高消费税，对普通消费品免征消费税；三是所得税改革，对内外资企业所得税税率统一由 33%降到 25%，优惠形式由区域优惠转向产业优惠，地区优惠倾向西部落后地区，个人所得税提高起征点由 2006 年的 800 元提高至 3 500 元，个人所得税层级档次由 9 级减少至 7 级；四是城乡税制改革，2006 年全面取消农业税；五是关税制度改革，出口退税率经历一个先降后升的过程。

2003—2011 年，我国政府的结构性减税政策目的一方面是减轻企业和人民的税收负担，另一方面是促进社会公平发展，所以各类税率有增有减。为了减轻企业的税收负担，政府将增值税由生产型转为消费型，这样就避免了重复征税的问题，所以提高了企业生产的积极性。农业税的全面取消，既减轻农民负担，又促进城乡公平。内外资企业所得税率由分设到统一，实现内外资企业真正意义上的平等，对于提高内资企业生产的积极性具有重要作用。调整后的关税政策，有利于建立更加适应国际竞争环境的现代化税制体系。

由图 5 可见，2003—2011 年我国的出口商品结构又发生了变动，机械及运输设备不论是增长速度还是占比都稳居第一，虽然在 2009 年因为受到全球经济危机的影响，出现短暂的下跌，但整体上因为中国的资本充裕度进一步提高，机械及运输设备作为资本密集型的产品，符合资源禀赋的要求，税负减轻后的企业积极性进一步提高，所以发展呈现高歌猛进的态势。轻纺产品、橡胶制品、矿冶产品及其制品保持过去的发展速度，但是因为中国的劳动力充裕度不断下降，所以作为传统的劳动密集型产品，轻纺产品、橡胶制品、矿冶产品及其制品能保持出口

量占比排到第二的位置，已经是非常好的成绩。化学品及有关产品占比上升到第三，开始崭露头角，而杂项制品的优势地位完全丧失，进一步证明我国的生产优势开始向资本密集型产品转移。

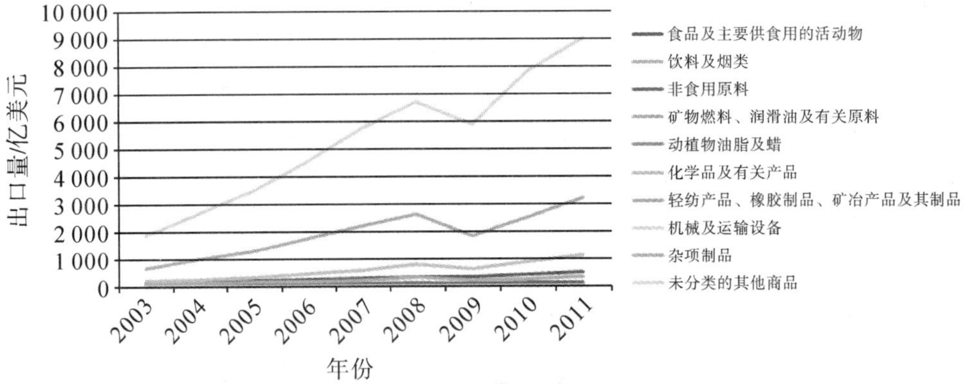

图 5　2003—2011 年各类商品出口量图

数据来源：2004—2012 年统计年鉴。

从图 6 的 2003—2011 年各类商品进口量情况来看，机械及运输设备的进口基本保持与出口同样的速度增长。非食用原料、矿物燃料、润滑油及有关原料这两类商品的进口增长较快，在进口总量中的占比也较大，这与我国作为世界加工厂，对能源、原料的进口需求较大相适应。化学品及有关产品、轻纺产品、橡胶制品、矿冶产品及其制品、杂项制品的进口也较快增长，在进口总量中的占比有所提升。

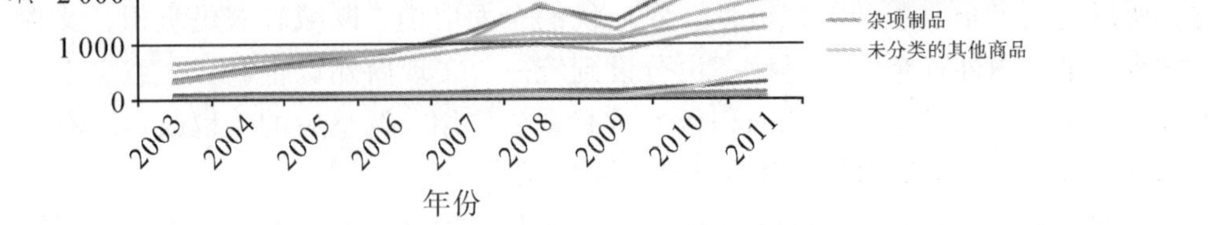

图 6　2003—2011 年各类商品进口量图

数据来源：2004—2012 年统计年鉴。

2003—2011 年的税收政策主要是采取有增有减的结构性减税，有选择性地对一些特定的税种基于一些特定的目标削减税负水平，致力于对结构进行优化升级，完善税制，最终达到实质性的减轻税负的目的。尤其是 2007—2009 年世界经济危机期间，政府颁布了一系列上调出口退税率政策，大大缓解了经济危机对国内企业的负面影响，所以企业能够迅速恢复发展。

这一时期的税收政策给予企业充分的自主发展权限。企业与个人所得税率的下调以及固定资产购进费用的一次性扣除方式等减小了企业税负的同时，鼓励了企业投资，刺激了内需的发展，国内市场的发展在进一步促进进口需求的同时，也为企业加强国际竞争力奠定了基础。与此同时，政府通过调整出口退税率（在不同时期根据不同出口产品给予不同出口退税率），即用差异性出口退税率引导我国产业优化方向，推动我国产业结构不断升级。具体来看，降低或者取消劳动密集型产品的出口退税率，提高技术密集型产品的出口退税率，使劳动密集型产品的出口成本上升而技术密集型产品的出口成本下降；不同的成本价格导致产品在国际市场竞争力的差异，技术密集型产业的利润提高，技术密集型产品的出口贸易量增加，引导产业结构实现优化升级。

四、2012—2018 年税收政策对外贸商品结构的影响

2012 年，中国进入全面深化改革的新时代，税收政策成为国家治理的指挥棒。合理的税收体制是维护市场统一，促进市场资源优化配置，实现社会和国家发展的基础，税收政策对我国经济发展的作用越来越受到重视。党的十八届三中全会将税收体制改革列为全面深化改革的一个重要方面，2014 年提出要建立适应国家治理现代化、税收现代化的税收制度。

这一时期我国税收政策改革的主要内容包括：全面推行营改增，简并调低增值税税率，由 4 档变为 3 档，取消 13%的增值税税率，并明确了适用 11%税率的货物范围和抵扣进项税额规定，将制造业等行业增值税税率从 17%降至 16%，将交通运输、建筑、基础电信服务等行业及农产品等货物的增值税税率从 11%降至 10%；推进消费税改革，调整具体产品的税率，卷烟批发环节消费税率由 5%提高至 11%，电池涂料类产品消费税率为 4%，高档化妆品税率为 15%，超豪华小汽车消费税率为 10%；个人所得税改革，个人所得税起征点调整为 5 000 元，优化税率结构，扩大 3%、10%、20%的税率级距，设立专项附加扣除项目，对工资、稿酬等劳动性收入综合性征税；资源税改革，扩大征收范围，改革征收方式，把煤炭、稀土、钨、钼资源税从从量计征改为从价计征，水资源费改为征收水资源税；对小微企业实行普惠性减税政策，月销售收入在 10 万元以下的免征增值税，对年应纳税所得额小于 100 万元的部分，以所得额的 25%计入应缴纳的范围，超过 100 万元低于 300 万元的部分，以所得额的 50%计入应缴纳范围，征收 20%的企业所税。

税收政策上的调整以减轻税负、实现公平作为导向目标，激发企业生产的积极性。尤其是对小微企业实行的普惠性减税政策，确实减轻了企业的税负，进一步激发企业生产的积极性，为经济发展提供了动力。由图 7 可见，2012 年后，我国的出口商品增长速度几乎保持同步发展，出口量最大的几类商品分别是机械及运输设备、杂项制品、轻纺产品、橡胶制品、矿冶产品及其制品。化学品及有关

产品出口量排在第四的位置，但相较于前面三种商品，其规模比较小。总体来看，这些商品在出口基数已然很大的情况下，面对不稳定的外部经济环境，能保持稳定的发展，实属不易。

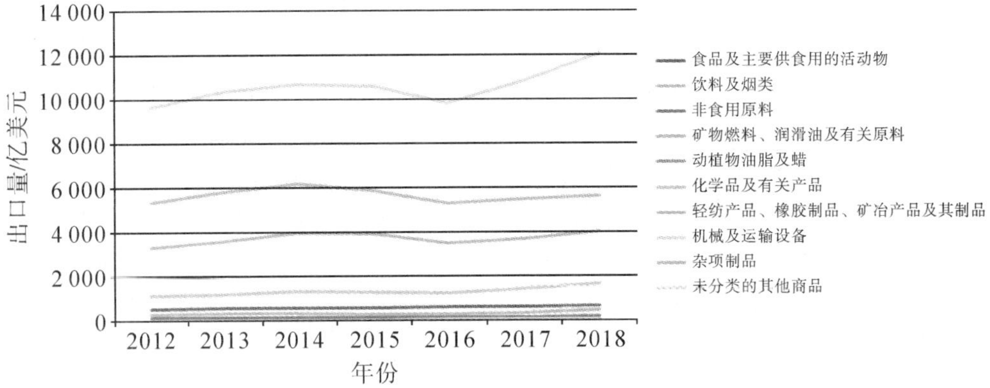

图 7 2012—2018 年各类商品出口量图

数据来源：2013—2019 年统计年鉴。

由图 8 可见，2012—2018 年，进口量较大的几类商品分别是：机械及运输设备、矿物燃料、润滑油及有关原料、非食用原料、化学品及有关产品。进口在这个时间段除了需要满足出口导向型生产对原材料和零部件的需求，还需要满足国内人民在经济发展以后，对生活的多样化需求，所以各类商品的进口都有明显的脱离底部的现象。甚至轻纺产品、橡胶制品、矿冶产品及其制品这类过去中国传统的出口优势产品，其进口都已经在进口额占比中排到第五的位置。

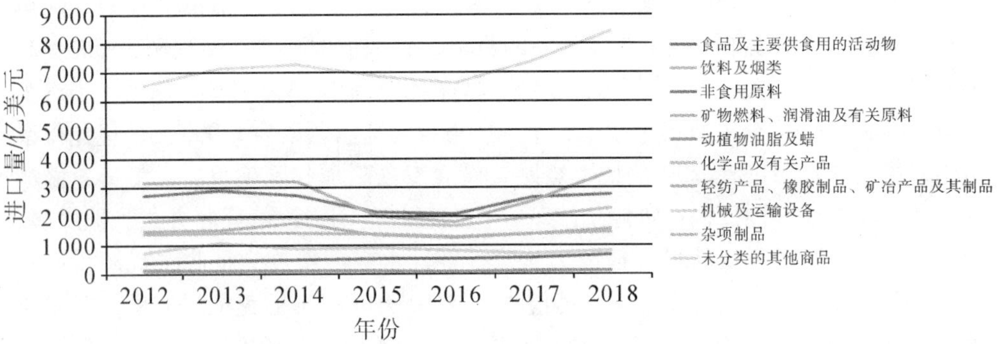

图 8 2012—2018 年各类商品进口量图

数据来源：2013—2019 年统计年鉴。

2012 年后，我国的进出口商品结构除了在 2015—2016 年出现比较大的起伏，这主要是因为贸易保护主义抬头、逆全球化思潮涌动造成国际需求低迷，其他时间几乎以平行线的方式进行。我国的经济发展到现在这个阶段以后，仍然能够保持健康的发展态势，究其原因，政府合理的税负结构设置功不可没，尤其是“营改增”政策通过对不同商品设定不同的增值税率、给予不同的税收优惠，引导我国进出口外贸商品向高技术、高附加值的商品类别倾斜，整体优化了对外贸易商品结构。

增值税通过价格机制影响对外贸易商品结构，政府对不同的商品设定不同的税率，使不同的商品因为税额不同而形成商品之间的价差。从进口来看，对于进口的必需品，例如矿物燃料、润滑油及有关原料、非食用原料等设定相对较低的税率，降低进口价格，鼓励其进口以满足我国企业生产发展需求。对奢侈品等高档消费品的进口则设定相对较高的税率，通过提高这类商品在国内的销售价格，减少需求量。从出口来看，实行"营改增"后，企业生产销售环节的增值税可以环环相抵，生产运营过程中的税收负担降低，大大降低了企业的税负，出口企业甚至可以不含税的价格出口商品。尤其是对技术密集型产品大幅度降低增值税税率，可以提高企业生产创新的技术水平，增加生产高附加值的技术密集型产品。一系列的举措优化了对外贸易出口商品结构。

五、结语

税收政策是国家财政政策的重要内容，它与整个社会经济发展紧密相关。科学合理的税收政策需要根据经济和社会发展不同阶段的特点变换其具体内容，以对经济体系发挥指导和制约作用。改革开放以来，在不同的阶段我国制定了不同的税收政策，适宜的税收政策影响了进出口商品的结构，指导和推动了我国对外贸易的发展。

面对复杂的外部经济环境，目前我国开始着力建设开放型经济新体制，需要推动对内对外开放相互促进，实现引进来和走出去更好地结合，需要促进国际国内要素有序自由流动和资源的高效配置，需要加快培育参与和引领国际经济合作竞争的新优势，需要构建互利共赢、多元平衡、安全高效的开放型经济新体制。税收政策作为一项重要的调节政策，可以用于引导我国对外贸易企业转变发展方向，可以帮助企业在激烈的国际竞争环境中，充分发挥我国的比较优势，保持我国对外贸易的稳定发展。

参考文献：

冯敏，2020. "一带一路"倡议背景下自由贸易试验区离岸贸易税收政策的国际借鉴［J］. 国际税收（4）：58-63.

李潇，陈刚，贾雁岭，2019. 上海自由贸易试验区税收政策分析与效应评估［J］. 地域研究与开发，38（6）：22-28.

杨洁琼，2011. 新时期我国对外贸易税收政策的创新探析：基于贸易税收政策定位与调整［J］. 中国商（24）：189-190，192.

孙海波，林秀梅，焦翠红，2016. 政府税收、研发补贴与产业结构变迁［J］. 经济评论，000（006）：23-37.

赵书博，2009. 对外贸易与相关税收政策研究［M］. 北京：知识产权出版社.

朱智强，2006. 世贸组织框架下我国主要对外贸易税收政策研究［J］. 国际贸易问题(9)：36-40.

财政部关税司，2013. 2012 年全国进出口贸易和税收形势分析［J］. 中国财政，000(005)：66-68.

佚名，2012. 2011 年全国进出口贸易和税收形势分析［J］. 中国财政（5）：68-71.

汪素芹，2000. 绿色税收与我国对外贸易发展［J］. 税务研究，000（001）：57-60.

陈宇，肖孟璇，何杨，2018. 对特朗普税收和贸易新政的思考［J］. 国际贸易，000(006)：39-43.

财税教学研究

专业课程教学中税务硕士批判性思维训练探讨
——兼谈“中国税制”教学实践

郝晓薇 吕敏

内容提要：批判性思维是创新型人才最为基础的核心素质，也是税务硕士培养目标和专业课程教学的内在要求。税务硕士专业课程具有前沿性、实操性、不可简约的复杂性。在税务硕士“中国税制”专题课程教学实践中，构建知识、技能和价值三位一体的立体教学目标和采用对分课堂教学模式作为教学组织的安排，有助于促进对税务硕士批判性思维的培养。

关键词：批判性思维；税务硕士；专业课程；教学实践

批判性思维作为创新思维的逻辑前提，是世界公认的创新型人才最为基础的核心素质。税务硕士作为专业学位硕士，旨在培养具有解决实际涉税问题能力的高级专门人才。从培养目标和专业课程内容特点上来讲，税务硕士教学须着重培养提升批判性思维。

一、税务硕士专业课程及特点

（一）税务硕士专业课程设置要求

税务硕士英文名称为“Master of Taxation”（简称 MT），于 2010 年 1 月国务院学位委员会第 27 次会议决定设置，第一批 35 家培养单位包括综合类大学 16 所、财经类高校 18 所和研究院 1 所。绝大多数培养单位从 2011 年开始首次招生，到目前为止税务硕士的招生培养已满 10 年。税务硕士专业学位设置的出发点，是为了满足我国现代税务事业发展对税务专门人才的迫切需求，对税务人才培养体系进行完善，对税务人才培养模式进行创新，从而促进税务人才培养质量的提高。

税务硕士在校学习期间的相应课程设置，必须与税务硕士专业学位培养目标

作者简介：郝晓薇，西南财经大学财税学院副教授；吕敏，西南财经大学财税学院副教授。
本文系西南财经大学研究生教育教学改革专项“财经类硕士研究生批判性思维训练模式探索”成果（项目批准号：2020YJG048）。特此感谢。

相匹配。国务院学位委员会《税务硕士设置方案》明确规定，税务硕士专业学位的培养目标是："面向税务机关、企业、中介机构及司法部门等相关职业，培养具备良好的政治思想素质和职业道德素养，系统掌握税收理论与政策、税收制度、税务管理以及相关领域的知识和技能，充分了解税务稽查、税务筹划以及税务代理等高级税收实务并熟练掌握其分析方法与操作技能，具有解决实际涉税问题能力的高层次、应用型专门人才。"① 据此，税务硕士专业核心课程在教学内容上应能够全面涵盖税制实务、征收管理、税务稽查、税务筹划、理论前沿五大方面的内容。具体到每个学位点，相应课程设置不同的院校根据自身情况各自进行安排，课程名称与课程体系横向对比具有因校制宜、灵活多样的外在特征，但都以符合税务专硕培养要求为基本准则。

不管课程名称如何确定，税务专业硕士学位的核心课程都包括上述五大相关内容。由于培养的是税务专业硕士，税务本身具有极强的实务性、硕士层面则要求一定的前沿性，因此从课程内容整体上来看是同时强调实务和理论的，但以实务为核心、以理论为延伸，每一部分实务内容都应辅之以相应领域的理论作为指导。因此，各门具体课程内容本身都应包括理论与实务两大部分。由此可见，具体课程设置逻辑上不用单独安排理论前沿类课程，任何理论前沿均可对应划分至不同业务领域，理论前沿相关内容有机融入各门专业课程即可。

综上所述，税务专业硕士学位的核心课程从业务内容视角来划分，主要包括四大板块：税制政策、税收征管、税务稽查、税务筹划。税制政策类课程介绍税制实体安排相关理论和实务；税收征管类课程从征税主体角度介绍税务程序相关理论和实务；税务稽查类课程从征税主体角度重在介绍发现和解决纳税人违法违规行为的相关理论与实务；税务筹划类课程则是从纳税人角度介绍合理合法控制税负的理论与实务。上述内容版块中，税制政策类课程重在税法实体内容，税收征管类课程重在税法程序内容，税务稽查与税务筹划类课程则都需要将税法实体与程序内容融会贯通。

（二）税务硕士专业课程的特点

基于培养目标要求和业务版块内容视角，可以将税务硕士专业课程特点归纳为以下三点：前沿性、实操性、不可简约的复杂性。

税务硕士专业课程内容具有前沿性。前沿性即要求在相关领域处于领先位置，作为硕士层面的专业课程，比本科生层面要求的基本理论、基本知识、基本技能更进一步，课程内容必须能够比较全面地反映相关学科领域的最新研究成果、最新思路观念、最新政策制度等内容。相关专业课程的前沿性内容天然涵盖理论前沿与实务前沿，应包括税制改革理论与方案、税务实务重点与难点、税收征管制度与效率、税务稽查实践与方法、税务筹划规律与技巧。税务硕士专业课程的前沿性，以实务为核心，理论前沿也是依托于实务，是为了更好地指导和促进实务。

① 税务硕士设置方案. http://www.cdgdc.edu.cn/xwyyjsjyxx/gjjl/szfa/swss/264988.shtml。

税务硕士专业课程内容具有实操性。实操性即要求在相关领域进行实践操作，作为税务硕士的核心专业课程，每一门课程的教学内容都以相关实践操作规则为核心，体现了典型的实操性。税制政策类课程主要介绍各税种应纳税额计算规则，税收征管类课程主要介绍税收征管时间和空间等程序方面的行动规则，税务稽查类课程主要介绍评估、选案、分析、处理等相关规则，税务筹划类课程主要介绍在既有税收法律法规或制度政策框架内的不同涉税事项安排的思路和方法。因此，可以说课程内容本身就是相应实务操作规则，具有典型的实操性。实操性是税务硕士专业核心课程的关键特征，符合专业学位重在培养解决实际问题能力的基本要求。

税务硕士专业课程内容具有不可简约的复杂性。不可简约的复杂性，包括复杂性和不可简约两个要点。税务硕士专业课程的内容全部都以现行相关法律法规、制度、政策为基本依据，其中最为专业的核心内容即税法与税收征管法。各门课程内容的复杂性体现在相关法律法规、制度、政策等规定非常琐碎、详细，从静态来看，不仅包括内容繁多的一般规定而且还有各种各样的特殊规定；从动态来看，我国目前涉税法律建设正处在高速发展阶段，细节规定在不断持续更新。各门课程内容的不可简约性表现在，课程教授的内容尤其是实务内容必须与法律法规以及相关制度、政策细节完全吻合，否则就会导致违法违规的负面后果。

综上所述，税务硕士专业课程由于具有前沿性、实操性与不可简约的复杂性等特点，必然对教与学方方面面带来针对性要求，尤其对税务硕士批判性思维素质培养和训练提出了较高要求。

二、批判性思维及其对税务硕士的必要性

（一）批判性思维及其教育学价值

批判性思维（Critical Thinking）目前并没有一个学界公认的定义，但其特点与内在要求已基本形成共识。

批判性思维相关研究源于美国教育家约翰·杜威（John Dewey）于 1933 年提出的“反省性思维”（Reflective Thought），强调对观点和知识采取主动、持续、仔细的思考。随后相关研究在美国不断升温，并于 20 世纪 70 年代开启了美国批判性思维运动的萌芽，80 年代以批判性思维为核心的教育改革在美国蓬勃发展，90 年代批判性思维被纳入美国大学生教育目标体系，进入 21 世纪后批判性思维成为世界各国广泛关注的教育研究课题。我国批判性思维相关研究起步较晚，20 世纪 90 年代才开始，经过 20 多年的发展，批判性思维也越来越受到教育学界的重视，并在高校人才培养体系目标中形成了普遍追求的共识。

批判性思维的实质是理解信息的本质并基于理性进行甄别和判断，强调基于事实、符合逻辑、开放建设的思维要求，是创新性思维的关键基础。概括而言，批判性思维具有主动性、合理性、建设性和反省性。主动性反映了人的主观能动性，对所有接收到的信息首先主动进行甄别和判断；合理性属于理性范畴，对信息的甄别和判断是基于事实和逻辑的，而不是基于感性和情绪；建设性是以解决

或改善问题为出发点，而不会仅停留在否定质疑层面；反省性基于自我观察和反思，对自己的思维和判断持续进行分析和优化。需要特别强调的是，批判性思维不仅是一种技巧能力，也是一种思维模式，还是一种人格倾向。

从教育学视角来看，教育的目标是培养人才，而人才的最高价值体现为具有创新素质。批判性思维不仅是人才创新素质的逻辑基础，也是创新型人才培养的基础要求。一方面，批判性思维是人才创新素质形成的关键，创新素质从思维、技能、人格等各个层面都要求批判性思维的参与①；另一方面，在课程教学中也要求贯穿批判性思维训练意识和行动，教师在教学目标、教学内容、教学组织等各个方面都要将批判性思维训练融入其中。因此，批判性思维在理念和实践层面、在教和学层面都具有十分突出的教育学价值。

（二）税务硕士批判性思维培养的必要性

批判性思维是税务硕士培养目标的内在要求。如前所述，税务硕士的培养目标概括而言是培养能够解决实际涉税问题能力的高层次、应用型专门人才。解决实际涉税问题，首先需要收集、分析涉税问题基本信息，准确判断涉税问题的本质，这个过程的核心要求为去伪存真；同时要在繁琐的税收政策法规体系中，针对性选择涉税问题适用的具体规条，这个过程的核心要求为准确恰切；然后要根据所适用的政策法规具体规定，对涉税问题进行税务处理，这个过程的核心要求为正确适当。去伪存真、准确恰切、正确适当这些要求的达成，都需要批判性思维主动、合理、建设性地深度参与，因此上述培养目标对于税务硕士要求的实质，可以归纳为税务硕士应具备批判性思维素质。

批判性思维是税务硕士专业课程学习的客观要求。如前所述，税务硕士专业课程特点具有前沿性、实操性和不可简约的复杂性三个特点。学习和掌握前沿性知识和技能，必须强调主动深入思考，探索学科领域内的最新动向；将所学知识学以致用解决实际问题，必须强调建设性思考，更好地解决专业问题；吸收不可简约的复杂性的信息，必须强调反省性思考，不断观察和持续反思从而实现融会贯通。因此，针对税务硕士专业课程的特点，要想学好会用相关知识、形成专业技能，也要求税务硕士具备批判性思维素质。

总结而言，批判性思维作为高阶素质，是税务硕士培养目标与课程特点的共同要求，在税务硕士专业课程教学中，应将批判性思维训练有机融入。

三、“中国税制”课程教学批判性思维训练实践

“中国税制”课程是税务硕士专业核心课程之一，不管是在哪个培养单位，实质上都是以专题的形式开设的。2011 年我校开始税务硕士首次招生就设置了“中国税制”课程，截至目前该课程的建设和发展已满 10 年，在课程中融入对税务硕士的批判性思维训练，也在逐渐积累经验。

---

① 冯艳．论批判性思维与创新的关系［J］．燕山大学学报（哲学社会科学版），2012（12）：22-25.

（一）基于批判性思维训练的课程教学目标设计

课程教学目标首先要反映专业需求，然后兼顾其他各类需求。“中国税制”课程在税务硕士培养方案中属于专业必修课，是税务硕士的专业核心课程之一。

“中国税制”课程内容在专业角度涵盖理论和实务两大部分内容，重点包括增值税理论与实务、消费税理论与实务、企业所得税理论与实务、个人所得税理论与实务、税制结构理论与实务、税收征管理论与实务，各个部分都包括相应税种或主题下的历史沿革、现状问题及完善方向等问题。从其他角度来看，“中国税制”课程核心内容的基础全部都是以税收法律法规、政策制度为依托的，同时配合相应的教学模式和方法，可以在专业之外实现更高层次的课程思政价值引领，包括正向观念塑造、综合素质提升，而批判性思维属于综合素质中的高级素质。

基于此，课程教学目标设计共包括如下三个层面：

●知识目标

1. 加深对各税种税制要点的掌握和运用；
2. 构建对我国复合税制的框架性认识；
3. 了解重要税种税制沿革及规律；
4. 知道当前税制改革热点。

●技能目标

1. 正确处理涉税实务问题；
2. 查阅整合文献，分析税制问题；
3. 锻炼批判性思维、沟通表达、人际交往等高阶技能。

●价值目标

1. 激发对财税工作的理解和热情，树立正向观念、启发职业操守；
2. 培养团结友善、互助合作、求真务实精神，塑造自信心、责任心。

（二）基于批判性思维训练的课程教学组织安排

有效的教学组织安排是教学目标切实落地的基本保障。结合批判性思维训练，税务硕士的“中国税制”课程在教学模式上不断迭代，目前选用了对分课堂教学模式；在教学方法上主要采用讲授法、讨论法；在成绩评定上以过程性评价方式为主、结果性评价方式为辅。由于教学方法在教学模式中体融入、成绩评定规则简单明了，因此不再单独一一展开，以下重点分析对分课堂教学模式的实践。

对分课堂教学模式可以说是最具有批判性思维训练价值的教学模式，各种教学方法自然融入其中。所谓对分，即形式上课堂教学时间由教师和学生对半主导，其实质是教与学的民主化。基于对分课堂教学模式，一个完整的知识传递流程包括四个步骤：讲授、独学、讨论、对话。其中，讲授即传统讲授法，教师对教学内容进行讲解，但仅针对框架和重点难点。独学是学生独立思考的过程，并为讨论环节做出必要准备，学生有所准备，讨论方有内容和价值。讨论环节是同伴学习方法的落实，是“生生对话”，学生之间就准备的共同话题开展思维碰撞，既是对知识点本身的学习和吸收，也有利于锻炼表达、沟通、思辨、创新等多种综合能力和素质。对话环节以教师答疑形式呈现，是师生对话，是对“生生对话”的承接，解决同伴学习无法解决或不能很好解决的高层次问题。

在课堂上，对分课堂构建了一个结构性的教学组织安排。教师讲授完之后，学生独学内化、总结收获和疑问，带着个人思考结果进入生生互动的小组讨论环节，同伴之间分享收获、相互解答疑问，同伴无法解答的疑问或者小组讨论产生了新的问题就由小组记录下来，在生师互动环节由老师来解答。根据教学内容的多少，上述结构性安排在操作上十分灵活，一节课45分钟的时间可以进行一个对分，也可以进行多个对分，还可以两节课或两周课完成一个对分。

对分课堂教学模式天然地具有超强的批判性思维训练价值。由于教师讲授只讲框架和重点难点，就特别强调学生要主动学习、主动思考，与批判性思维的基本要求高度吻合；听讲和独学完成输入，输入的过程即甄别筛选、去伪存真、去粗取精和反省性思考的过程；讨论和对话完成输出，输出强调基于事实和逻辑的解决问题的能力，还要和同伴互助合作，建设性的处理和解决争议。

四、结语

财政是国家治理的基础和重要支柱，税收是财政的基础和核心内容。在我国社会经济发展过程中，基于国家治理理念视角下的税收治理大有可为。而税收治理体系和治理能力的提升离不开高素质税务专业人才，因此税务硕士的培养对于国家治理现代化具有重要的现实意义。

批判性思维是高素质专业人才的重要素质，在税务硕士的培养中，结合专业要求和课程特点，将批判性思维训练有机融入课程教学，是培养高素质税务专业人才的客观要求。相关工作的具体实施方案和思路还有待优化，也是财税专业教育工作者应长期关注和思考的重要问题。

参考文献：

董毓，2012. 批判性思维三大误解辨析［J］. 高等教育研究（11）：64-70.

董黎明，经庭如，2012. 税务专业硕士（MT）培养模式创新研究［J］. 铜陵学院学报（2）：122-127.

冯艳，2012. 论批判性思维与创新的关系［J］. 燕山大学学报（哲学社会科学版）（12）：22-25.

李正栓，李迎新，2015. 中国大学生批判性思维教育实施的策略研究［J］. 外语教学理论与实践（3）：49-56.

武宏志，2014. 论美国的批判性思维运动及其教益［J］. 华中科技大学学报（社会科学版）（4）：112-120.

张学新，2016. 对分课堂：中国教育的新智慧［M］. 北京：科学出版社.

赵晓芬，2012. 批判性思维是思维范式［J］. 中共贵州省委党校学报（4）：16-18.

面向国家和行业需求，培养国际化的高素质税务硕士

李建军

内容提要：税务硕士教育的直接目标是培养能够在国际化工作场景中为税务局、中介机构、工商企业等提供卓越涉税服务，具有行业国际胜任力和国际竞争力、专业能力强、职业素养高、综合素质卓越的高级税务人才。在税务硕士教育中，应面向国家和行业需求，树立国际化理念；以专业能力塑造为本，打造国际化税务人才培养体系；对照税务行业国际化高级人才要求，构建与之相匹配的课程体系；实行课程模块化设计，探究式、案例式教学；注重产教融合，推进行业协同；实现专业学习与职业资格衔接；加强税务硕士教育的国内国际交流合作。

关键词：税务硕士；国际化；培养模式；专业学位

2020年9月25日，国务院学位委员会、教育部联合印发《专业学位研究生教育发展方案（2020—2025）》，指出专业学位教育要面向国家发展重大战略，面向行业产业当前及未来人才重大需求，面向教育现代化，大力提升专业学位研究生教育质量。税务硕士是我国专业学位研究生教育的重要组成部分，税务硕士人才培养主要面向企业、中介机构、税务机关及司法部门等对高级税务人才的需要，培养具有税务专业能力和职业素养，能够创造性地从事涉税实际工作的高层次应用型专门人才。

当前，我国经济处于高速增长阶段转向高质量发展阶段，加快形成以国内大循环为主体、国内国际双循环相互促进的新发展格局，推动共建"一带一路"倡议、全面提高对外开放水平的新时代。据统计，2019年中国货物进口额和出口额分别占全球货物进出口总额的比重为10.8%和13.2%，稳居全球货物贸易第一大国；同时，一方面中国是世界第一大FDI流入国，另一方面中国对外直接投资OFDI存量达2.2万亿美元，位居世界第三；2020年《财富》世界500强企业中，中国（含香港地区）公司数量已超过美国。中国经济已深度融入世界，世界经济

作者简介：李建军，西南财经大学财税学院教授。

与中国经济深度依存。外资企业本地化经营、内资企业跨国经营对国际化的高级税务人才产生了前所未有的迫切需求。可以说，税务部门、中介机构、工商企业、金融机构等各类型组织的涉税岗位所需要的税务人才，都应是具备国际视野、国际从业能力的高级税务人才。

税务硕士研究生教育肩负着为国家培养涉税高级专门人才的责任。国家和行业对国际化的高素质税务人才的需要，要求税务专业硕士人才培养体系和模式主动变革，不忘立德树人初心，牢记为党育人、为国育才使命，树立国际化的培养理念，优化培养体系、课程设计、师资队伍、管理方式等，支撑国际化高级税务人才培养。

一、面向国家需求，树立国际化理念

高级税务人才的培养应致力于满足国家和行业对国际化税务人才的需要，树立国际化育人理念。税务人才培养的国际化应该立足中国大地，服务中国需要，致力于培养具有国际视野和国际执业能力，能够为中资企业走出去、外资企业走进来、内外资企业跨国经营、税务局跨境税收征管、政府参与国际税收规则重塑等提供税务专业服务的税务精英。

二、以专业能力塑造为本，打造国际化税务人才培养体系

国际化税务人才培养、税务人才培养的国际化不是抽象的，而是具体的。判断税务人才培养国际化水平的关键在于培养的税务人才在专业领域的国际胜任力、国际竞争力，是否达到国际一流水准，能否在国际化工作场景中为税务局、中介机构、工商企业等提供卓越涉税服务。国际化税务人才培养体系应该是包括国际化的课程体系、国际化的课程教学、国际化的实习实训、国际化的职业规划和职业培训等的培养体系工程，通过专业训练和实际历练培养塑造具有广阔国际视野、强的专业能力和职业素养、能够创造性地从事税务工作的高层次专门人才。

三、对照税务行业国际化高级人才要求，构建与之相匹配的课程体系

课程是人才培养的基本载体和关键。税务硕士人才培养的直接目标是培养符合国际税务行业需要的高级人才，课程设置理所当然应以国际高级税务从业人员应具备的知识、技术、能力和素养为遵循，设置课程，开展税务硕士人才培养工作。

税务局、中介机构、企业等的税务工作主要是基于企业或个人经济社会活动，以国内税法、境外税法和国际税法为依据，将税法与市场主体具体商务和社会活动结合的过程。税收理论和税法原理、国内国际税收法律制度、企业财务和商务运行、家庭经济活动、经济与税收分析等知识，是高级税务从业人员从业执业经常使用、必须具备的。因此，税务硕士培养不应主要以经济学硕士的理论、知识、方法和能力要求展开，而是应该以涉税工作所需的税收理论、税法原理、国内税

收法律制度、国际税收法律制度、税收征纳和税务诉讼、财务与会计、企业管理和运行、经济分析等知识为主要内容，构建税务硕士专业课程体系。除专业课程外，商务与税务英语、统计和数据分析、经济税收行研与报告写作、商业沟通和职业伦理等知识和技能课程等都是高级税务人才培养不可缺少的课程。

四、实行课程模块化设计，探究式、案例式教学

税务硕士课程是基于国际化高级税务人才知识要求而设置的，每门课程的内容都具有专业性、精深性，且更新变化较快。课程的特点决定着单一教师很难对课程涉及的所有理论、知识、方法和实践都有深度的理解和把握。为此，根据课程的教学目标和知识结构，进行模块化设计，多名专兼职教师分工合作、建立课程教学团队，团队教师各自讲授其有深入研究、钻研精深的模块，以合作授课的方式提升课程的精度和深度。

税务硕士教育为职业导向，要培养契合国际税务行业工作要求的高级税务人才，自然要求以更逼近涉税工作实际场景的案例式教学方式，采取案例式教学，通过案例增强对理论、知识和方法的理解和运用。案例式教学应体现在税务硕士所有专业课程的授课之中，既有在税收理论、知识和制度讲授中的案例教学，又有专门的案例分析课程。前者主要是通过案例教学提升学生对税收理论、知识和方法的理解和掌握，并清晰税收相关专业知识的内在逻辑和实务价值，而案例分析课程则是将实际的税务工作置入课堂，专门解析专业性、综合性的税务案例，以提升学生运用税收理论、知识和方法分析和解决现实税务问题的能力。

五、注重产教融合，推进行业协同

税务硕士教育的专业性、高阶性、实践性、职业导向性要求专业硕士人才培养应该实行产教融合和行业协同。一方面，虽然高校师资在专业基础理论、基本知识、基本方法等方面有优势，但单靠高校师资资源难以很好开设和讲授每门课程，特别是实务性、应用性强的课程，同时，要讲授好专业理论、知识和方法也需要学校专任教师深入实践和行业部门，熟悉税务局、中介机构、企业等部门涉税业务的现状和前沿；另一方面，税务硕士培养除课程学习外，还需要在涉税岗位有较为充分的实习实训，将学习的理论、知识、方法和技能与实践相结合。这就要求在实习实训环节，培养单位与行业单位深入合作，以增强实习的针对性、系统性和有效性。

在产教融合和行业协同中，可以采取税务硕士联合培养、订单化培养、产教协同等方式。联合培养是高校与实务部门（如税务局或中介机构）联合进行税务硕士培养，税务局或中介机构深度参与税务硕士的招生、培养方案设计、课程教学、案例研发、教材编制、实习实训、学生奖助、学位论文选题和指导、职业规划和就业指导及推荐等，全方位、全过程的与高校展开税务硕士培养工作。联合培养是税务硕士培养产教融合和行业协同的高阶形式，也是提高税务硕士专业水

平、职业能力和素养的有效途径、未来方向。

六、实现专业学习与职业资格衔接

税务硕士教育的目标是培养能够在国际化工作场景中为税务局、中介机构、工商企业等提供卓越涉税服务的高级税务人才。税务相关职业资格如税务师、注册会计师等，是从事高级税务工作的重要任职资格。税务硕士教育是面向税务职业执业需要，其课程设计和教学与税务师、注册会计师的特定课程具有同一性、课程水准具有同阶性。国务院学位委员会和教育部印发的《专业学位研究生教育发展方案（2020—2025）》指出：探索实施“专业学位+能力拓展”育人模式，专业学位研究生在获得学历学位的同时，取得相关行业产业从业资质或实践经验，提升职业胜任能力；完善专业学位与职业资格准入及水平认证的有效衔接机制，在课程免考、缩短职业资格考试实践年限、任职条件等方面加强对接。因此，加强税务硕士教育同税务师、注册会计师资格衔接具有必要性和可行性。在推进税务硕士教育与职业资格衔接中，可考虑由税务硕士教育指委牵头，与税务师职业资格评价与考试委员会、注册会计师考试委员会深入合作，开展职业资格考试科目与税务硕士培养单位（高校）对应课程进行免考课程评估认证，对修读完免考认证课程且达到免考标准的税务硕士研究生进行免考认证。

七、加强税务硕士教育的国内国际交流合作

税务硕士培养的国内国际交流合作是凝聚人才培养共识、交流经验，提升税务硕士培养专业水平的重要途径。在国内交流合作上，一是通过定期举办税务硕士教育教学专题会议，对税务硕士教育的课程体系、课程教学、案例开发和教学、职业素养塑造等开展针对性研讨。二是建立税务硕士校际合作育人联盟，推动开展校际师资交流、学生交换、学分互换、实习互助等，构建有利于税务硕士教育水平提高、有利于税务硕士能力提升、有利于税务硕士就业和职业发展的税务硕士教育共同体，协力为国家和行业培养专业能力强、职业素养高、综合素质卓越的高级税务人才。

在国际交流合作上，其一，以提升税务硕士国际就业和执业能力为导向，以线下或线上、学期或短期、课程或训练营等各种可能的形式，引入海外师资和教学资源，促进税务硕士掌握国际税收规则、海外税制原理和实践、海外税务人员税务思维和工作方式等。其二，推进税务硕士与海外税务人才培养单位的交流合作，在课程体系设计、课程和案例教学、学生交换、师资交流等方面深入开展合作，提升税务硕士教育的国际化水平，为税务硕士提供到海外交流学习、实践实习机会，提升税务硕士国际从业能力和职业服务的国际竞争力。其三，推动税务硕士教育与国际职业资格的衔接，如 CTA（英国特许税务顾问）和 ADIT（国际税收高级资格），提升税务专业学位的国际影响力和竞争力。

参考文献：

国务院学位委员会，教育部.（2020-09-30）［2020-11-01］. 专业学位研究生教育发展方案（2020—2025）［EB/OL］. http://www. moe. gov. cn/srcsite/A22/moe _ 826/202009/t20200930_492590.html.

教育部课题组，2019. 深入学习习近平关于教育的重要论述［M］. 北京：人民出版社.

许振谦，崔远，2015. 国际化视野 本土化培育：访德勤中国税务与商务咨询主管合伙人蒋颖［J］. 注册税务师（3）：14-16.

刘威威，2015. 您了解海外税务管理吗：访安永（中国）企业咨询有限公司国际税务服务合伙人王晨［J］. 中国税务（7）：13-15.

财税沙龙

数字经济带来的税收挑战[①]

主　持　人：张伦伦，西南财经大学财税学院副教授，经济学博士
本期嘉宾：张学斌，经济学博士，深圳市思迈特财税咨询有限公司首席转让定价专家
吕敏，西南财经大学财税学院副教授，经济学博士
康昕，经济学博士，国家税务总局成都市锦江区税务局

背景：数字技术的迅速发展正在改变全球各国的经济与社会活动，中国数字经济与人工智能的发展也很迅速。对于如何应对数字挑战，目前存在的问题似乎比方法多，G20 和 OECD 推进具有共识的国际税收规则的努力有目共睹，欧盟等一些国家单边开始征收数字服务税也是客观事实，各个国家的立场、解决办法和数字企业的诉求客观上具有冲突与矛盾。我们看到 BEPS 的包容性框架通过其数字经济工作组（TFDE）的 2018 年中期报告——“数字化带来的税收挑战”，成员国同意审查数字化对联结度和利润分配规则的影响，争取在 2020 年发布最终报告，形成具有共识的长期解决方案，同时，我们也期待来自中国官方与学界对数字经济征税的态度与主张。

1. 世界各国在数字经济征税方面做了哪些尝试与举措？您怎么看？

张学斌：尽管 OECD 数字经济税收工作组自 2013 年成立以来，就一直在为 2020 年底前就数字经济税收规则达成全球共识方案在不断做出努力，并不断在发布各类报告、工作计划、方案和提案等，但是一些经济组织或国家再也耐不住等待的“寂寞”，决定采取单边行动。如欧盟委员会在 2018 年 3 月曾公布过一项提案：制定公平的数字经济所得税，提案拟对全球年收入超过 7.5 亿欧元、欧盟境内年收入超过 5 000 万欧元的包括谷歌、Facebook、亚马逊、苹果等在内的大型互联网科技企业征收 3%的数字服务税（Digital Services Tax，DST）。据不完全统计，全球超过 150 家互联网科技企业达到了这个门槛。但是该项提案中的数字服务税在 2018 年 12 月初欧盟各国财长会议上并没能达成一致，因此欧盟一些国家从 2019

① 资料来源：内部资料出版物《四川财政与会计》2019 年第 10 期“财税沙龙”栏目。

年开始采取单边行动开征数字服务税。开先河的国家是法国。2019 年 7 月 11 日，法国参议院投票通过征收数字服务税的法案；该法案已于 7 月 24 日经法国总统马克龙签署，并于 7 月 25 日在法国官方期刊 *Le Journal Officiel* 公布了 2019-759 号法国数字服务税（DST）法案，这标志着法国数字服务税方案正式生效。法国 DST 法案规定：①对全球收入超过 7.5 亿欧元且在法国国内收入超过 2 500 万欧元的居民和非居民企业征收 DST；②DST 的计税基础是来源于法国境内的三大类收入：线上广告的收入、基于广告用途的个人信息数据销售收入以及基于数据的端到端在线平台收入；③DST 的税率为 3%；④DST 的生效日期追溯至 2019 年 1 月 1 日；⑤电子商务、通信服务、在线支付和合规的在线金融服务等业务暂时没有被纳入征管范围。与此同时，英国财政部也在 7 月 11 日公布了新版的 DST 立法草案（征求意见稿）。英国 DST 的征税对象是全球营业收入超过 5 亿英镑且盈利的跨国科技公司，税率是 2%。除法国和英国外，意大利、奥地利、西班牙、捷克、匈牙利、乌拉圭、哥伦比亚、哥斯达黎加、俄罗斯等国也不动声色地开始了征收数字服务税的单边行动。亚太地区的新加坡在 2018 年底颁布了一项关于数字服务税收的法案，将于 2020 年 1 月开始生效执行，DST 将适用于跨境 B2C 和 B2B 数字服务；马来西亚也计划从 2020 年 1 月 1 日起效仿新加坡开征数字服务税，对外国数字服务供应商将征收 6%的数字服务税。

特别值得关注的是，就在法国参议院投票通过 DST 法案的前一天（7 月 10 日），美国贸易代表办公室就宣布：根据美国《1974 年贸易法》第 301 条款，将对法国数字服务税发起调查。美国贸易代表莱特希泽在宣布调查的声明中表示："美国非常关注数字服务税，该税法预计将于明天（7 月 11 日）在法国参议院通过，旨在以不公平的方式对待美国公司。" 同时莱特希泽也明确表示美国"将继续与 OECD 成员国中的其他国家合作，达成多边协议，以应对日益数字化的全球经济对国际税收体系造成的挑战"。

针对以上各成员辖区的单边行动，本人持不支持态度，本人还是建议各成员辖区特别是 OECD 包容性框架成员国应密切坚持合作，尽早提出有效方案进行商讨，在 2020 年底之前达成统一共识，这样不论从效率、公平角度还是从确保规则落地角度看都是有利的。

吕敏：数字经济反映现代经济转型的特征与趋势，数字经济征税问题需要研究新的税权和现有税权之间的差异与影响，以及数字经济的争议预防和解决程序。在《数字化带来的税收挑战的中期报告》发布之前的征询各国立场的环节，英国提出了"用户参与是一种价值创造形式"这一观点，明确强调了在价值创造中不仅关注传统的供给方，还明确承认需求方的价值创造，即将用户视为价值创造的贡献者，这一观点得到了较大的认同。OECD 也主张将与来源地征税的关联，拓展至"显著经济存在"（PE 概念对"数字化""虚拟化"的接纳）。根据相关统计，目前已完成数字服务税（DST）立法的国家有 13 个，其中，法国、奥地利、意大利和西班牙的税率都定在 3%，征税范围相对集中在流量收入、在线广告收入、提供数字接口的收入等方面，法规生效时间集中在2019—2021年。

康昕：技术创新引发制度变革。专家预测到2025年，全球通信将从5G升级为以卫星组网为基础的6G通信，跨境数字产品和服务将会以更高速和更低廉的方式传递和消费，在上述技术条件下，采用修订的剩余利润分割法、公式分配法、基于分销的利润分配方法，选择相应的要素和指标为依据在生产国和市场国之间进行利润分配。然而，问题是各国是否能接纳新的分配方法或关键指标。

2. OECD对解决数字经济征税问题达成共识，做了哪些努力?

张学斌：自2015年10月5日BEPS第1项行动计划《应对数字经济的税收挑战》正式对外发布后，2018年3月OECD数字经济税收工作组发布了《数字化带来的税收挑战的中期报告》。该报告深入分析了新的和不断变化的业务模式，虽然各成员辖区并没有就结论达成共识，但承诺会继续努力，在2020年提交一份最终报告，以在达成共识的基础上提出长期解决方案，并在2019年对该报告进行了更新。2019年1月，包容性框架通过了《应对经济数字化带来的税收挑战的政策说明文档》，其同意在“不带偏见”的基础上审查和发展一些成员辖区，就征税权利的分配、修改利润的分配规则及关联度规则以及其他尚未解决的BEPS问题提出建议。该建议主要针对两大核心问题，是提出长期解决方案的基础：第一类核心问题主要关注征税权利的分配，并要求对利润分配和关联度规则进行一致和同步的审查；第二类核心问题侧重关注其他尚未解决的BEPS问题，并要求制定规则，在其他税收管辖区尚未行使其主要征税权利或其他方面有效税收水平低的情况下，该税收管辖区拥有征税的权利。

2019年6月8日，G20日本福冈财长和央行行长会议通过的工作计划提出了“两大支柱”。支柱一，即技术问题提案，工作计划提出三个提案，包含亟待解决的三部分技术问题：确定新的征税权利，寻找在各税收管辖区内分配利润的不同方法；设计新的关联度规则，该规则将在市场管辖范围内找到一种新的反映经济转型的业务存在模式，不受实体存在要求的限制；确保新的征税权利得到充分实施和有效管理，包括有效解决双重征税和税收纠纷。支柱二，即全球反税基侵蚀（GloBE）提案，旨在解决遗留的BEPS问题（提出了“最低有效税率方案”）。2019年6月30日G20领导人日本大阪峰会宣言：我们很欣慰最近在应对数字化带来的税务挑战方面取得的进展，并赞同BEPS包容性框架发布的“两个支柱”办法组成的雄心勃勃的工作方案；并将加倍努力，争取到2020年底前达成一项基于共识的解决方案，并提出最终报告。

2019年10月9日，OECD发布了BEPS2.0框架下关于第一支柱的“统一方法”（Unified Approach under Pillar 1）的提案征询意见稿，提案建议将更多的征税权分配给消费者所在国，而无论该商业活动是否在该国有实体经济存在。该提案适用于面向消费者的大型企业（large consumer-facing businesses）；同时，关于第二支柱下全球最低税额方案的征询意见稿将在11月公布征询公众意见。如果这两份提案征询文件最终能在2020年底前由全部包容性框架成员国达成共识并最终获得通过，这将是百年来国际税收体系的最大变革，将从根本上改写目前的国际税收规则。而且OECD数字经济税收工作组在今年内还将举行多次会议，审议与工作方案有关的技术问题，重点讨论基于第一“支柱”问题制定的统一方法和相关工作方案，以及基于GloBE的全球最低税额方案等，以确保2020年底前达成共识并提交最终报告。

吕敏：经合组织的目标是以简洁、明确的方式重新定义税权和利润分配模式。《数字化带来的税收挑战的中期报告》提出数字经济的特征是，高度数字化的企业可以在没有实体或没有显著实体存在的前提下，在多个不同管辖区的经济生活中进行实质性商业活动；高度依赖无形资产，包括知识产权；数据以及用户参与及其重要，如用户数据的收集、分析及使用为企业提升了其产品及服务的适应性，增加了企业利润。

2018年3月的《数字化带来的税收挑战的中期报告》反映了截至目前包容性框架就经济数字化税收征管问题所取得的共识，主要内容包括包容性框架对如何将征税权公平地分配至各类商业价值的创造地，包括“联结度（nexus）规则”（用以确定非居民企业何种情况下应就来源于某国的利润交税），以及修订利润分配规则（用以确定企业利润的多少应在来源国交税）。其逻辑是首先合计集团的利润总额，使用现有的转让定价方法确定常规利润，但将制定规则将剩余利润分配给市场与其他无形资产等要素，并且强调了需要强大的争议解决机制来避免双重征税。

此外，要关注欧盟的进展。在欧盟数字化常设机构立法前，各成员国可自2020年7月1日起对源自该国客户的收入征收3%的数字化服务税，欧盟各国单边开始征税的速度开始加快。目前很受瞩目的事项是，2019年6月8日G20日本福冈财长和央行行长会议通过的工作计划提出了“两大支柱”，分别关注了新的技术与制度调整方法与BEPS的遗留问题。这一会议达成广泛的共识是经合组织的工作计划必须充分应对数字经济的税收挑战，而且必须迅速完成，最后明确在2020年年底，基于共识的长期解决方案的最终报告需要完成。

康昕：在利润分配和联结度问题方面，OECD收集了各国的提案，主要包括：①用户参与方案（User Participation）。活跃的用户数据和用户参与，对在线广告和零工经济企业的利润做出了重大贡献。外国企业即使在用户所在国没有构成实体常设机构或设立子公司，对于剩余利润部分，可被视为在用户所在国具有应税存在。②营销型无形资产方案（Marketing Intangibles）。虽未设立常设机构，但有营销无形资产（例如广告宣传），也属于有应税存在。③显著经济存在方案（Significant Economic Presence）。跨国企业在境内如果发生某些数字经济活动，比如应用数字化产品及服务等，则会被视为在境内有应税存在。该提案还提出一套完整的公式，对跨国企业的利润进行分配，取代原有的独立交易原则。对这些新的原则，我国相关部门应当测算和预测当前和未来的利润分配，提出有益的意见和建议。

3. 中国的数字经济发展迅猛，据悉 2018 年数字经济对 GDP 的贡献已经达到 34%，在中国税制建设与征管方面，您有什么样的观点与期待？

张学斌：作为世界第二大经济体及数字经济大国，针对数字税收问题中国不应该坐等，而是应该利用中国作为 BEPS 第 1 项行动计划数字经济税收工作组副主席的身份，积极行动起来参与规则的制定，为 OECD 制定出公平合理的数字经济税收规则贡献中国智慧、中国力量和中国方案，同时应结合最终达成共识的数字经济税收规则制定具体的国内法落地规则。首先，中国应该密切关注 OECD、欧盟及其他国际组织就数字经济课税问题的最新进展动态并积极及时加以研究消化后提出有效建议方案；其次，应深入研究法国、英国、新加坡等这些国家开征数字服务税（DST）等数字经济税收的单边立法措施及征管实践，积极探索在中国国内法和税收协定层面制定相关规则的必要性和可行性，以确保数字经济税收规则在国内落地；最后，数字税收不仅仅涉及企业所得税问题，针对数字经济涉及的增值税和关税问题也应该引起中国政府、业界和理论研究者的高度关注，对数字服务增值税和关税问题积极加以研究并提出有效的征管解决落地方案。

吕敏：经济数字化的税收规则将涉及数字经济产业链各国税收利益的重新切割，市场消费国可以得到新的征税权，即税收存在与新税权。未来的这一年，将是国际税收规则发生重大改革的一年。中国是数字经济大国，也是数字经济消费大国，同时还是数字经济供给大国，在国际税收新规则制定之际，能有我们自己的客观立场是非常重要的。深入研究数字经济的界定与行业特征、研究数字经济生产国、消费国、数字经济企业对新的税收分配制度的接受度与受影响度，基于公平视角提出我国对数字经济的税收问题的明确意见，是对我国税收主权和我国数字经济产业的维护，也是减少国际税收征税冲突与争议协调的关键。

康昕：近年来，税务系统大力推进“互联网+税务”建设，通过加快信息传递速度和消除信息不对称，在提升纳税服务质量和征管质量方面取得了显著成绩。在应对数字经济的征管挑战工作中已有成功案例：某税务局研究网络直播平台支付宝数据，对 3.9 亿元收入的网红主播追缴 6 000 多万元个税；某税务局分析银行情报交换平台数据，追缴某人 2 000 万元个人所得税。但税务局所掌握涉税信息多局限于纳税人的申报信息，上述成功案例尚未大规模推广应用，迫切需要在制度和技术层面建设统一的涉税数据信息收集机制和平台，广泛收集各类涉税数据信息（包括专业领域知识）。由于信息量巨大，需要采用或参考适度超前的技术架构以及类似以本体论为哲学基础的 Palantir 公司的信息整合方法加以整合与分析。在具体应用时，应在顶层设计的基础上，将个案进行提炼，通过平台进行智能推广应用。

《预算法实施条例》解读

主持人：李建军，经济学博士、西南财经大学财税学院教授，西南财经大学地方人大预算审查监督中心研究员

本期嘉宾：

王金秀，经济学博士，中南财经政法大学财税学院教授，西南财经大学地方人大预算审查监督中心兼职研究员，全国预算研究会学术委员

周振，四川省人大常委会办公厅预算联网中心主任，曾获“四川省优秀青年科技创新带头人”荣誉称号，西南财经大学地方人大预算审查监督中心研究员

赵早早，管理学博士，中国社会科学院副研究员，美国乔治亚大学、堪萨斯大学访问学者

文峰，经济学博士，西南财经大学财税学院副教授，西南财经大学地方人大预算审查监督中心研究员

背景材料：

2014年8月31日，第十二届全国人民代表大会常务委员会第十次会议，对施行20年的预算法做出全面修改。2020年8月3日，修订后的《中华人民共和国预算法实施条例》（以下简称《条例》）颁布，2020年10月1日起正式施行。从2015年6月发布实施条例征求意见稿迄今，历时超过5年。

主持人：预算法定是现代法治国家的基本特征，预算法律制度对于规范政府收支行为、强化预算约束，推进国家治理体系和治理能力现代化具有重要作用。2015年新《预算法》实施5年后，《条例》修订颁布。为什么在新《预算法》实施历时5年后，《条例》才颁布？同时请谈一谈，《条例》颁布实施的意义。

周振：《条例》的修订，是贯彻落实2014年全国人大常委会修订的《中华人民共和国预算法》的必然要求。但正如预算法修订一样，各方分歧较大，一些在预算法修订过程中没有解决的争议，在修订实施条例时又一次引起了分歧。如果把《预算法》的修订过程用“一波三折”来总结，那《条例》的出台，完全可以用“千呼万唤”来形容。这种分歧，在立法中是常见的，是各方权利义务的综合平衡结果。归结起来，有两个大的方面影响《条例》修订进程：一是党的十八大召开以来，党中央提出全面深化改革，出台了一系列深化财税体制改革的决策部

署，一些改革成果有待总结、一些配套措施正在陆续出台，要通过立法的形式将这些举措明确下来，需要一个慎重的总结分析过程；二是各方分歧需要细致深入地调查研究。特别是在国库管理上，央行国库经理制之争成为分歧的焦点，这主要是国库管理自主灵活性与监督约束性的分歧，初衷和出发点都是好的，都是加强国库的管理，提升财政治理水平，促进财政治理现代化。个人认为，这其实是政府的“大内控”概念，是政府的会计（财政部）与出纳（中央银行）之间关系协调问题，从内控理论上讲，这是不相容岗位必须分离原则，所以经过长期争论后，在预算法中保留了央行国库经理制，在条例中同样得到了保留，这个争议是必要的也是值得的，通过争议找到了平衡点。《条例》的颁布实施，为进一步加强《预算法》的贯彻实施提供了坚实的保障，对进一步规范财政治理、建设与国家治理体系和治理能力现代化相适应的现代财税制度具有十分重大的意义。

赵早早：历时 5 年的反复修改，既体现国务院对《条例》出台的谨慎态度，也体现出撰写团队认真、务实、负责的专业态度，同时也说明《条例》备受各方的关注，这期间经过充分的讨论，反复的推敲，多部门磨合，以确保《条例》既能体现上位法要求，又能对现实工作和未来发展做出规范。五年期间，《条例》还积极吸收财政管理相关领域的改革实践经验，比如全面实施预算绩效管理、地方政府债务管理、国库现金管理、转移支付制度改革等相关内容，将那些已经达成普遍共识的实践做法吸纳进《条例》中，既给予改革成功经验的制度性保护，又确保成功实践经验能够得以有效和广泛的应用。

文峰：《条例》是预算法律制度体系的重要组成部分，根据修改后的《预算法》，财政部积极推进《条例》修订工作。2020 年 8 月 3 日，国务院令第 729 号公布修订后的《条例》，自 2020 年 10 月 1 日起施行。2015 年新《预算法》实施后，我国提出了一系列指导预算管理制度建设的意见，出台了一些预算管理相关的文件，具体包括：2017 年党的十九大报告提出，建立全面规范透明、标准科学、约束有力的预算制度，全面实施绩效管理；2018 年中共中央、国务院印发《关于全面实施预算绩效管理的意见》；2019 年党的十九届四中全会决定进一步强调，完善标准科学、规范透明、约束有力的预算制度。此外，还出台了涉及中央与地方政府共管事权和支出责任划分的一系列文件，开展了资源税、增值税和个人所得税等相关税收制度改革。这些指导性的意见、预算管理制度、财政管理体制和税收制度改革举措尽管是在新《预算法》出台后才出台的，但并不是完全在新《预算法》的框架下制定的，这就意味着相关文件、制度之间需要进一步加强协调，需要在《条例》修订中处理好新《预算法》实施以后出台的相关预算、财政体制和税收制度等制度之间的关系，尽量减少或避免相关财税管理制度之间的不协调和冲突，增强相关制度之间的兼容性，降低制度运行的成本，提高制度运行的综合绩效。由此可见，尽管新《预算法》和《条例》修订和实施之间间隔了五年时间，一定程度上影响了新《预算法》的实施，但《条例》中充分考虑了新《预算法》与相关预算管理制度和其他相关财税制度的协调性，整体上有助于增强新《预算法》的执行力，同时更好地贯彻执行《条例》，提高预算法律体系的整体效能。

《条例》的这次修订，严格遵循上位法规定，贯彻落实党中央、国务院关于深化财税体制改革的决策部署，对《预算法》有关规定做出了细化明确，对预算法授权国务院规定的事项做出了具体规定，对预算管理中需要明确的事项做出相应规定。《条例》的修订实施是从制度层面贯彻落实党中央、国务院决策部署和《预算法》的重要举措，集中反映了近年来预算管理制度改革成果，充分体现了预算管理制度改革方向，为完善标准科学、规范透明、约束有力的预算制度提供了法规依据和制度基础。作为现代财政制度建设的重要组成部分，《条例》的修订和实施由于充分体现和巩固了财税体制改革的成果，必然有助于更好推进现代财政制度的建设，使财政制度更好适应和服务新时代中国特色社会主义建设，助力中华民族伟大复兴中国梦的实现。

王金秀：《条例》的颁布实施有五方面的现实意义：一是健全预算法治体系，二是建设新时代中国特色的预算制度，三是实现今年建立现代财政制度的预期目标，四是有利于应对当前世界动荡局面带来的挑战，五是推进国家治理现代化。

现代预算制度产生和发展的进程与预算法治化同行、与国家治理机制的演变同频共振，成为现代财政制度的核心，构成国家治理的基石。英国现代预算制度与君主立宪制一同确立，我国每次预算大改革都是处于特殊时间节点的历史关头，支撑中国特色的国家治理体系和治理能力的现代化建设，这从新中国成立以来预算演进的脉络及其发展背景可以明晰二者的关系，也从中可见我国在党领导下的预算民主法治化特色。

1949 年 9 月 21 日，中国人民政治协商会议第一届全体会议在北平中南海怀仁堂隆重开幕，会议代行全国人民代表大会的职权，通过了具有临时宪法性质的《中国人民政治协商会议共同纲领》（以下简称《共同纲领》），选举产生了中央人民政府委员会，宣告了中华人民共和国的成立。《共同纲领》第四十条提出“建立国家预算决算制度”，据此，中央政府着手编制 1950 年全国财政收支概算。1949 年 12 月 2 日，中央人民政府第四次会议通过了《关于 1950 年财政收支概算编制的报告》，这是新中国第一个财政概算，标志着新中国政府预算制度诞生。中财委 1950 年 2 月 13 日至 25 日在北京召开第一次全国财经会议，会议决定统一管理全国财政经济工作，以实现国家财政收支平衡、物资供求平衡和金融物价稳定；3 月 3 日，政务院做出《关于统一国家财政经济工作的决定》，中共中央就此发出通知，要求各级党委必须用一切办法保障这个决定的全部实施。在统一全国财政经济工作的基础上，1951 年 8 月 19 日政务院又发布了《预算决算暂行条例》，这是我国最早的关于国家预算的专门法规，规定了国家预算的组织体系，各级人民政府的预算权，各级预算的编制、审查、核定等执行的程序，决算的编制与审定程序等。1954 年 9 月 20 日，第一届全国人民代表大会第一次会议通过的第一部《中华人民共和国宪法》规定，各级政府预算由同级人民代表大会批准，这就使政府预算具备了向立法机构负责的特征。改革开放后逐步打破高度集权的财政体制，1991 年

10月21日国务院令第90号《国家预算管理条例》发布，自1992年1月1日起施行；1994年3月22日第八届全国人民代表大会第二次会议通过《预算法》，自1995年1月1日起施行，同时废止《国家预算管理条例》；为了与《预算法》配套，1995年11月国务院颁发并实施《条例》，初步形成了我国预算法制体系。随着经济体制改革的深化，传统的政府管理机制的弊端日益成为桎梏，2000年前后，我国开启了一系列预算改革举措。2014年6月30日中共中央总书记习近平主持召开中共中央政治局会议，审议通过了《深化财税体制改革总体方案》（以下简称《总体方案》）。《总体方案》提出2020年基本建立现代财政制度的目标，因此，预算改革、税制改革和财政体制改革确定为新一轮财税体制改革的三大任务，并列出三大任务改革的时间表，预算改革成为当头炮，《总体方案》将2014年确定为预算改革年，因此，8月31日第十二届全国人民代表大会常务委员会修订了《预算法》，2014年新修订的《预算法》将十多年来我国诸多预算创新以法律方式加以确定，通过建立健全预算制度控制政府权力。

新法实施后一直缺乏与之配套的《条例》，这在一定程度上影响了《预算法》的效力，但由于当时预算发展和认知的局限性，新法对于政府内部的预算关系并未理顺，一度出现激烈的、莫衷一是的国库“经代之争”，长期存在预算责权错位、约束无力的局面。针对此，习近平总书记在党的十九大报告提出：“建立全面规范透明、标准科学、约束有力的预算制度，全面实施绩效管理。”新《条例》理顺了政府间的预算权责，将新《预算法》细化实化，弥补新《预算法》缺位弱化之处，健全预算法治体系，促进《总体方案》所提出的2020年基本建立现代财政制度这一目标的实现。

《预算法》是全国最高权力机构、立法机关制定的法律，法律效力高，《条例》的颁布主体是国家最高行政机构国务院，《条例》属于行政法规，适用于全国政府行政系统。《条例》一般会对上位法《预算法》进行进一步细化实化，以便更加有效的落实和实施《预算法》。2015年新《预算法》实施后，人们对与之配套的新《条例》期待已久，时隔5年2020年8月新《条例》终于面世，《预算法》和《条例》结合，健全了新时代预算法规体系。当前世界百年未有之大变局在新型冠状病毒肺炎疫情的冲击下加速演进，世界处于动荡变革期，新《条例》生效有利于应对当前世界动荡局面带来的挑战。

主持人：相对于《预算法》，《条例》主要是在法的基础上细化预算法有关规定。新修订的《条例》在政府预算收支范围和编制内容、部门预算管理、地方政府债务管理、预算执行、转移支付制度、预算绩效管理、预算公开等许多方面都在上位法《预算法》的基础上进一步的细化和明确。请结合《条例》具体内容，选择您关注的一些点进行解读。

王金秀：新《条例》对《预算法》进行了细化实化和补充，许多概念的界定和预算内容的明晰程度堪称教科书。新《条例》通篇值得关注的新亮点很多，包括高度重视预算草案的编报，统一部门和单位预算编报口径、四本预算编制的内容及其平衡方式，明确下一年度预算草案编制的内容、时间节点、职责、流程等具体事项、扩大了预算公开的范围，规定了财政账户管理的职责和权限，明确国库现金管理的权责，保障国库资金的安全，规范和细化了地方政府债务管理、转移支付制度等内容，建立各种报告制度，调整了绩效评价的概念、明确了财政和部门、单位预算绩效评价的职责划分，等等。

如此多的新亮点归纳起来，形成最应该引人重视的两大关注点：一是统一财权，理顺政府内部的预算权责。理顺财政、银行、国库、征收机关、社保部门、审计、上下级政府等政府内部的预算运行机制，强化财政的预算监督权，以适应人大强化预算审查、监督职责的新要求。二是压实责任，防控政府债务和库款风险。压实部门和单位的预算责任，矫正转移支付分割的局面，严格规范库款的支拨和动用；强化地方政府债务责任，补充地方违法违规举债、擅自动用国库资金等行为的责任追究。

赵早早：其一，《条例》对《预算法》中涉及的重要名词做出统一解释和规定，既有助于实务工作者遵照执行，又为信息公开统一标准，便于公众理解和读懂政府预算的具体内容。

其二，重视预算公开，针对公开内容做出详细说明。尤其是第一章第六条对转移支付公开内容进行明确规定，要求专项转移支付公开细化到地区和项目，这将有助于推动转移支付制度不断完善。

其三，明确各部门的责权利关系，尤其明确财政部门自身重要工作的时间节点，既是规范财政部门自身工作，也为相关部门优化预算管理制度并合理安排预算工作提供参考，便于政府预算工作通盘推进。例如，第三章第二十二条规定“财政部于每年 6 月 15 日前部署编制下一年度预算草案的具体时间”，这为中央预算部门安排年度预算工作提供了重要的依据，便于规范各部门预算编报管理制度。

文峰：新修订的《条例》在预算绩效管理方面的相关规定既体现了新《预算法》的相关精神，又充分反映了 2018 年中共中央、国务院印发《关于全面实施预算绩效管理的意见》的要求，从而有助于提高财政支出的绩效，加快现代财政制度建设。新修订的《条例》在如下几个方面体现了绩效预算的精神：第一，完善了预算绩效管理制度。《条例》规定预算执行中政府财政部门组织和指导预算资金绩效监控、绩效评价；各部门、各单位实施绩效监控，定期向本级政府财政部门报送预算执行情况报告和绩效评价报告。预算绩效管理制度的完善包括明确预算绩效管理的责任主体、责任内容以及对应的奖励和处罚等内容，完善预算绩效管理制度是预算绩效管理工作顺利开展的前提和基础，也是提高预算绩效管理规范性，提高财政支出绩效的基本要求。第二，强化绩效结果应用。《条例》规定对评估后的专项转移支付设立的有关要求变更，或者实际绩效与目标差距较大、管理不够完善的，应当予以调整。绩效评价结果应当按照规定作为改进预算管理和编制以后年度预算的依据。绩效评价结果的运用是财政绩效管理的目标关键环节，只有强化绩效评价结果的运用，将财政绩效评估结果与相关部门、预算单位等责任主体的利益直接联系起来才能对相关部门和预算主体的无效低效使用财政资金的行为形成有效的约束和震慑，才能从根本上提高财政资金的使用效益。第三，进一步明确职责。《条例》规定各级政府财政部门有权监督本级各部门及其所属各单位的预算管理有关工作，对各部门的预算执行情况和绩效进行评价、考核。明确财政部门在预算资金绩效评价中的职能有助于提高预算绩效评价的客观性，有助于避免财政绩效评价中职能不清导致绩效评价标准不规范、不统一，评价结果权威性不足的问题。明确财政资金使用的部门和预算单位在预算绩效管理中的责任，有助于增强预算绩效评价工作的执行力。第四，健全预算绩效管理机制。健全预算绩效管理机制是新时期贯彻让市场在资源配置中起决定性作用精神的必然要求。通过减税降费优化资源配置格局是确保市场机制作用充分发挥的必然要求。在经济发展的新阶段，经济进入中速增长阶段后财政收入增速也会相应下降，财政收入占 GDP 的比重也面临下降的压力。同时，国民经济结构的调整、民生事业的发展和经济社会可持续发展还需要加大财政支持力度，财政收支矛盾加剧迫切要求提高财政支出绩效。《条例》关于预算绩效管理的相关要求正好为提高财政支出绩效提供了有力的制度支撑。

《条例》在提高预算透明度方面也有明显的特色。预算公开、透明是现代财政制度的基本要求。预算法明确提出建立健全公开透明的预算制度，对预算公开的主体、范围、内容、时限等做了规定。预算法实施以来，我国各级政府在提高预算透明度方面取得了一些实实在在的进展，各级政府财政部门和其他的政府部门认真落实新《预算法》的法律规定，预算公开制度框架基本确立，中央和地方预算公开范围不断扩大、内容不断细化、方式不断完善。为进一步巩固预算法实施以来预算透明度改革取得的成果，将提高财政透明度落实在预算管理的全过程、全领域，《条例》在如下几个方面明确了提高预算透明度的具体要求：第一，《条例》规定一般性转移支付向社会公开应当细化到地区。一般转移的细化和公开化有利于提高中央转移支付资金分配的透明度，增强社会对中央一般转移支付的了解和监督。第二，《条例》规定专项转移支付向社会公开应当细化到地区和项目。专项转移支付的细化和公开有助于社会对专项转移支付的了解，有助于提高专项转移支付资金分配公平程度，有助于提高专项转移支付资金的配置效率。第三，《条例》规定政府债务、机关运行经费、政府采购、财政专户资金等情况，按照有关规定向社会公开。政府资金运行的公开和透明度提高有助于加强社会对政府部门运行和财政专户资金的监督、约束，有助于强化政府资金使用的约束，提高政府资金使用的效率。第四，《条例》规定部门预算、决算应当公开基本支出和项目支出，支出按其功能分类应当公开到项，按经济性质分类的基本支出应当公开到款。这些规定的实施有助于提高政府部门运行的透明度，有助于公众对政府内部运行情况的了解，有助于推进政府运行机制的改善，有助于提高政府运行的效率。

周振：修订后的《条例》有很多亮点。除对一些改革探索成果以立法形式稳定下来外，还对一些预算管理概念进行了明确细化和解释。比如，《条例》提前了预算编制时间、明确细化编制要求，解决了实际工作中常见的预算编制不及时、预算草案质量不高、内容不完整、与工作不衔接和随意变化等问题，为人大审查批准预算草案提供了坚实基础。再如，预算公开的规定贯彻了中央关于“公开为常态、不公开为例外”的政府信息公开原则，充分保障了人民群众的知情权，体现了科学执政、依法执政的底气，通过加强社会监督推动国家治理体系和治理能力现代化。例如，人大以前想审议占财政总盘子较大比重的转移支付预算，协调中遇到了政府相关部门的阻力，顾虑较多，很难推动，预算法修订后，政府细化编制了转移支付预算，不光提交了人大审查，批准后还予以了全面公开，一时引起了轰动，有效促进了预算编制和财政治理。

主持人：法律的生命在于执行，“徒善不足以为政，徒法不足以自行”。《条例》实施的着力点有哪些，请就如何贯彻实施《条例》谈一下您的看法。

周振：一是要加强宣传培训。要从全面贯彻落实习近平新时代中国特色社会主义思想的高度，认识预算法实施条例的修订是全面深化改革的必然举措。二是要结合《预算法》与《条例》，推动各方认真贯彻落实，形成制度合力、工作合力，完善财政治理体系，提升财政治理的科学化规范化水平，共同推进国家治理体系和治理能力现代化。三是要清理修订相应的法规、规章和政策措施。比如2011年国务院修订出台的《财政违法行为处罚处分条例》，因《预算法》和《条例》的修订，相应的内容应当进行修订或细化。财政是国家治理的基础和重要支柱，财税体制改革是全面深化改革的重要内容之一，要进一步深化财税体制改革，促进和保障国家治理体系和治理能力现代化。

王金秀：新《条例》的颁布，是我国新时代全面依法治国进程中预算法定、预算法治化发展的重大进展，预算影响面广。当前贯彻实施《条例》有必要从如下三方面着手：一是加强宣传学习，强化预算法治，规范预算行为。广大的公共机构和公职人员都有必要加强学习，知法守法，遵循法无授权不可为、法定职责必须为、法律禁行不要为的公法原则，加强预算法治化观念，领导干部尤其要坚守底线、不闯红线，敬畏法律，规范预算行为、维护财经纪律。二是积极促进财政政策提质增效、防控风险、全面开展预算绩效管理与评价，各级政府、部门和单位要依法严格控制政府一般公务支出和建设楼堂馆所，优化财政支出结构，落实“六稳六保”的政策，保障基本民生，支持新基建，贯彻落实积极财政政策，政府减税降费让利，让市场主体减轻负担，形成花钱讲绩效、无效必问责预算绩效运行机制，防控财政和债务风险，将《条例》落到实处。

赵早早：《条例》给予各级政府及其财政部门推进财政预算管理工作提供了标准和行动指南，同时也给各级政府职能部门的预算管理工作提供政策依据。贯彻落实《条例》的第一步，是要学懂弄通每一条款，尤其是各级政府及其财政部门更应该以此为标准，对照现行制度、政策、行为方式等，找差距、补短板；第二步，在认真学习和寻找不足的基础上，对现行制度、政策、行为方式进行及时的调整和修正，确保与《条例》要求保持一致，对于那些明显不符合要求的旧有制度和政策，要及时做出修订、调整，甚至废止；第三步，各级政府及其财政部门在自我学习和调整的基础上，要做好宣传和指导工作，指引本级各部门认真领会《条例》精神，对照执行，及时对部门内部财政预算管理的规章制度、行为任务做出调整和优化；第四步，各级政府尤其是财政部门，要主动做好《条例》的宣传工作，向公众普法讲法，增强公众正确使用法律法规并有效监督政府财政预算工作的意识和能力，促进公民有序参与，确保社会监督体系发挥更好的作用。

文峰：《条例》是对新《预算法》的具体化。为了使《条例》得到有效的贯彻和实施，需要从以下几个方面采取相应措施：第一，广泛宣传、学习《条例》。制度、政策只有被充分重视，被认真执行才能发挥其制度和政策的功能，达到预期的目标。在全社会尤其是政府部门、事业单位、社会团体等公共部门全面宣传、深入学习《条例》，深入理解《条例》精神，提高执行条例的自觉性、主动性和积极性是《条例》得到认真执行的前提。第二，加强检查、监督，切实抓好《条例》的执行。通过常规性的督促，以及经常性、不定期的检查，促进《条例》的全面实施。通过常规检查、督促和专项的检查、督促有助于在所有政府部门、事业单位和社会团体中营造自觉贯彻、执行《条例》的氛围，有助于强化《条例》的执行。第三，及时修订和清理预算管理规章制度，改善《条例》实施的制度环境。建立深入贯彻《条例》的制度生态是确保其得到全面、持久贯彻执行的制度基础。减少制度冲突，增强制度的协调性是降低制度执行的成本，提高制度执行效率的基本要求。《条例》得到有效实施也需要与其相适应的一个制度环境，因此，各部门、各有关单位应按照“谁制定谁清理”的原则，及时修订和清理所有与《条例》不一致的预算管理规章制度。